大国工业化
与矿产资源消费研究

RESEARCH ON GREAT POWER INDUSTRIALIZATION
AND MINERAL RESOURCES CONSUMPTION

梁姗姗　著

经济管理出版社
ECONOMY & MANAGEMENT PUBLISHING HOUSE

图书在版编目（CIP）数据

大国工业化与矿产资源消费研究/梁姗姗著 . —北京：经济管理出版社，2022.4
ISBN 978 - 7 - 5096 - 8273 - 9

Ⅰ.①大… Ⅱ.①梁… Ⅲ.①工业化—关系—矿产资源—能源消费—研究—中国
Ⅳ.①F424②F426.1

中国版本图书馆 CIP 数据核字（2021）第 241818 号

责任编辑：梁植睿
责任印制：黄章平
责任校对：张晓燕

出版发行：经济管理出版社
        （北京市海淀区北蜂窝 8 号中雅大厦 A 座 11 层　100038）
网　　址：www. E - mp. com. cn
电　　话：(010) 51915602
印　　刷：唐山玺诚印务有限公司
经　　销：新华书店
开　　本：720mm×1000mm/16
印　　张：15
字　　数：286 千字
版　　次：2022 年 4 月第 1 版　　2022 年 4 月第 1 次印刷
书　　号：ISBN 978 - 7 - 5096 - 8273 - 9
定　　价：68. 00 元

序

　　矿产资源是人类生产生活不可或缺的物质基础，对矿产资源的大规模开发利用贯穿于各国工业化进程。从煤炭到铁矿石、铅锌铜铝，再到以稀土为代表的稀有金属，能源基础和关键原材料的更替与迭代伴随着历次工业革命中的产业变革。过去三百年间，长期经济增长与矿产资源消费总量之间、产业结构与矿产消费结构之间的关系始终处在动态变化调整之中。对于工业大国而言，这种关系的演变越来越清晰地展现出所谓的"库兹涅茨"事实，即进入后工业化时期，发达国家铁矿石、铜、铝、铅等矿产资源的消费强度和总量相继达峰，这些基础金属的原矿消费逐渐收缩与稀土、锂、钴等稀有金属消费扩大的态势形成了鲜明的反差。

　　同时，作为重要的生产资料，矿产资源一直是国际竞争的主要领域。回顾世界工业化历史可以发现，以低廉的价格持续利用全球矿产资源一直是发达国家资源战略的基本导向。从工业化初期的殖民扩张到掌控矿产品国际定价权，工业化先行国不断拓展外部供给渠道，在世界范围内获取低价优质的矿产资源，从而有效缓解了工业化的资源环境约束，保障了本国的资源安全，确立了在矿产品国际贸易规则和定价机制中的主导地位。

　　因此，将工业化历程中的矿产资源消费置于演化视角下进行研究，既能够回溯理论渊源，又符合工业大国的典型事实。本书是在梁姗姗的博士学位论文——《基于工业化演进视角的中国矿产资源消费研究》基础上修改完成的。立足于工业化和产业结构变迁理论，作者通过挖掘历史数据和工业化史料，采用文献分析法、演化经济学分析法、比较分析法、因素分解实证法和计量统计分析法等方法和工具，深入分析了英国250余年、美国近230年、日本和德国近150年工业化演进过程中产业升级与多种矿产资源消费总量及结构变化之间的关系，尝试刻画出自工业革命以来，人类不断深化对不同矿物性能认识、拓展矿产资源开发应用的脉络。应该说，这类研究相当考验科研耐心和定力，于作者而言亦是难得的学术历练。

本书研究发现，尽管不同国家工业化的初始条件和历史进程存在差异，但在矿产资源消费变动规律方面却表现出较为明显的一致性。其中，人均 GDP 与人均矿产资源消费量之间大致呈现"缓慢增长—快速增长—到达顶点—趋于下降"的演变特征，主要工业国的矿产资源消费强度变化则基本上行进在原材料库兹涅茨曲线（Environmental Kuznets Curve，EKC）（后文统称原材料 EKC 曲线）上。当然，对于不同国家、不同发展阶段，这种演变会有一定独特性，即使是同一种矿产，在各国差别化的工业化路径下，人均矿产资源消费峰值和消费强度 EKC 的顶点也发生了分异。进一步地，为识别工业化进程中经济增长、价格等对人均矿产资源消费量的短期和长期影响，作者选取铁矿石、铅、铜三种代表性金属矿产，采用英国、美国、德国、日本四国的历史数据，构建了非平衡跨国动态面板模型。实证结果显示，模型所考察因素的短期影响在上述四个国家的表现不尽相同，而长期趋势颇为相似，这意味着虽然包括要素禀赋、气候地理、制度文化等因素在内的工业化基础不同、工业化模式不同，但主要工业大国矿产资源消费殊途同归，收敛到了相近的终点上。这一结论的重要启示在于，对于后发国家而言，工业化先行国经济增长与矿产资源消费脱钩的实现路径、政策工具及经验教训应该是可以借鉴的。

就中国的情况来看，对中国工业化发展进行历史考察的成果已经相当丰富，但深入系统研究百年来不同工业化阶段下中国矿产资源消费的著作并不多见。作者以演进时间和人均 GDP 为维度，定量描述了中国人均 GDP 与人均矿产资源消费量、人均 GDP 与矿产资源消费强度、产业结构跃迁与矿产资源消费之间的关系。作为世界上首个以发展中人口大国的角色成为世界第一工业大国、第一制造大国、第一货物贸易大国的国家，中国走出了特色鲜明的后发大国工业化道路。回望中，这条道路曲折而不凡，在人类工业化史上写下了浓墨重彩的辉煌篇章。然而，书中的实证研究结果却显示，撇开后发大国赶超的客观事实，中国同样大体上遵从发达国家矿产资源消费的演进规律，这反映出经济增长、产业结构变动与矿产资源消费之间的倒"U"形关系总体上适用于不同类型国家的工业化进程。应该看到，库兹涅茨假说在英国、美国、德国、日本和中国都具有一定的存在性和成立性，但与发达工业国相比，凭借后发优势，中国有望在较低的人均GDP 水平上达到矿产资源消费强度和总量的峰值，进而实现经济增长与矿产消费"脱钩"。值得注意的是，由于中国工业化发展不均衡的矛盾长期存在，"压缩式"工业化导致矿产资源粗放式开发利用问题十分突出。现阶段铜、铅、铝等基础金属消费仍在矿产资源 EKC 曲线前半段上爬坡，并将随着汽车、机械、电子等制造业进一步发展而缓慢增加逐步达峰。同时，产业转型升级深入推进带动了国内稀有矿产品的需求快速增加，部分稀有金属供应风险加大，加之资源性产品价格机制改革尚未到位，中国在由制造大国迈向制造强国的进程中，矿产资源消费结构调整及其安全保障面临着更加复杂多变的形势。

展望未来，对中国矿产消费总量、强度和结构将会产生重要影响的关键因素是"双碳"目标。实际上，过去 30 年来，世界范围内矿产资源开发利用越来越受到环境规制、应对气候变化等政策环境以及全球和地区治理议题的制约。可以预见，一方面，"双碳"目标对钢铁、有色等行业部分高耗能产能的强制性约束将改变中国铁矿石、铜、铝等基础金属达峰的时间表和脱钩路径，"城市矿山"等存量矿产的利用技术及其产业化的技术经济性随之凸显；另一方面，可再生能源、新能源汽车、节能环保等产业的巨大市场潜力将进一步拉动稀土、锂、铍、铌、钽、铟、锗、镓等稀有金属的需求，甚至会在不同程度上推迟这类矿产消费达峰的时间。稀有矿产虽然用量小，但供求关系更不稳定，碳中和目标有可能加剧这一领域的大国竞争。

需要强调的是，自工业革命以来，人类对矿产资源稀缺性的担忧从未消除，但历史事实却告诉我们，在市场机制的作用下，绝对意义上的"稀缺"是不存在的，价格信号向创新投入的传导始终都将彰显出变革的力量，矿产资源领域也不例外。站在开启第二个百年奋斗目标的历史节点上，面对新工业革命、大国博弈升级和新冠肺炎疫情叠加的世界大变局，有理由相信，随着新一轮科技革命和产业变革不断催生新的制造模式和商业模式，我们有能力以创新突破资源桎梏，有效应对能源和矿产资源领域的激烈竞争，采取更加集约高效的利用方式，在更短的时间内，推动中国经济增长、工业化、城镇化与矿产资源消费的"强脱钩"，不负新时代赋予我们的大国使命。

期待作者扎实积累，深耕相关领域，持续关注中国在新发展格局下，以新发展理念，实现矿产资源清洁、安全、可持续开发消费的范式和路径，不断推出高质量研究成果，从而为后发国家的工业化发展和全球碳中和提供"中国样本"，共享"中国经验"。

杨丹辉

中国社会科学院工业经济研究所

2021 年 10 月

目　录

第一章 绪论

第一节 研究背景

一、研究背景

矿产资源是人类生产生活不可或缺的物质基础。人类对矿产资源消费需求始于全球工业革命的兴起，对矿产资源的大规模开发利用有力地支撑了世界工业化发展。矿产资源消费贯穿于一国工业化的始终，一国（地区）产业发展会显著影响其矿产资源消费的总量和结构。考察世界范围内工业化的历程，工业革命进入快轨道后，矿产资源消费迅速增长，资源消费结构急剧变化。工业化初中期，大量消耗煤炭、铁矿石等大宗矿产；工业革命进入快轨道后，矿产资源消费迅速增长，资源消费结构急剧变化。工业化中期，石油、有色金属消费增长较快。然而后工业化阶段发达国家"再工业化"战略的实施以及第四次工业革命，将对其产业结构与矿产资源消费产生新一轮的影响。再从中国的情况来看，未来我国对铜、镍、铅等资源的需求将随着我国汽车、机械、电子等制造业的进一步发展而缓慢增加并逐步到达峰点，新能源、智能电子、高端制造、军工及航空航天等行业将进入快速发展期，与之对应的锂、铍、铌、钽、铟、锗、镓等资源的需求将会快速上升，因此，对基于工业化阶段性变化视角的大国矿产资源消费研究显得十分迫切。当前，发达国家为抓住第四次工业革命所带来的新的机遇，新一轮密集投入的效果已初见端倪，与此同时，后起国家"大量消耗资源且不计环境成本"的赶超式战略将受到抑制，转变发展方式和自主创新所带来的产业结构的变化，必然使世界范围内的矿产资源消费总量和结构均呈现出新的特点，各国在矿产资源领域将会有更加激烈的国际竞争。

党的十九大报告明确提出中国特色社会主义进入新时代，"我国经济已由高速增长阶段转向高质量发展阶段，正处在转变发展方式、优化经济结构、转换增长动力的攻关期"。中国已经进入了工业化中后期，《中华人民共和国国民经济和社会发展第十四个五年规划和 2035 年远景目标纲要》确立了"二〇三五年基本实现社会主义现代化远景目标"，这不仅成为新时代中国经济可持续发展的重要动力，而且也是全面建成小康社会的根本要求。从现在到 2035 年是基本实现社会主义现代化的时期，既要进入新发展阶段，以新发展理念构建新发展格局，又要乘势而上开启全面建设社会主义现代化国家新征程，向第二个百年奋斗目标进军。随着中国工业化进程的推进，经济新常态与供给侧结构性改革的现实情况使中国经济增长的同时面临矿产资源约束和工业化带来的产业演进问题。中国工业化在矿产资源的需求压力、供给及环境压力继续加大的同时，工业化和城镇化加速、较低的生产要素利用率和产出效率、高昂的资源与环境代价并存的局面让我们重新审视过去四十年矿产资源的高消耗与粗放型经济增长模式，重新反思矿产资源消费与产业结构演进之间的关系。未来中国的工业化之路，产业结构日趋高级化，新工业革命兴起及绿色化智能化发展，技术密集型产业和战略性新兴产业发展迅速，矿产资源的消费无论从总量还是结构上都将发生变化，与发达国家工业化路径选择的不同使中国矿产资源消费既有一般性又有独特性。因此，基于工业化演进视角对矿产资源消费的研究意义十分重大。

追本溯源，矿产资源消费与工业化阶段性变化研究早期便是资源经济学和产业经济学这两个领域持续关注的热点。从时间维度上看，两者最早研究的时间相差无几：对矿产资源消费的研究最早始自霍特林《可耗尽资源的经济学》（1931）的发表，这成为资源经济学产生的标志；工业化阶段性变化研究最初以产业结构演进为萌芽，思想来源最早始自威廉·配第在其《政治算术》（1928）中对三大产业收入的比较。

然而，已有的西方主流增长理论很少将矿产资源消费与工业化结合起来研究，主流经济学对资源消费与经济增长及工业化关系的研究是一度忽视的。从古典经济学到新古典经济学，从哈罗德—多马模型到索洛的经济增长理论，乃至新经济增长理论，资源投入从来没有作为经济增长的决定因素而引起经济学家的重视，自然资源投入或者不被考虑，或者被隐含到资本投入中（罗浩，2007）。将自然资源演绎成单纯的生产成本问题，几乎是所有经济增长模型的前提（张景华，2014）。直到内生经济增长理论的提出与可持续发展研究的深入，资源与环境约束下的内生增长理论模型的建立，才将资源纳入经济增长的理论框架。

基于工业化演进视角对矿产资源消费总量和结构的影响研究，目前针对能源矿产资源的研究已经比较成熟，从理论模型到经验研究都更加丰富，研究成果有矿产资源与经济发展的"S"形规律、矿产资源生命周期理论、矿产资源需求强度理论等。一方面，有色金属消费在中国工业化中后期增长较快；另一方面，后工业化时期稀有金属消费逐步扩大成为现代制造业特别是战略性新兴产业和国防工业的关键原材料。未来中国的工业化之路，产业结构日趋高级化，新工业革命兴起及绿色化智能化发展，技术密集型产业和战略性新兴产业发展迅速，矿产资源的消费无论从总量上还是结构上都将发生变化，但是与金属矿产资源相关的研究较少。国内外常用的矿产资源消费的"S"形规律，虽然在与宏观经济密切相关的大宗矿产资源的消费方面有过预测，但多数矿产资源主要受产业部门的影响。如何把握保障新能源、新材料等战略性新兴产业的原材料供给，摸索大国工业化与矿产资源消费的规律，迫在眉睫。因此，基于工业化演进视角对矿产资源消费的研究意义十分重大。

二、问题提出

当前，世界范围内新一轮科技革命和工业革命蓬勃兴起，对矿产资源消费总量和结构将会产生重大影响。一方面，3D打印等工业4.0下的增材制造范式及其应用将改变工业原材料利用的方式；另一方面，发达国家实施"再工业化战略"，推动制造业向智能化、绿色化、服务化转型。现阶段，发达国家基础金属消费总量普遍达到或接近顶峰，开始由增量开发逐步转向存量利用，而以稀土、铟、锗、铂族金属为代表的稀有、稀散、稀贵"三稀"金属，其战略性不断凸显，这些新型战略性矿产在全球矿产资源消费结构中的地位上升。同时，新工业革命下，后起国家大量消耗资源且不计环境成本的赶超式战略受到抑制，其转变发展方式和自主创新所带来的产业结构变化，使矿产资源消费结构呈现出新的特点。

那么，在工业化的不同阶段，发达国家矿产资源在总量和结构上呈现怎样的消费规律？原材料库兹涅茨曲线（EKC）假说是否成立？随着新时代社会主要矛盾的变化，作为后起的发展中人口大国，在工业化中后期阶段，中国矿产资源的消费是否遵循有别于发达国家的路径？近年来，中国产业转型提速对矿产资源消费产生哪些新的影响？主要矿产品消费总量达到顶峰的时间是否会因经济结构调整加快出现新变化？

目前，对矿产资源消费的研究和对能源矿产资源的研究已有很多，对非能源矿产资源的研究偏少。本书以非能源矿产资源为研究对象，综合表1-1和表1-2，重点以金属矿产资源中的大宗矿产资源（如铁、铜、铅、锌、铝金属等），同时涉及稀有矿产资源（如锂、钨、稀土等），作为本书具体的研究对象。

表 1-1   中国金属矿产资源分类

分类	矿种数量	矿种
黑色金属	5	铁、锰、铬、钒、钛
有色金属	13	铜、铅、锌、镍、铝、钴、钨、锡、铋、钼、汞、锑、镁
贵金属	8	金、银、铂族金属（铂、钯、钌、锇、铱、铑）
稀有金属	8	铌、钽、铍、锂、锆、锶、铷、铯
稀土金属	17	镧、铈、镨、钕、钷、钐、铕、钆、铽、镝、钬、铒、铥、镱、镥、钇、钪
稀散金属	7	镓、铟、铊、锗、硒、碲、铼

表 1-2   中国战略性矿产资源目录

分类	矿种
能源矿产	石油、天然气、页岩气、煤炭、煤层气、铀
金属矿产	铁、铬、铜、铝、金、镍、钨、锡、钼、锑、钴、锂、稀土、锆
非金属矿产	磷、钾盐、晶质石墨、萤石

资料来源：中华人民共和国国土资源部．2017 中国矿产资源报告［M］.北京：地质出版社，2017.

第二节   研究目标与研究意义

一、研究目标

本书的总体目标是：结合工业化阶段理论和矿产资源消费相关理论，探求发达国家矿产资源消费总量和结构的一般规律，对中国不同工业化阶段的矿产资源消费总量与结构进行分析，进而分析影响中国矿产资源消费的因素，并对发达国家和中国的经济增长对矿产资源消费的动态影响进行原材料 EKC 曲线的实证，继而为面向新时代的中国矿产资源提出相应的消费政策。为了实现总体目标，需要达到的具体目标包括：

第一，通过对英国、美国、德国、日本四国工业化演进中矿产资源消费总量和结构的分析，基于国际经验的比较，建立非平衡跨国动态面板数据模型，研究工业化演进对矿产资源消费的短期和长期影响，准确地把握发达国家矿产资源消费的一般规律。

第二，通过对中国不同工业化阶段矿产资源消费总量和结构的研究，运用

Divisia 因素分解实证，探求中国矿产资源消费增长过程中规模、结构与效率效应的作用强度，把握中国与发达国家矿产资源消费演化趋势的一般性和特殊性。

第三，建立经济增长与矿产资源消费库兹涅茨曲线（EKC）理论模型，验证金属原材料库兹涅茨曲线假说。

第四，建立中国矿产资源消费影响因素的 STIRPAT 模型，在不同工业化阶段探讨各因素对矿产资源消费的影响。

第五，提出面向新时代的中国矿产资源消费的调整政策。

二、研究意义

基于工业化演进变化视角对矿产资源消费的研究既为中国工业化后期面临的实际问题提供了一个新的视角，同时也是对工业化进程中的矿产资源消费结构转型理论研究的进一步丰富和补充，因而具有重要的理论和现实意义。

首先，就理论意义而言，本书是对工业化一般理论和矿产资源消费理论的进一步丰富和扩展。长期以来，资源因素虽最早被霍夫曼列入工业化进程中产业结构变动的因素，但在后续的研究中学者们并未将其作为重要因素加以考察。关于经济增长和工业化对矿产资源消费的影响研究，目前对能源、铁矿石等大宗矿产资源的研究已经比较成熟，从理论模型到经验研究都更加丰富，研究成果有矿产资源与经济发展的"S"形规律、矿产资源生命周期理论、矿产资源需求强度理论、资源—产业"雁行式"演进假说等。资源—产业"雁行式"演进假说在"雁形式"产业结构理论基础上提出，虽然据此理论能够大致确定我国未来矿产资源战略的重点和方向，但仍存在如下不足之处：

一是虽在产业结构基础上探讨矿产资源消费，但未能就具体产业结构、工业化进程对金属峰值来临给出判断。二是该规律研究基于一国要有相对完整的工业化历程的基本假设，且矿产资源的消费领域主要集中于一个或少数几个行业中。工业化阶段性变化的事实是矿产资源会同时被多个产业部门消费，因此消费顶点的到来也会受到多个产业部门的影响。三是由于不同国家拥有不同的资源禀赋和生产模式，同一个矿种所主要应用的产业也不同。四是即使是同一个产业，由于所属国家工业化阶段和技术发展水平的不同，其对矿产资源的消费也在不断发生变化。另外，本书还是运用现代学科发展中的前沿理论和研究范式从工业化视角对矿产资源消费问题进行探讨的一种新尝试。本书立足于发达国家工业化与矿产资源消费的史实，应用当代前沿的计量经济学研究方法对矿产资源消费的规律进行分析，以求比较发展中国家与发达国家矿产资源消费路径和工业化阶段性变化的异同，构建工业化与矿产资源消费结构转型的理论分析框架，揭示矿产资源消费演变的作用机制。

其次，本书的现实意义体现在两个方面：一是基于工业化演进视角的中国矿产资源消费总量和结构的系统性研究，有利于把握产业转型升级对不同种类矿产资源保障能力建设的新要求。就目前掌握的文献来看，国内对中国矿产资源消费与工业化结合的系统性研究比较少。特别是中国进入工业化中后期，与发达国家在矿产资源保障、技术创新等方面的竞争将加剧，而目前相关研究成果的理论深度却不足。二是研究中国矿产资源消费总量和结构的独特性，有利于制定适合中国矿产资源消费的国家政策。发达国家的矿产资源消费总量与结构均呈现一定的路径与特征，与发达国家相比，中国工业化历程特别是改革开放以来的工业化发展是后发优势充分释放的过程，中国的工业化进程和矿产资源消费的总量和结构均有其独特性。基于这样的国情，中国工业的矿产资源消费虽然并未从根本上偏离主要工业大国的一般规律，但也显现出一定的自身独特性。这种共性和特性需要放在中国工业化演进变化的大背景下进行系统研究。

第三节　研究内容和研究方法

一、研究内容

本书基于工业化演进变化的研究视角，通过对发达国家矿产资源消费演变规律的历史考察研究，借鉴发达国家矿产资源消费的国际经验，在中国矿产资源消费总量和结构现状分析的基础上，旨在发现发展中国家同发达国家由于工业化路径不同而呈现出的特殊性，并通过工业化与矿产资源消费建立理论模型和实证研究，提出针对中国矿产资源消费的政策建议。本书共分为八章：

第一章为绪论。本章主要提出了研究背景、研究目标和意义，指出了本书的研究思路和研究方法，为接下来的研究指明了方向，最后提出了本书可能的创新点。

第二章为文献综述。综述分别从工业化阶段性变化对矿产资源消费总量和结构的影响方面展开，总结归纳出目前在矿产资源消费研究方面研究的不足，对文献进行较全面的述评后，确定以工业化演进作为切入点展开对矿产资源消费的研究，为矿产资源消费的研究提供了新的视角，也为下一章的理论基础做了清晰的界定与系统的准备。

第三章为工业化与矿产资源消费的理论基础。通过对矿产资源消费弹性、矿产资源生命周期、矿产资源需求强度理论等概念的辨析，为后续的章节提供了理论支撑。

第四章为国际经验。首先选择典型发达国家英国、美国、德国、日本四国，探究这些国家工业化进程中矿产资源消费总量和结构的演变，分别从人均 GDP 与矿产资源消费量之间的关系、矿产资源消费强度的特点以及一国内部矿产资源消费的结构三个方面对矿产资源的消费量在时间、空间（国别）上所呈现出的规律进行总结。在此基础上选择铁矿石、铜、铅等矿产资源为代表，对典型发达国家工业化对矿产资源消费的短期和长期影响进行实证。

第五章为中国现状。本章第一节、第二节的研究方法与第四章相同，主要选择的数据包括中国 GDP、人均 GDP、矿产资源消费总量、矿产资源消费强度、主要矿产资源第一消费领域占比数据等消费结构的数据，通过对中国矿产资源消费的总量和结构进行分析，并与之前发达国家演变规律进行对比分析，深入探讨中国矿产资源消费总量和结构的特殊性。第三节在扩展的矿产资源消费 Kaya 恒等式基础上，采用对数平均迪氏指数分解法（LMDI 法）对矿产资源消费量从生产效应、结构效应、强度效应三个维度进行因素分解，以铜消费为例探求中国矿产资源消费增长的内因与作用强度。

第六章为实证研究。本章主要刻画了工业化进程中经济增长对矿产资源消费的动态影响特征，试图解决两个问题：一是不同经济增长水平下，经济增长对不同的矿产资源消费的影响特征和轨迹如何？原材料库兹涅茨（EKC）假说能否被证实？分别选择传统矿产铁矿石、铜和铅为代表。二是在确定了不同矿产资源在不同国家的消费特征及轨迹之后，建立 IPAT 模型及扩展的 STIRPAT 模型，详细分阶段刻画中国矿产资源消费的影响因素。

第七章为政策研究。根据与典型发达国家国际经验比较及中国现状和实证研究的结论，从政策层面，提出完善矿产资源开发、提高综合利用效率、优化消费结构的政策思路和建议的消费政策。

第八章为结论与展望。在总结研究结论的基础上，指出本书的研究不足和进一步研究的方向。

在此基础上，本书的研究框架如图 1-1 所示。

二、研究方法

本书综合运用产业经济学、发展经济学、宏观经济学、演化经济学、规制经济学等学科的理论进行详细论述，采用文献分析法、演化经济学分析法、比较分析法、因素分解实证法和计量统计分析法，对基于工业化演进视角中国矿产资源消费问题进行研究，具体方法如下：

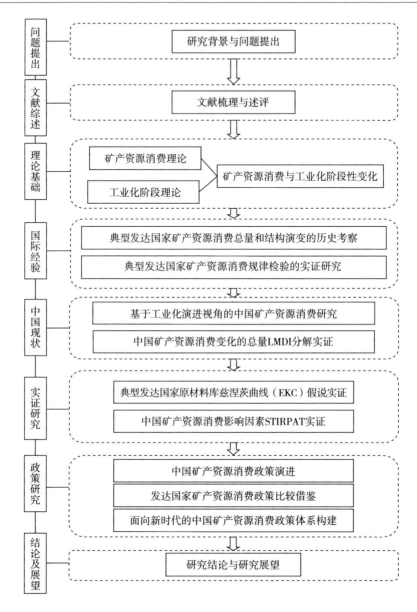

图1-1　本书的研究框架

（1）文献分析法。本书收集和研读了大量的英国、美国、德国和日本近两百多年的工业史文献和资料，结合各国矿产资源消费的各类数据、各国矿产资源分配的经济学政策，从历史文献中挖掘和甄别出与工业化和矿产资源消费有关的文献。因为研究中国矿产资源消费，一方面需在完整工业化进程下探讨发达国家的国际经验的基础上展开，另一方面需重视中国的工业化进程。

（2）演化经济学分析方法。基于对矿产资源消费总量、结构与工业化规律史实的考察，构建工业化演进与矿产资源消费之间关系的原理阐释和内在机制理论分析框架，围绕典型发达国家与发展中国家工业化阶段性变化与矿产资源消费的演进关系展开对一般性规律的考察。

（3）比较分析法。不同国家由于工业化的基础条件、历史进程不同，比较同一国家不同工业化阶段人均 GDP 与人均矿产资源消费量规律、矿产资源消费强度规律、产业演进的规律等，比较同一种矿产资源由于各国工业化时代的不同，人均矿产资源消费的峰值顶点、矿产资源消费强度顶点的分异现象，比较发达国家与中国矿产资源消费总量和结构演变趋势的一般性、差异性与独特性等。

（4）实证分析法。本书在研究发达国家矿产资源消费规律时，构建非平衡跨国动态面板计量模型，研究工业化进程中经济增长和价格对人均矿产资源消费量的短期影响和长期影响。本书在研究工业化中后期的中国矿产资源消费时，采用了 Divisia 分解法的对数平均迪氏指数分解法（LMDI 法），以中国铜资源消费数据为例进行因素分解实证，对矿产资源消费量从规模效应、结构效应、效率效应三个维度进行因素分解，以探求中国矿产资源消费增长过程中各效应的作用强度。在验证原材料库兹涅茨曲线假说时，构建经济增长与矿产资源消费库兹涅茨曲线（EKC）理论模型，并通过计量统计方法进行了验证；在研究中国矿产资源消费影响因素时，建立了基于 STIRPAT 的影响因素模型，在不同工业化阶段探讨各因素对矿产资源消费的影响程度。

第四节 研究创新之处

本书可能的创新点主要体现在以下四个方面：

一是构建了工业化演进与矿产资源消费之间关系的理论分析框架。针对目前对矿产资源消费的经济学研究主要停留在经济增长角度，而对于工业化演进视角下矿产资源消费的研究较少的现状，本书在前人研究的基础上，以演化经济学为理论基础，以工业化演进为研究视角，通过构建工业化与矿产资源消费之间关系的理论分析框架，揭示矿产资源消费总量与结构演变的一般规律和内在机制。

二是以英国、美国、德国、日本和中国矿产资源消费为研究对象，验证了工业化国家原材料库兹涅茨曲线（EKC）的存在性。目前国内学者对于矿产资源消费总量和结构的研究主要从经验事实进行推理总结，计量实证研究较少。本书在对英国、美国、德国、日本四国工业化史实比较总结的基础上，运用计量经济学分析工具进行了实证，验证了各国所选矿产资源库兹涅茨曲线（EKC）的形状、拐点坐标、拐点人均 GDP 以及拐点人均矿产资源消费量。

三是结合中国工业化演进的特点，验证了中国矿产资源消费各因素的影响程度。目前在研究中国矿产资源消费的影响因素时，大多数学者多采用定性研究方法，如矿业发展周期模型、弹性系数法等，较少学者采用聚类法、灰色关联分析、通径分析技术等方法，采用计量统计分析方法的学者较少。本书采用 STIR-PAT 模型计量统计分析方法，对中国工业化分阶段探讨各影响因素的变化，进一步充实了现阶段矿产资源消费影响因素的研究方法，有一定的理论和现实意义。

四是结合中国矿产资源消费的特点，提出面向工业化中后期的矿产资源消费战略。目前中国虽然出台了《全国矿产资源规划（2016—2020 年)》，但战略高度与具体的政策实施仍然不明晰。本书通过梳理时代特征，简要回顾中国矿产资源消费政策的内容，指出现行政策存在的问题；梳理新时代矿产资源外部环境和内部条件的变化及大国竞争的压力，通过新科技新产业新模式推动发展动能转换及其对矿产消费结构的影响，提出构建适应大国竞争，建立现代经济体系，实现高质量发展面向工业化中后期的中国矿产资源消费战略总体思路和具体政策建议。

第二章　文献综述

矿产资源消费关乎一国经济增长。因其不可再生性，经济学家和政治哲学家们对矿产资源予以格外重视。19世纪早期，经济学家马尔萨斯、李嘉图、米勒关注土地资源，以人口增长为关注焦点。马尔萨斯认识到有限的自然资源会成为经济增长的主要限制因素；米勒则较为乐观，认为人类出于对短缺的恐惧而不是由于短缺本身会使人口得到控制。19世纪晚期的瓦尔拉斯和马歇尔等虽然发展了需求、效用函数、边际效用递减规律等概念，提供了矿产资源需求的工具，但新古典经济学家并未特别关注自然资源。美国内战后的30年工业迅速扩张，经济上推行自由放任主义，自由市场被赞誉为社会最优化的实行者，国家不插手经济政策。此时，自然资源的使用由市场力量决定。但其实对自然资源无限制的开采并非社会最优，美国蒙大拿州比优特的铜矿开采便是极好的案例。20世纪初期，受到美国保护主义及渐进式改革政治运动的影响，自由哲学受到批评。自然资源不仅是生产要素，更被视为国家财产，此时的自然资源消费是谨慎的，国家开始对自然资源储藏量展开清查。

20世纪50年代，第二次世界大战和朝鲜战争引起的高物价和物品短缺，使人们开始关注对自然资源的消费和使用，70年代的"石油禁运"、OPEC石油涨价、商业繁荣使人们对自然资源的关注成为新闻头条。1972年，罗马俱乐部一批自然科学家撰写《增长的极限》，探讨了自然资源包括能源、矿产等以及环境容量的有限性和人口、资源消费呈指数增长的对比研究。该书被称为这一领域最经典、最具影响力的著作之一。尽管该书对科学技术进步的估计显得不够充分，但其中的一些重要推理和判断，如环境污染容量等问题在今天看来仍然具有相当重要的指导意义（Meadows et al.，1972）。经济学家将资源作为经济增长的限制因素，认为自然法则约束着技术进步和替代品（杰奥尔杰·勒根，1976；Daly，1977），而技术进步和替代品降低了资源的稀缺性（索洛，1974；斯蒂格利茨，1979）。自然资源尤其是矿产资源的消费研究才从此展开。

第一节　矿产资源消费的影响因素研究

综观国内外学者对工业化阶段性变化的研究，有霍夫曼定律，柯林·克拉克的相对国民收入影响说，钱纳里的"需求说""贸易说""技术说"，刘易斯的二元经济理论模型，罗斯托的主导部门论及新兴古典经济学的分工演进模型（Fei and Ranis，1964）。学者们从不同角度、不同层次、不同方法得出了很多创新性和有价值的理论成果。传统考量下封闭经济的工业化阶段性变化影响因素主要从需求维度和供给维度展开，包括收入水平、资源禀赋、人口规模、政府政策（张抗私和于晗，2013）。扩展到开放经济中，国际贸易与全球化均是引起产业结构演进的影响因素（梁姗姗和杨丹辉，2018）。

资源因素虽最早被霍夫曼列入工业化阶段性变化的因素中，但在后续的研究中学者们并未将其作为重要因素加以考察。早期国内外学者针对资源因素与工业化的研究，鲜有对两者之间直接关系的研究，大量文献是通过经济增长这一中间纽带进行论述的。早期主流经济学对资源与经济增长关系的研究是一度忽视的，无论从古典经济学到新古典经济学，还是从哈罗德—多马模型到索洛的经济增长理论，乃至新经济增长理论，资源投入从来没有作为经济增长的决定因素而引起经济学家的重视（Solow，1957；Jorgenson and Griliches，1967；Denison and Felderer，1969）。自然资源投入或者不被考虑，或者被隐含到资本投入中（罗浩，2007）。将自然资源演绎成单纯的生产成本问题，几乎是所有经济增长模型的惯例（张景华，2014）。直到资源与环境约束条件下内生增长理论模型的建立，才将资源纳入经济增长的理论框架。因此，关于矿产资源对一国工业化的影响关系，是促进还是阻碍？是福音还是诅咒？由于两者之间内在逻辑的复杂性，以及不同国家地区样本数据差异，理论界尚未达成共识。

第一类观点认为自然资源丰裕会推动工业尤其是制造业的发展。自然资源为经济增长提供基础和动力，丰富的自然资源给一国的工业化创造经济持续发展能力的比较优势（Watkins，1963）。自然资源丰裕国家出口资源初级产品，通过吸引外资将收入转化为投资，推动工业发展，促进经济增长（Rosenstein，1943；Mitchener and Mclean，2003）。Davis（1995）将22个矿产资源型经济体和57个非矿产资源型经济体分别作为整体来对比经济绩效，最早提出不存在"资源诅咒"现象，并且认为自然资源的丰裕创造了美国19世纪的经济繁荣。

第二类观点认为自然资源使产业结构单一化且具有黏滞性。自然资源丰裕的国家和地区大多数都会陷入"资源诅咒"困境（Gelb，1988；Autg，1994，2004；Sachs and Warner，1995；Gylfason，2001）。20世纪60年代后，石油资源丰裕的尼日利亚、沙特阿拉伯、委内瑞拉、墨西哥及伊朗等经济增长缓慢，天然气资源丰富的荷兰曾饱受经济崩溃、通胀等"荷兰病"的困扰。21世纪以后，中东和北非的阿富汗、突尼斯、利比亚等经历了严重的政治动荡。自然资源仿佛魔咒般不仅无法推动经济发展，反而成为经济增长的障碍，使产业结构单一化。Auty（1994，2004）最早提出"资源诅咒"的概念。Sachs和Warner（1995）最早开创性建立了动态"荷兰病"内生增长模型，认为自然资源越丰裕，对于不可贸易部门的产品的需求也越高，进入制造业部门的资本和劳动就会随之下降，而制造业部门"干中学"的假设条件，结果是产业结构畸形，妨碍经济增长。该模型使"资源诅咒"在国家层面得到验证。大量的实证研究都支持了"资源诅咒"命题的成立，继而引发经济学界对其传导机制的研究（Gylfason，2001；Papyrakis and Gerlagh，2004）。大多数学者认同自然资源本身并不产生资源诅咒，而是通过某种诸如资源产业的"飞地属性"、"中心—外围"论、贸易条件波动或恶化、"荷兰病"效应、挤出效应、制度弱化效应等传导机制来阻碍经济增长（Barro and Sala-i-Martin，1992；Papyrakis and Gerlagh，2007）。

"资源诅咒"命题是否成立虽然在学界尚存争议，但大多数文献在跨国经验数据和一国内部数据的经验研究中支持"资源诅咒"命题。大多数学者认同"资源诅咒"是"资源生产诅咒"，即"资源诅咒"命题建立在资源生产或资源禀赋的基础之上，而"资源消费"是"资源消费福音"，资源消费对经济增长具有显著的正向影响（见表2-1）（李强和徐康宁，2013；梁姗姗和杨丹辉，2018）。

表2-1 矿产资源消费的影响因素：相关研究

文献作者	研究方法	矿产资源消费影响因素	因素排序
Berndt 和 Wood（1975） Griffin 和 Gregory（1976） Pindyck 和 Rotemberg（1983）	微观分析（超越对数成本函数）	能源价格	工业化/产业结构（17） 经济增长（14） 技术进步（8） 城市化（6） 人口（6） 环境保护（5） 价格（4） 能源消费结构（4）
Phillip（1998）		工业化（经济发展阶段）	
史丹和张京隆（2003）	弹性系数法	经济规模、产业结构、能源价格、总人口、能源消费结构	
刘东霖和张俊瑞（2010）	时变回归分析	—	
林伯强（2003）	时间序列；协整分析与误差修正模型	经济总量、产业结构、能源结构、总人口、城市化水平、居民消费水平	
王少平和杨继生（2006）			

续表

文献作者	研究方法	矿产资源消费影响因素	因素排序
邓光君（2009）	供给—需求分析	①矿产资源需求增长因素：经济增长 ②矿产资源需求结构的变化趋势因素：产业结构、技术对资源的替代率、国家宏观政策导向、矿产资源消费观念	
芮夕捷和白华（2010）	灰色系统预测模型	经济增长及其速度、产业结构及其调整、产业政策、社会的工业化程度以及进程、经济增长集约化程度、技术进步及技术经济政策、人口数量增长以及城市化发展	
Hossain（2011）	协整分析与误差修正模型	短期：经济增长与能源消费为格兰杰因果 长期：经济增长、城市化、对外开放和碳排放与能源消费不存在格兰杰因果	
成金华等（2012）	—	①宏观层面：经济增长、人口增长、工业化与城市化以及科学技术进步等因素 ②微观层面：矿产资源本身的价格、消费者收入水平及社会收入分配状况、替代品和互补品的价格、消费者的心理因素、矿产新研究成果及矿产资源方面的政策和法律法规	资源禀赋（4） 资本投入（2） 全球经济周期（1） 对外开放水平（1）
徐铭辰（2012）	工业化指标体系	工业化、资源禀赋、国家矿产品贸易、全球经济周期、本国的资源环境政策、科学技术以及环境保护	
Stuermer（2013）	非平稳异质面板	工业化	
张传平和周倩倩（2013）	协整模型和误差修正模型	GDP、产业结构、技术水平和城市化水平	
Mohammadi 和 Parvaresh（2014）	动态面板、协整模型和误差修正模型	经济增长、环境政策	
袁鹏（2014）	二次型影子成本模型	经济规模扩张、技术效率、技术变化、劳动力、资本	

续表

文献作者	研究方法	矿产资源消费影响因素	因素排序
曾胜和李仁清（2014）	灰色关联分析	能源价格、产业结构、城市化、科技水平、碳排放强度、市场化率、GDP	
秦鹏和代霞（2015）	—	经济规模增速、产业结构构成、能源消费结构、城镇化	
陈其慎、于汶加、张艳飞等（2015）	矿业发展周期模型	资源禀赋、资源需求	
王高尚、代涛、柳群义（2017） 王安建、王高尚、周凤英（2017） 刘固望、王安建（2017）	周期性弹性系数法 多国比较	工业化、人均 GDP	
李新慧等（2017）	DEMATEL 方法	资源因素、经济因素、社会因素、环境保护因素	
柴建等（2017）	通径分析技术：非线性平滑转换回归模型	GDP、工业化水平、价格	
周彦楠等（2017）	K – means 聚类法 STIRPAT 模型	能源禀赋、城市化水平、工业化水平、对外开放水平、资本投入、技术进步	

资料来源：笔者在参考文献基础上整理而得。第4列因素排序中，影响因素后括号中的数字代表这一因素在所有文献中被学者研究的次数。

国外学者对矿产资源消费的研究始于矿产资源的可持续优化利用理论。希尔、哈森发展了霍特林的结论，其研究重点放在了矿产资源的有效配置和利用上。继这些开创性的研究之后，学者们更加关注影响一国（地区）矿产资源需求的因素以及经济增长中的自然资源效应。国内外学者采用不同的研究方法对影响矿产资源消费的主要因素做出了识别和判断。本书对已有文献中的影响因素进行了排序，从表2-1中可以看出，影响中国矿产资源消费的因素依次为工业化与产业结构、经济增长、技术、城市化、人口、环境政策、能源消费结构、资源禀赋、资本投入、价格、全球经济周期和对外开放水平等。其中，作为主要影响因素之一，工业化和产业结构分别作用于矿产资源消费总量和结构的变化（梁姗姗和杨丹辉，2018）。

第二节　工业化进程对矿产资源消费总量的影响研究

一、工业化进程对矿产资源消费总量的影响研究进展

国外对工业化进程与矿产资源消费关系的研究，可以追溯到 20 世纪初的美国，但受到当时统计资料和技术手段的限制，相关研究进展十分缓慢。直到 20 世纪 60 年代，矿产资源消费的研究才取得突破。1961 年，Harvey 和 Lowdon 提出资源开发与工业化发展的阶段性理论。该理论认为随着工业化的发展，资源投入或社会消费需求结构会发生明显变化，因而在工业化发展的不同阶段，各类资源的作用存在差别。Hubbert（1959）开创了峰值问题的研究并成功预测了美国的能源峰值。Malenbaum（1975，1978）创立了能源消费强度理论和能源需求生命周期的时间效应理论，通过分析世界 80 多个国家能源消费总量增长的长期变化过程发现，处于不同发展阶段的国家或地区其能源消费需求和消费特征表现出一定的相似性，即能源消费随着人均收入提高呈现出倒 "U" 形规律，变化过程由初始、增长、成熟和衰落四个阶段构成，初步刻画出了能源消费的库兹涅茨曲线（Material Kuznets Curve）（见图 2 - 1）。

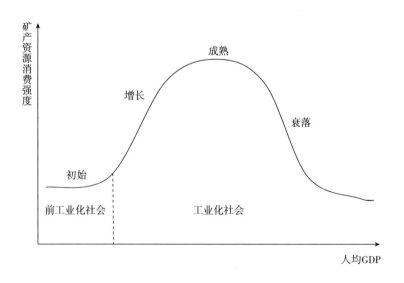

图 2 - 1　矿产资源消费需求生命周期变化

20世纪80年代，国内学者开始运用国内能源消费数据验证矿产资源生命周期理论、矿产资源需求强度理论的合理性，探究中国与发达国家能源消费规律的差别，分析改革开放以来中国经济高速增长与能源消费之间的关系。有研究者比较早地根据矿产资源消费周期理论研究中国大规模工业化以来能源消费变化及其时间和空间效应，指出中国能源消费强度呈现明显的倒"U"形关系（张雷，1997；姜巍和张雷，2004）。

总体来看，中国工业化进程中能源消费总量的基本特征表现为：在时间效应维度，与先行工业化国家相似，随着大规模技术、资金的引进以及管理体制的优化，中国能源消费强度的变化表现为倒"U"形；而在空间效应维度，快速工业化导致国内矿产资源的自给率趋于下降，矿产品对外依存度提高（陈建宏等，2009）。应该看到，撇开"压缩式"工业化道路所释放出的矿产资源需求，中国能源高消耗是粗放型增长方式的必然结果，且能源大规模消耗与加速工业化进程和大国崛起这两个因素紧密相连（成金华，2010）。中国能源消费总量在未来较长时期内仍将处于倒"U"形曲线左侧的"爬坡"阶段（成金华和汪小英，2011）。王安建和王高尚（2002）、王安建（2010）指出，中国工业化中单种主要金属矿产消费与人均GDP之间的关系具有倒"U"形曲线上升阶段的"S"形规律，"S"形规律的三个重要转变点分别为资源消费的起点（矿产资源需求开始进入高增长期）、转折点（矿产资源需求增速减缓）和零增长点（矿产资源需求到达顶点）（见图2－2）。

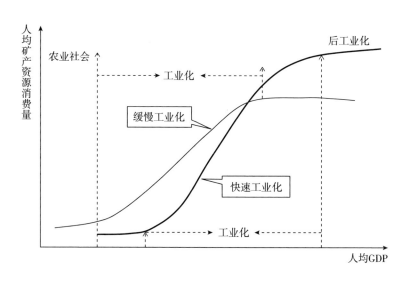

图2－2　人均矿产资源消费与人均GDP的"S"形规律

与此同时，一些学者从全球范围和历史的维度关注矿业发展周期以及矿产资源消费与人均GDP的关系（徐铭辰，2012）。"二战"后全球矿业经历了英法等国工业化起步至"一战"的快速成长期、两次世界大战期间的波动期、"二战"后至20世纪80年代初的回升期以及20世纪80年代以后的新一轮增长繁荣期（Malenbaum，1978；张雷，1997；姜巍和张雷，2004）。全球矿产资源配置格局演进呈现出大国转移规律的特点：发达国家陆续完成工业化，主要矿产品消费量下降或趋于稳定，发展中国家尚未进入大规模工业化，尚未进入矿产资源高消耗阶段。根据对全球典型矿业国家发展历程的归类，徐铭辰提出理想型、资源富足型和资源短缺型三种矿业发展模式。

如图2-3所示，第一种是理想型国家矿业周期，以美国为代表，矿产资源虽然丰富，但矿产资源出口、依靠矿产品出口拉动本国经济发展并不是美国矿业发展最重要的驱动力，美国先后经历了成长期、成熟期、衰退期。第二种是资源富足型国家矿业周期，以加拿大、澳大利亚等国为代表，这些国家丰裕的矿产资源，除满足本国工业化需求外，主要用于对外出口。第三种是资源短缺型国家矿业周期，主要有两类国家：一是已完成工业化的资源短缺型国家，如英国、法国、德国、日本等国，这些国家矿业周期大致经历了快速增长期、缓慢增长期、缓慢下降期三个阶段；二是尚未完成工业化的资源短缺型国家，如亚洲、非洲及南美洲一些国家，这类国家被动地处于全球产业链的低端，出口本国大量的矿产资源以换取经济的发展（徐铭辰，2012）。

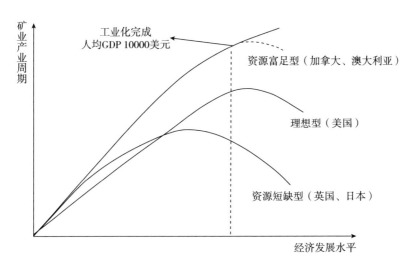

图2-3　全球矿业发展模式

全球矿产资源配置格局演进呈现出大国转移的规律特点，即西方国家陆续完成工业化，主要矿产品消费总量下降或趋于稳定，而以中国、印度为首的发展中国家依次进入大规模工业化和快速城镇化所引发的矿产资源高消耗阶段（王安建，2010；陈其慎等，2015；王高尚等，2017；王安建等，2017）。

二、不同工业化水平下矿产资源消费分析和预测研究

对矿产资源消费的预测研究始于 20 世纪初对石油储量的耗竭时间预测，近年来研究方法主要有投入产出法、MEDEE、LEAP、能源弹性系数、时间序列、神经网络、Path – STR 模型等（柴建等，2017；Sohn，2000；Valero，2010，2011），大部分研究成果对能源和金属矿产资源（以钢铁、铜、锌、镍等为主）做出峰值预测，少量文献对化肥及磷、硫、钾盐矿产的消费量进行测算（王安建等，2010；高芯蕊，2010；龚婷和郑明贵，2014；任忠宝等，2012；张艳飞等，2015；代涛等，2015；那丹妮和王高尚，2010；张艳等，2015）。任忠宝等（2012）提出矿产资源消费的拐点理论，在拐点 1 处，矿产资源消耗强度达到峰值，此后经济增长方式发生重大转变；在拐点 2 处，矿产资源消费水平达到峰值，此时工业化基本完成，此后矿产资源消费开始减少（见图 2 – 4）。陈其慎等（2015）绘制出中国和美国矿产资源消费图谱，确定了两国主要矿产资源需求的峰值时间和水平。

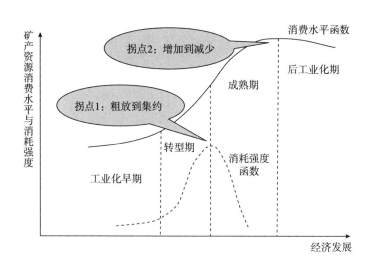

图 2 – 4 矿产资源消耗强度、消费水平与经济发展的关系

近年来，随着中国经济进入新常态，供给侧结构性改革推动"两高一资"产业"去产能"加快。在这种情况下，国内一些学者相继作出了中国能源和主

要矿产品消费总量有望提前达到峰值的判断（杨丹辉等，2017）。其中一些观点认为中国经济增长与能源消费已经实现了弱脱钩，而且与发达国家相同发展阶段相比，中国脱钩时间比较超前，这主要得益于中国采取多种节能减排措施，促使能源消费增速放缓，"十二五"后半期能源需求降幅尤为明显。现阶段中国经济增长与能源消费虽然尚未实现强脱钩，但经济增长的要素贡献已经发生明显的结构性变化。因此，中国有能力实现温室气体排放量在2030年之前甚至更早达到峰值，为全球降低气候风险作出贡献（史丹，2017）。

鉴于中国稀土的重要地位及稀有矿产资源未来应用的重要性和广泛性，一些学者对中国稀土和稀有矿产的产量状况进行了预测（Kingsnotth，2010；Chen，2011；郑明贵和陈艳红，2012；Wubbeke，2013；Ting and Seaman，2013），对稀土预测所采用的方法是在对全球范围内稀土矿或项目的产能了解的基础上进行估计，而且均在2015年中国稀土出口配额取消之前，因此结论的现实意义不大，同时也反映出稀有金属消费受政策环境变化的影响而波动较大。李鹏飞等（2015）结合汽车、航空航天、信息技术、能源电力、化工、机械工程、环境技术、医学工程、材料技术等领域的32种重点新兴技术，对稀有矿产资源如镓、钕、铟、锗、钪、铂、钽等22种稀有矿产品的需求量进行预估，识别出七大战略性新兴产业的稀有矿产资源应用方向。

第三节　工业化演进与矿产资源消费结构变化的研究

1990年，Clark和Jeon提出矿产资源消费结构的分类理论，进一步完善矿产资源消费强度理论，将矿产资源的消费结构分为传统类型、现代类型及新兴类型三种（陈建宏等，2009）（见表2-2和图2-5）。Clark和Jeon对Malenbaum的矿产资源消费的时间过程理论进行了扩展，初步确定现代工业进程中矿产资源需求结构的基本类型和特征。

表2-2　矿产资源消费结构的分类理论

具体类型划分	代表金属与能源矿种
传统类型	煤、铁、铜、铅、锌、锡等
现代类型	石油、天然气、铝、铬、锰、镍、钒等
新兴类型	铀、钴、锗、铂、稀土元素、钛等

目前关于工业化阶段性变化对矿产资源消费结构的影响，以研究能源消费结构的文献居多，能源需求与产业结构变动存在很强的联系（成金华，2010）。"石油危机"后，短期内重工业化及其引起的产业结构变动是主要因素（成金华和汪小英，2011）。发达国家能源消费强度随时间演变呈倒"U"形曲线规律，在倒"U"形曲线的拐点处，产业结构实现了由高能耗的重工业向低能耗的轻工业转变，产品结构从一般附加值向更高附加值转变。此外的大部分文献集中于定量分析不同类型能源之间的替代或互补关系，主要的研究方法有超对数成本函数模型及线性 Logit 模型。研究结果显示，能源间替代关系具有一定的差异性，主要表现为国别、行业、短期与长期效应之间、不同时间跨度的差异性。

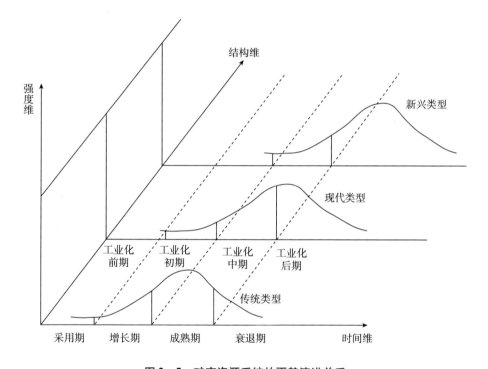

图 2 - 5　矿产资源系统的更替演进关系

目前，关于产业结构演进对矿产资源消费结构的影响，以研究能源消费结构的文献居多，能源需求与产业结构变动存在很强的联系。陈其慎等（2011）指出不同经济发展阶段（农业时代、工业化时代和后工业化时代）矿产资源需求的驱动因素。工业化国家主要金属矿产资源的消费投入具有阶段性差异，因此，不同种类的主要金属矿产单位 GDP 消耗在不同时间出现波浪式峰值的特征。大宗矿产资源人均资源消费的起飞点均集中于人均 GDP 为 2500 ~ 3000 美元，而其转折点则为人均矿产资源消费增速由大到小的转折点，由于不同资源的性质及用途不同，转折点的位置也不同，分别对应于经济结构的重大转型期。其中，钢、水泥同属结构性材料，其转折点大致发生在人均 GDP 6000～7000 美元的时段，零增长点即"S"曲线上人均资源消费的顶点，钢、水泥人均消费的零增长点集中于人均 GDP 为 10000～12000 美元。

近年来，全球稀有矿产资源开发利用的新趋势以及产业升级与战略性新兴矿产资源消费之间的关系等重大问题引起了学者们的关注。李鹏飞等（2015）指出，随着工业化中后期产业升级对新材料需求的不断增加，全球稀有矿产资源消费量呈现出与经济增长同方向变动的趋势，与大宗矿产资源的需求变化特征明显不同。在大宗矿产消费量达到峰值后震荡下行的同时，稀有金属消费量则持续增长。陈其慎等（2013）通过分析美国 54 个矿种 111 年来的消费历史，建立了美国矿产资源消费图谱，得出有 46 个矿种遵循人均矿产资源需求的"S"形规律，并且相同性质、用途的矿产资源人均消费峰值到来的时间相近，其达到峰值时间与拉动该矿产消费的相关产业增加值占制造业比重的高位时点基本同步。

陈其慎等（2015）提出矿产资源消费与产业结构之间遵循"资源—产业雁行式演进规律"，即在理想状态下，对于走过传统工业化道路的国家和地区，其产业结构基本按照由建筑、冶金、家电到机械制造、化工与汽车、电力、计算机、电子再到航空军工及其他新兴产业等的"雁行式"范式演进，而支撑上述产业跃迁的矿产资源消费峰值期也呈现出相应的雁行式序列。

第四节　相关研究述评

一、研究方法评述

梳理国内外学者有关矿产资源消费与产业结构演进影响因素的研究，在其进行理论探索的同时，研究方法不断丰富，定量分析成果增多，主要包括因素分解法、数理经济分析法、计量经济学分析法、信息熵理论、灰色关联分析法等（见表 2 - 3）。其中，因素分解法是矿产资源消费影响因素早期研究中被经常使用的方法。近些年，学者越来越多地采用两两结合的研究方法，如数理模型与计量经济学分析方法，或信息熵与计量经济学分析法，或灰色关联与计量经济学分析方法相结合等，促使研究成果更趋规范化。

表 2－3　矿产资源消费与产业结构演进交互影响的主要研究方法

研究方法	具体思路	优势	不足
因素分解法	指数因素分解法（IDA）和结构因素分解法（SDA）。将能源消费强度与地区生产总值按照三次产业分解得到因产业结构变动引起的能源消费强度的变化，进而解析不同产业的能源消费结构变化	研究能源矿产消费变动的影响因素方面成就显著	指数因素分解法运用宏观经济数据，难以体现产业间的关联效应
数理经济分析法	将资源作为要素投入引入演化的生产函数。超越对数成本函数模型和线性 Logit 模型集中于定量分析不同类型能源矿产资源之间的替代或互补关系，时代交叠（OLG）模型则构建经济增长与资源可持续利用动态模型，建立可持续发展条件下资源消费的平衡路径方程，改进的戴蒙德模型以微观视角研究资源消费与人均收入，间接讨论与产业结构及经济增长的关系	分析能源矿产资源消费的数量关系方面成就显著	在揭露资源消费规律和与其他因素相关的实质研究应用价值方面有局限性
计量经济学分析法	采用的计量工具主要有：面板数据模型、协整理论和误差修正模型、多元回归模型与因果关系检验、通径分析、多变量结构突变模型、平滑过渡模型（STR）等	以经济理论和经济运行机制作为建立模型的理论依据，将经济理论和客观事实有机结合	追求大样本和数据须服从典型分布规律等固有弱点和强假设缺陷
信息熵理论	通过定义能源结构信息熵，描述能源消费结构的有序度或复杂程度，揭示其动态演变规律。依据能源消费结构的均衡度和优势度，描述各能源种类之间质的差别和结构格局	能源消费结构信息熵适用于国家、区域、城市层面以及企业和家庭等微观领域	须在系统内研究各要素的结构演变规律
灰色关联分析法	运用其研究产业结构变动对能源消费总量的影响	适用于动态历程分析。对样本量及是否规律无要求。有助于克服数理统计方法追求大样本和数据须服从典型分布规律等固有弱点和强假设等缺陷	在对指标的最优值进行确定时的主观性过强

资料来源：笔者在参考文献基础上整理而得。

二、现有研究评价

本章基于国内外相关研究进展，详细梳理了矿产资源消费总量和结构变化与产业演进之间的交互关系，为进一步将矿产资源纳入经济增长及产业转型的理论模型及实证框架中做出文献学习和积累。综述发现已有的研究范围涵盖了大部分的矿产资源，数据来源以及研究手段、方法趋于多样化。在研究内容上，产业结构演进对矿产资源消费总量影响的研究已经较为成熟，主要集中于发达国家工业化进程中大宗矿产资源消费总量规律的总结以及发展中国家尤其是中国大宗矿产资源消费总量峰值预测，从理论模型到经验研究不断丰富（梁姗姗和杨丹辉，2018）。

已有研究仍存在以下不足：

一是从产业结构演进对矿产资源消费总量的影响视角看，对能源、铁矿石等大宗矿产资源的研究较多，而相对于其在产业转型的角色以及国际竞争中的地位，有关战略性稀有矿产消费规律的研究则不够深入。同时，无论是影响研究还是峰值预测，均未将技术创新和环境保护作为重要变量，考察这些因素对矿产资源消费总量的影响，不仅导致结论的说服力不强，峰值预测的结果不理想，而且显然已经无法契合"技术进步的贡献率提高、低能耗的服务业在国内生产总值中的比重在不断上升"的中国经济发展的现实情况。

二是矿产资源消费的"S"形规律虽然在以往的总量预测中表现出较高的应用价值，但这一理论更适用于与宏观经济密切相关的大宗矿产资源解析消费预测。对于支撑现代制造业特别是战略性新兴产业和国防工业的关键原材料——稀有矿产，如何精准刻画出其未来的消费变动趋势，"S"形规律有待作出进一步丰富和完善。

三是虽然西方主流增长理论很少将矿产资源消费和产业结构变动问题结合起来研究，但主要发达国家都建立了较为完善的资源战略和法规，并长期在全球资源竞争中掌握主动权。"资源—产业雁行式演进规律"在中国产业演进趋势和与之对应的资源需求种类变化之间建立了理论关联，为应对产业转型升级下矿产资源消费结构变化提供了战略方向，但仍存在一定的局限性。首先，这一理论范式难以就产业结构变化以及工业化进程的不同情景下各类矿产品消费的峰值给出准确判断。其次，该规律发生作用的假设条件（一国经历相对完整的工业化历程）偏于严苛，且要求矿产资源的消费领域主要集中于一个或少数几个行业。实际情况却是，凭借后发优势实现工业化的国家和地区并不具备完整的工业化历程，而且随着技术进步和产品复杂程度提高，不同类型的矿产资源会同时应用于多个产业部门，单一产品生产所需的原材料也日趋多样化。因此，矿产资源消费结构及其峰值要受到多个产业部门的影响。最后，由于不同国家和地区资源禀赋、技术水平、环境规制存在差异，同一个矿种所应用的产业也有所不同，势必导致矿产资源的消费结构处于持续变动之中。

四是已有的西方主流增长理论很少将矿产资源和结构变动问题结合起来研究，然而后工业化阶段发达国家"再工业化"战略的实施以及第四次工业革命，将对其产业结构与矿产资源消费产生新一轮的影响。未来我国对铜、镍、铅等资源的需求将随着我国汽车、机械、电子等制造业的进一步发展而缓慢增加逐步到达峰点，新能源、智能电子、高端制造、军工及航空航天等行业将进入快速发展期，与之对应的锂、铍、铌、钽、铟、锗、镓等资源的需求将会快速上升，因此，基于工业化演进的研究视角下对我国矿产资源消费进行研究显得十分迫切。

第三章 工业化与矿产资源消费的理论基础

第一节 基本概念界定

一、工业化

工业化是人类经济社会发展的必然。工业化的概念，在国内外的经济学文献中一直没有一致的解释，理论上以解释工业化主要内容为主。钱纳里等（2015）从制造业角度认为工业化即制造业产值份额的增加过程。《新帕尔格雷夫大辞典》（1992）从一国经济结构的变动角度对工业化进行如下定义："工业化是一种过程。首先，一般说来，国民收入（或地区收入）中制造业活动和第三产业所占比例提高了；其次，在制造业和第二产业就业的劳动人口的比例一般也有增加的趋势。在这两种比例增加的同时，除了暂时的中断以外，整个人口的人均收入也增加了。"库兹涅茨（Kuznets）（1989）从资源配置结构的转换角度认为工业化是"产品的来源和资源的去处"从农业活动转向工业活动的过程。从社会生产方式变革的角度，张培刚（1991）认为工业化即社会生产工具的更新换代；是社会生产力的变革。吕贝尔特（1983）从生产工具的角度认为工业化是以机器生产取代手工操作的现代工业发展的变化过程。国内学者认为工业化是以技术革新与迂回生产促进生产力的发展（乔晓楠和何自力，2016），是近代工业或现代工业的建立和推广并对一国社会经济发生有力作用的过程（厉以宁，2015）。

上述关于工业化的含义，或狭义或广义，或历史视角或推演过程，从1840年第一次工业革命到当今的如此长的时间跨度上，观察各产业部门的推动与促进，牵制与瓶颈。虽理解不同各有侧重，但隐含的一致观点认为，经济结构的成功转变和社会生产力的显著提高是工业化的内核，其中《新帕尔格雷夫大辞典》从一国经济结构的变动角度对工业化的定义最为发展经济学家接受和推崇。因此，本书认同《新帕尔格雷夫大辞典》对工业化的定义，在研究中着重以一国经济结构的变动作为工业化演进的基础来分析。

二、矿产资源消费

矿产资源是指在地壳中或地表由地质作用形成的呈固态、液态或气态的具有现实或潜在经济价值的天然富集体或堆积体，包括各种能源矿产、金属矿产和非金属矿产，也包括在采矿、选冶、加工等经济活动过程中生产形成的矿产品（谢雄标，2013）。

（一）矿产资源的分类

按照矿产资源的用途来分，矿产资源可分为能源矿产、金属矿产、非金属矿产和水资源；根据矿产资源的特性，按照矿产资源是否能重复利用可分为可回收资源和不可回收资源两类。

（二）矿产资源的特性

与其他自然资源相比，矿产资源有其自身的显著特点：第一，有限性和不可再生性。矿产资源是不可再生资源，因而对矿产资源加以最大限度的循环利用尤为重要。第二，稀缺性。矿产资源的不可再生性决定了矿产资源的有限性，矿产资源的耗竭性决定了矿产资源的稀缺性。第三，动态性和可变性。无论从地质学角度抑或是经济学角度，矿产资源储量都是动态变化的，随着探矿科学技术的进步，很多不具备开采能力的矿产资源，逐渐被开发成为矿产资源的新储量，与此同时，一些矿产资源的废料回收再利用比重持续提升，废料回收逐渐成为具有技术先发优势国家矿产资源供应的重要来源之一。第四，区域分布不均衡性。矿产资源的分布具有明显的地域性特点，区域分布明显不平衡。

（三）矿产资源消费

矿产资源消费反映人们对矿产资源的需求程度。矿产资源消费的独特性在于以有限的储量存在于地壳内，不像劳动力和人造资本（man – made capital）一样具有潜在的无限供给（尼斯和斯维尼，2010）。

经济因素体现在图 3 – 1 中的上方，资源分类的阴影部分是品质较高并适合开采的资源，被界定为经济储量（economic reserves），非经济资源是指那些因开采成本过高而难以产生生产价值的资源，随着价格上涨或者开采技术水平的提高，开采这些资源也可能会产生经济利润。矿产资源需求和供给的关系符合一般的经济学关系，但又不同于普通商品。首先是供给，既由该矿产资源的本国产量和进口量来决定，同时某些矿产资源的废料回收再利用比重持续提升，使该矿产资源的可持续利用期延长。矿产资源消费、新技术和新的资源发现如何影响价格以及价格的变动又反过来影响未来资源供给与需求的模式。矿产资源需求管理的目标是正确设计和引导矿产资源消费，实现社会经济结构的合理化（徐强，1997）。矿产资源作为一种资源性产品，符合一般的需求规律，指在一定时期内矿产资源消费者在每一种可能的价格水平下，愿意并且能够购买和消费的矿产资源的数量（余敬等，2015）。但同时矿产资源又具有特殊性，矿产资源需求影响因素主要有国内矿产资源需求的增长和矿产资源需求结构的变化趋势，前者主要与国家经济的增长速度有关，后者主要受产业结构、技术对资源的替代率、国家宏观政策导向、矿产资源消费观念等因素的影响。本书以一国矿产资源的实际消费量为研究对象，实证研究中，遵循研究惯例，在实际消费量数据难以获取时，采用一国矿产资源表观消费量为消费量数据。

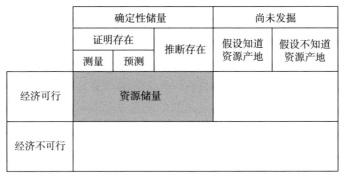

图 3 - 1　非可再生资源的分类

资料来源：根据1976年美国矿业局和地质调查资料整理。

三、矿产资源消费弹性

矿产资源消费弹性是一个国家或地区某一年度矿产消费增长率与经济增长率之比，是反映矿产资源消费增长速度与国民经济增长速度之间比例关系的指标。它体现经济增长对资源消费的依赖程度，或资源消费对经济增长的敏感程度。弹性系数越大，经济增长对资源消费的依赖程度越高。该指标计算公式是：

$$矿产资源消费弹性系数 = \frac{矿产资源消费量增长速度}{国民经济增长速度}$$

资源消费弹性系数与经济结构密切相关，一个国家工业化进程中，一般呈现"小—大—小"的规律性变化。第二产业比例越大，经济结构越重型化，弹性系数越大。以能源为例，当一国国民经济中重工业比重大，能耗高时，能源消费增长速度总是比国民生产总值的增长速度快，即能源消费弹性系数大于 1。在各国经济增长和工业化的不同阶段，能源消费弹性系数呈现阶段性变化特点：在前工业化阶段，能源消费弹性系数一般小于 0.5；缓慢工业化进程中的能源消费弹性系数介于 0.8 ~ 1.0，快速工业化进程则高一些，介于 1 ~ 1.2；在后工业化进程中，能源消费的增长率逐渐降低，能源弹性系数一般不超过 0.6（王安建等，2002，2008，2010）。随着科学技术的进步，能源利用效率的提高，国民经济结构的变化和耗能工业的迅速发展，能源消费弹性系数会普遍下降。

四、矿产资源消费强度

矿产资源消费强度是指单位 GDP 投入的矿产资源数量，亦可理解为单位产值矿产资源消耗，由 Malenbaum（1975，1978）首先提出。它是衡量矿产资源利用效率和矿产资源消费量的一个主要指标，反映矿产资源消费与一个国家经济发展阶段的相关程度及其内在联系。与工业化阶段、产业结构水平、科技进步密切相关。公式为：

$$IU_t = D_t / Y_t$$

其中，IU_t 为消费强度，D_t 为人均矿产资源消费，Y_t 为人均 GDP。

现有的研究主要以能源矿产资源为研究对象，研究表明，不同国家在不同的发展阶段上，矿产资源消费强度有着不同的变化趋势，但伴随着工业化进程的演进，各国能源矿产资源消费强度的演化大致呈现倒“U”形规律（库兹涅茨，1989；Galli，1998）。从时间和发展程度（随人均 GDP）看，能源矿产资源消费强度上呈现出的这种倒“U”形变化规律表明，随着工业化进程的开始，能源矿产资源消费强度逐步上升，并陆续达到顶点，之后持续下降。不同能源矿产资源由于性质与用途的不同，能源矿产资源消费强度达到顶点的位置（时间）也不同，与经济结构的梯次递进有密切关系；同一种能源矿产资源，由于各国工业化时代的不同，矿产资源强度的顶点有分异现象。王安建等（2010）测算了主要国家不同能源消费强度的顶点，先期工业化国家（英国、美国、法国）和新兴工业化国家和地区（日本、韩国、中国台湾）的顶点存在较大分异。前者的强度峰值高达 800 ~ 900 吨油当量/百万美元，后者的强度峰值仅为 300 吨油当量/百万美元。与能源不同，对金属矿产资源的研究偏少，仅有的研究表明，新兴工业化国家和地区（日本、韩国、中国台湾）其他矿产资源（钢、铝、镍等）消费强度的顶点都高于先期工业化国家（英国、美国、法国），主要与新兴工业化国家集中压缩式工业化进程和发展模式有关。化工矿产（如磷、钾）人均消费量或单位耕地面积施肥量呈现倒“U”形或“S”形演化轨迹（孙小红等，2014；

张艳等，2015）。

此外，张同斌和宫婷（2013）还提出了针对能源矿产资源的结构红利理论：主要分析工业化阶段性变化对能源效率影响的"结构红利"效应，即能源由低生产率部门流向高生产率部门时，整体经济的能源效率就会提升。随着工业化阶段性变化，产业结构高度化，能源消耗强度高、能源效率低的第二产业占比先上升后下降，能源消耗强度低、能源效率高的第三产业占比不断上升，两者的交互作用使能源效率的结构红利效应显现。

第二节　相关理论分析

一、工业化阶段理论

发展经济学对工业化理论主要内容的介绍围绕如何对阶段划分展开。工业化理论阶段划分的标准说法不一，主要有霍夫曼系数、罗斯托基准、钱纳里国民收入标准、库兹涅茨三次产业结构标准以及塞尔奎因的就业结构标准等。

德国经济学家霍夫曼（1931）是最早对工业化阶段进行划分的，他根据霍夫曼系数来确定工业化进程，将工业化划分为第一阶段（霍夫曼系数 = 5 ± 1）、第二阶段（霍夫曼系数 = 2.5 ± 1）、第三阶段（霍夫曼系数 = 1 ± 0.5）和第四阶段（霍夫曼系数 < 1）。第一阶段消费资料工业占据主导地位，资本资料工业的地位极低；第二阶段资本资料工业增长速度大大超过消费资料工业，但消费资料工业在规模上仍居主导；第三阶段资本资料工业仍迅速增长，且规模已经与消费资料工业相当；第四阶段资本资料工业在规模上已居于主导，规模已经超过消费资料工业的规模，而且继续以超过消费资料工业的速度增长（见表 3 - 1）。霍夫曼（1980）指出各国工业化无论开始于何时，一般都具有相同的趋势，即随着一国工业化的进程，霍夫曼系数呈现不断下降的趋势（后被称为著名的霍夫曼定理）。

表 3 - 1　工业化进程的四个阶段

工业化阶段	霍夫曼系数
第一阶段	5 ± 1
第二阶段	2.5 ± 1
第三阶段	1 ± 0.5
第四阶段	1 以下

罗斯托（2001）提出"经济成长阶段论"，将一国国家工业化的过程分为传统社会、准备起飞、起飞、走向成熟、大众消费以及超越大众消费六个阶段，并提出了起飞的具体条件，以及每个阶段对应的主导产业。在传统社会阶段，工业化开始萌芽，但生产力水平较低，仍然是一个以农业为主的社会；在准备起飞阶段，罗斯托认为工业化进程的起飞阶段是以上六个阶段中的一场工业革命，这一阶段主要是为起飞创造条件；起飞阶段是工业化进程的关键时期，意味着工业化的开始，在这一阶段必须具备三个主要条件：第一是较高的资本积累，第二是建立带动经济增长的主导部门，第三是进行社会政治和经济制度的变革；走向成熟阶段是一个较长的、持续前进的阶段，在这一阶段生产、职业、工业内部结构、技术等都有很大的变化，通常需要 60 年左右；在大众消费阶段，工业化本身不再是问题的核心，不再是社会的第一目标，主导产业、政治社会结构均会发生变化，人们更注重消费享受和福利；超越大众消费阶段是工业化的最后一个阶段，人们追求生活质量的高级化，社会主导产业是服务业。不同阶段具有各自的非经济与经济方面的特征，尤其指出了经济增长的过程即为少数主导部门的技术变革及扩张的过程。

　　塞尔奎因和钱纳里（1988）提出用就业结构（三次产业劳动力比重）的演变来判断工业化阶段，成为学者在划分工业化阶段标准时常用的方法，如表 3 - 2 所示。

表 3 - 2　塞尔奎因和钱纳里的就业结构工业化划分标准

工业化阶段	人均 GDP（1970 年美元）	第一产业就业人口比重（%）	第二产业就业人口比重（%）	第三产业就业人口比重（%）
工业化初级阶段	280	58.7	16.6	24.7
工业化中期一阶段	560	43.6	23.4	33
工业化中期二阶段	1400	28.6	30.7	40.7
工业化基本实现	2800	23.7	33.2	43.1
工业化全面实现	4200	8.3	40.1	51.6

资料来源：［美］摩西·塞尔奎因，霍利斯·钱纳里. 发展型式（1950 - 1970）［M］. 李新华译. 北京：经济科学出版社，1988.

　　钱纳里等（2015）研究了工业化阶段划分的标准及工业化进程的资源再配置。他将经济结构转换成对应的人均 GDP 水平，钱纳里依据人均 GDP 将工业化进程划分为工业化起始阶段、工业化初期、工业化中期、工业化成熟期、工业化发达期和发达经济时期六个阶段。在工业化起始阶段，人均国民收入在 280 美元以下，农业是国民经济的主导产业，由于对制成品的需求增长缓慢，抑制制造业的发展，但其劳动生产率的提高快于农业劳动生产率；工业化初期到成熟期，全要素劳动生产率大幅度提高，经济中心从农业转向以制造业为主的工业生产，制造业在国民经济中的份额提高，制造业对经济增长的贡献率大于农业部门的贡献率，成为经济增长的主要动力，经济结构转换明显。进入工业化发达期，人均国民收入大于2100美元，在较高的收入水平下，制成品的收入弹性下降，在国内需求中的份额下降，对经济增长的贡献率随之降低。这种划分方法反映了大多数工业化国家的基本经验或趋势，成为判断工业化进程最具典型的"标准结构"（见表3-3）。他认为工业化的过程是资源从生产率较低的农业部门转移到生产率较高的非农业部门，从而贡献经济增长的过程。研究发现，不同工业化阶段各个要素对经济增长的影响程度不同。由于与各国工业化初始条件相关联的政策和贸易战略的不同，导致各国处于不同的工业化阶段。

表3-3　钱纳里等工业化阶段划分

工业化阶段	人均GDP（1970年美元）
工业化起始阶段	140～280
工业化初期	280～560
工业化中期	560～1120
工业化成熟期	1120～2100
工业化发达期	2100～3360
发达经济时期	3360～5040

资料来源：[美]霍利斯·钱纳里，谢尔曼·鲁宾逊，摩西·塞尔奎因. 工业化和经济增长的比较研究 [M]. 吴奇，王松宝等译. 上海：格致出版社，2015.

科迪（1990）根据在总商品生产部门增加值中制造业增加值所占份额，提出了衡量工业化水平的标准，将工业化水平划分为非工业化（20%以下）、正在工业化（20%~40%）、半工业化（40%~60%）、工业化（60%以上）四大类。

库兹涅茨（2005）分别对1958年57个国家各生产部门在国内生产总值中的份额，以及1960年59个国家劳动力的生产部门份额的截面数据进行实证分析，得出结论：随着经济的发展，在三次产业结构的产业份额中第一产业处于不断下降趋势；第二产业的就业份额、产值处于不断上升趋势，其中化学、石油、金属加工等行业份额显著上升；第三产业在发展初期的就业份额、产值比较高，就业份额上升比较快，其中大多数国家的政府服务份额都呈上升态势（见表3-4）。库兹涅茨三次产业结构标准按照第一产业产值在GDP中的比重变化，将工业化阶段分为前工业化阶段、工业化初级阶段、工业化中期阶段、后工业化阶段和完全实现工业化阶段。

表3-4 库兹涅茨产业结构标准划分工业化阶段

工业化阶段	产业结构比重
前工业化阶段	工业革命开始至农业产值与工业产值相等
工业化初级阶段	农业产值占 GDP 的比重下降到 20%
工业化中期阶段	10% < 农业产值占 GDP 比重 < 20%
后工业化阶段	5% < 农业产值占 GDP 比重 < 10%
完全实现工业化阶段	农业产值占 GDP 比重 < 5%

资料来源：［美］西蒙·库兹涅茨. 各国的经济增长［M］. 常勋等译，石景云校. 北京：商务印书馆，2005.

国内学者在具体评价工业化进程时选择经济发展水平、产业结构、工业结构、就业结构和空间结构等来构造工业化水平的评价体系（陈佳贵等，2006；黄群慧，2013）。中国学者陈佳贵等（2012）通过构造工业化水平综合指数来划分相应的工业化阶段。工业化阶段按照就业结构划分，可分为工业化初级阶段、工业化中期一阶段、工业化中期二阶段、工业化基本实现、工业化全面实现五个阶段（见表3-5）。

表3-5 工业化不同阶段的标志值

基本指标	前工业化阶段（1）	工业化实现阶段			后工业化阶段（5）
		工业化初期（2）	工业化中期（3）	工业化后期（4）	
1. 人均 GDP（经济发展水平）					
（1）1964 年美元	100~200	200~400	400~800	800~1500	1500 以上
（2）1995 年美元	610~1220	1220~2430	2430~4780	4780~9120	9120 以上
（3）1996 年美元	620~1240	1240~2480	2480~4960	4960~9300	9300 以上
（4）2000 年美元	660~1320	1320~2640	2640~5280	5280~9910	9910 以上
（5）2002 年美元	680~1360	1360~2730	2730~5460	5460~10200	10200 以上
（6）2004 年美元	720~1440	1440~2880	2880~5760	5760~10810	10810 以上
2. 三次产业产值结构（产业结构）	A > I	A > 20%，且 A < I	A < 20%，I > S	A < 10%，I > S	A < 10%，I < S
3. 制造业增加值占总商品增加值比重（工业结构）	20% 以下	20%~40%	40%~50%	50%~60%	60% 以上
4. 人口城市化率（空间结构）	30% 以下	30%~50%	50%~60%	60%~75%	75% 以上
5. 第一产业就业人员占比（就业结构）	60% 以上	45%~60%	30%~45%	10%~30%	10% 以下

注：A、I、S 分别代表第一、第二、第三产业增加值在 GDP 中所占的比重。

资料来源：陈佳贵，黄群慧，钟洪武. 中国地区工业化进程的综合评价和特征分析［J］. 经济研究，2006（6）：5.

综上所述，经典工业化理论将一个国家或者地区工业化进程或工业化阶段划分为前工业化、工业化初期、工业化中期、工业化后期和后工业化五个阶段。工业化的本质是一个国家经济发展和现代化进程的推进，主要表现为：人均收入不断增加、二次产业部门就业的劳动人口比例增加、城市化率提高、国民收入中工业活动所占比例逐步提高、制造业内部产业结构逐步升级（黄群慧，2013）。本书在对中国工业化阶段划分时，按照国内学者在具体评价工业化进程时构造的工业化水平的评价体系中关于产业结构的划分标准（陈佳贵等，2006；黄群慧，2013），来界定中国工业化进程的不同阶段。

二、库兹涅茨曲线理论

20世纪50年代中期，西蒙·库兹涅茨（1955）提出了关于经济增长与收入差距的库兹涅茨倒"U"形曲线假说。经济增长早期，收入差异会随经济增长而加大，之后，当经济增长到达某一点时这种差异开始缩小。在二维坐标系内，以收入差异为纵坐标，以人均GDP为横坐标，经济增长与收入差距呈现倒"U"形的关系（见图3-2），这一关系得到证实后，被称为库兹涅茨曲线（EKC）。理论层面，库兹涅茨假说得到刘易斯（1954）两部门劳动力转移模型的理论支持，并经由Fei和Ranis（1964）发展成为严密的理论体系。实证层面，大量的经济学家对库兹涅茨倒"U"形假说进行实证检验，这些实证检验可以分为两类：一类是利用一些国家的时间序列进行纵向检验，另一类是利用多个国家的面板数据或截面数据进行横向检验。Panayotou（1993）发现经济增长与环境污染水平可能存在的倒"U"形曲线与库兹涅茨所提出的经济增长与收入差异关系的倒"U"形曲线特征相似，延展出环境库兹涅茨曲线。

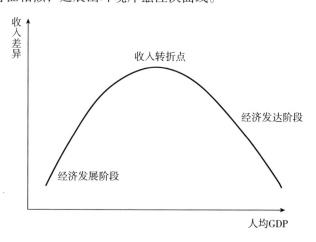

图3-2 库兹涅茨曲线

本书以库兹涅茨曲线为理论依据，在现有研究能源矿产资源和少量金属矿产资源的基础上，通过实证研究验证金属矿产资源（EKC）的存在性，不同发达国家在工业化的不同阶段的顶点、峰值及相应的收入水平，以探究金属矿产资源的消费规律。

三、矿产资源消费生命周期理论

最早的矿产资源消费生命周期理论由美国学者 Malenbaum 研究提出，他指出处于不同发展阶段的国家或地区应有不同的矿产资源消费需求和消费特征，即矿产资源消费随着人均收入提高呈现出倒"U"形规律，变化过程由初始、增长、成熟和衰落四个阶段构成（Malenbaum，1975，1978）。他分析了世界 80 多个国家矿产资源消费需求增长的长期变化过程后，提出各类金属及能源矿中的消费需求都存在着同一性的变化规律。Malenbaum 首次提出矿产资源消费的时间过程观念，被称为矿产资源需求生命周期的时间效应或马氏时间过程理论。

1990 年，Clark 和 Jeon 提出矿产资源消费结构的分类理论，进一步完善马氏的矿产资源需求生命周期的时间效应理论，将矿产资源的消费结构分为传统类型、现代类型及新兴类型三种。Clark 和 Jeon 对 Malenbaum 的矿产资源消费的时间过程理论进行了扩展，初步确定现代工业过程中矿产资源需求结构的基本类型和特征。至此，矿产资源需求生命周期理论的框架形成：矿产资源消费生命周期的时间定义域和空间定义域。

矿产资源消费生命周期的时间定义域是指区域开发矿产资源消费需求生命周期由初始、增长、成熟和衰落四个阶段组成的呈现出倒"U"形的过程，这种阶段的划分与工业化发展进程的初期、中期和后期三个阶段大体适应。曲线变化过程清晰地表明，消费强度的增长最初高于人均收入的提高（弹性系数大于 1），经过一段平稳发展后（弹性系数等于 1），消费强度的增长逐步减弱（弹性系数小于 1），导致曲线走向的不断下滑，最终形成倒"U"形的生命过程。

矿产资源消费生命周期的空间定义域是指不同工业化发展阶段所造成的国家或地区空间消费差异，以及由此引发的不同资源供应保障的模式变化，即消费空间效应和生产供应空间效应。其中，消费空间效应是指矿产资源需求生命周期过程某一时间断面上的区域差异特征。由于社会经济发展存在着区域不平衡，国家和区域发展的矿产资源需求也存在明显差异。这种差异不仅体现着需求数量的大小，而且体现着需求质量的高低。世界工业化发展的历史表明，随着国民收入和工业化发展的阶段不同，矿产资源消费结构由传统、现代向新兴发展，且每一种类型又都有各自的主导矿种的变化。从世界工业化发展的实践来看，这三种类型的划分恰好与处在不同开发阶段的发展中国家、中等发达国家和发达国家的矿产资源消费特征相一致。生产供应空间效应是指在资源空间分布特征的基础上所形成的生产集中和供应地域扩展过程。按照三种类型的划分，矿产资源的空间分布存在一个从传统矿种向新兴矿种逐步趋向集中（收敛）的特点，从而形成了"金字塔"型的分布特征（见图3-3）。

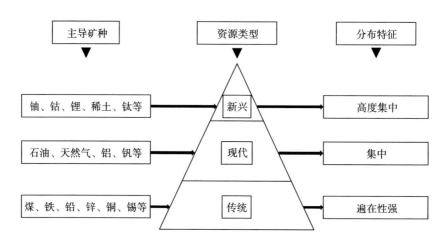

图3-3 矿产资源"金字塔"型分布

资料来源：张雷．矿产资源开发与国家工业化——矿产资源消费生命周期理论研究及意义［M］．北京：商务印书馆，2004：54.

矿产资源开发在资源产地空间收敛特征决定了资源采掘生产布局的集中，这种资源生产的布局集中与不同消费结构所形成的消费低于集中状态存在着明显的空间非对称性。通过提高对外依存度来解决本国矿产资源的供应保障，形成了国家工业化发展的倒"金字塔"形矿产资源供应空间特征（见图3-4）。

消费结构多元化引发的倒"U"形消费变化特征，构成了矿产资源消费生命周期的时间定义域，造就了国家工业化进程的矿产资源消费结构的多元化发展及主导矿产地位的更迭；消费和生产供应空间差异扩大了矿产资源供应的空间范围，使矿产资源的供应跨出本国市场，形成了资源的国际化的局面，呈现倒"金字塔"形特征。时间定义域与空间定义域共同存在丰富了矿产资源消费生产周期的相关理论。

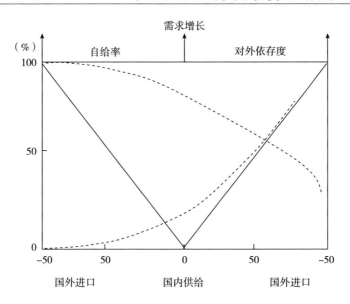

图 3 - 4　矿产资源供应保障空间扩展的"金字塔"型演进特征

资料来源：张雷．矿产资源开发与国家工业化——矿产资源消费生命周期理论研究及意义［M］．北京：商务印书馆，2004：56.

本章小结

　　本章主要是基本概念界定和相关理论分析，首先对工业化、矿产资源消费、矿产资源消费弹性、矿产资源消费强度的基本概念和内涵进行界定，明晰了研究题目的概念和内涵；其次阐述了工业化阶段理论，为后续本书如何划分工业化的不同阶段提供了依据；最后阐述了库兹涅茨曲线理论和矿产资源消费生命周期理论，为本书后续的研究奠定了理论基础。

　　通过界定这些概念和理论，对本书后续基于发达国家和中国的矿产资源消费规律的探寻有一定的支撑作用。现有的理论大多以发达国家作为样本，以能源消费作为主要对象的研究居多，基础理论所体现的矿产资源消费规律具有一定的局限性。本书在现有理论的基础上，探寻金属矿产资源消费总量和结构的规律，因此，试图扩展库兹涅茨曲线理论将是本书的主要研究目标之一。此外，现有理论在是否适合后工业化国家的消费规律方面支撑力不足，且对发达国家和后工业化国家在矿产资源消费方面的异同没有予以重点关注，这也是本书需要扩展现有理论的主要原因。

第四章 矿产资源消费的一般规律：基于国际经验比较的分析

第一节 世界工业化阶段性演进：简要回顾

工业化是一个国家（地区）经济社会结构变迁过程。从无到有、从小到大、从低级到高级、从一国一地区向全球发展的工业化进程，兴起于 18 世纪 60 年代的英国的工业革命，19 世纪开始波及法国、美国、比利时等，19 世纪晚期和 20 世纪初蔓延到德国、意大利和日本等。从整体上看，世界工业现代化大体上经历了五个发展阶段。

第一阶段：18 世纪 60 年代至 19 世纪 60 年代。这是世界工业现代化初步发展与第一次高潮时期，大约 100 年的时间。英国工业革命首先拉开大工业的帷幕，之后向北美、欧洲扩展。18 世纪末在美国，19 世纪初在法国，19 世纪 30 年代在德国和俄国，19 世纪 60 年代在日本也开始了工业化。这一时期的世界工业化格局是英国独霸的一元结构，只有英国完成了工业化，牢牢占据着世界头号工业强国的地位，到 19 世纪 60 年代，其他欧美国家刚刚发展，而广大亚非拉国家还是空白区。

第二阶段：19 世纪 70 年代至 20 世纪初。世界工业化的第二次发展高潮始于以电、电动机和内燃机的发明为标志的第二次科技革命，约 40 年时间。汤姆士炼钢法、内燃发动机、发电机、电动机、远距离输电、各种电器，以及从炼焦煤中提取氨、苯和人造燃料等新技术，成为这一阶段世界工业先进技术和水平的具体标志和体现。这一阶段美国和德国异军突起，工业化呈现跳跃式增长，英国和法国的工业发展速度却相对缓慢。到 20 世纪初，由英国独霸工业的世界一元局面被打破，世界工业化呈现出美、英、德、法等国平分秋色的多元格局。在世界空间格局上，工业化继续向东欧和亚洲扩展，除了北美和西欧，苏联的工业化获得较大的发展，日本也逐渐向世界工业先进水平靠拢。

第三阶段：1914～1945 年。世界工业化多元结构的形成，使发达国家之间的竞争日益激烈，在此期间，世界经济受到两次世界大战的破坏和 20 世纪 30 年代经济危机的打击，加上战后重建，世界工业化出现有史以来的大倒退，其间只在 20 年代有过短暂的经济增长，世界工业化曲折发展、徘徊不前。唯有美国以其在战争中膨胀起来的强大工业能力和雄厚资金，使自己的工业化与技术水平超越其他国家而遥遥领先，达到了世界先进水平。在这一阶段，全球经济发展缓慢，年均 GDP 增速仅为 2.0%，因此，矿产资源需求总量低，增速慢，全球矿业发展极为缓慢。俯瞰世界经济格局，第二阶段所形成的世界工业化多元格局在这一阶段被打破，形成了美国独占领先地位的一元结构。此外，在发达国家普遍陷入 1929～1933 年的经济大危机之中时，苏联的工业化如火如荼地开展，为这一阶段处于低潮中的世界工业化注入新的生机。

第四阶段：20 世纪中叶至 70 年代初。"二战"后，迎着第三次科技革命的强劲东风，以美国为首的发达国家工业高涨，世界工业化向纵深发展，新兴工业部门涌现，新产品、新工艺、新设备使发达国家工业化蓬勃发展。此外，日本和西欧国家崛起，1948～1971 年是战后西方发达经济体高速增长的年代，同时，东亚和东南亚的经济增长速度加快，中国和东欧国家相继获得独立，加入了世界工业化的进程。在这一阶段，形成了真正意义上的"世界范围"的工业化，全球年均 GDP 增速高达 4.7%。在这一阶段，全球经济的高速发展带动矿产资源需求高涨，矿产资源消费总量快速攀升，矿业发展进入黄金发展期。

第五阶段：20 世纪 70 年代至今。从全球范围来看，20 世纪 70 年代初，发达国家普遍陷入经济停滞与通货膨胀并存的"滞胀"中，世界工业化在西方进入发展低潮，日本与欧共体加速崛起，日本成为 20 世纪后发国家中成功实现"赶超"的国家；同时，中国、苏联和东欧国家纷纷探索寻求改革，中国搭上了开启工业化快速发展的列车。

整个 20 世纪是典型发达国家工业化完成和战后重建以及发展中国家开启工业化的时期。由图 4-1 可以看到，在这一时期，发达国家涉及 9 亿人口集中完成工业化，全球矿产资源消费经历了 1945～2000 年 60 年左右的矿产资源消费增长的周期。1980 年以后，中国进入工业化进程，进入 21 世纪后快速推进工业化，经济迅猛增长，拉动了全球矿产资源消费的第二周期，这一时期矿产资源消费增长较前一时期更加强劲。预判第三周期的到来将由以印度为首的发展中国家经济的快速增长及工业化的快速发展而推动。

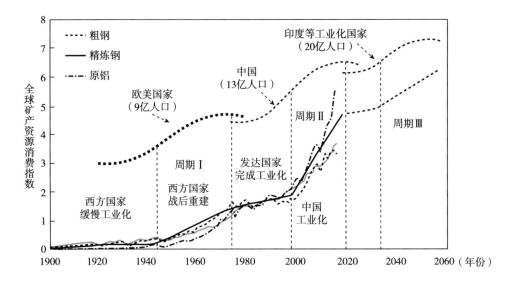

图 4 - 1　全球大宗矿产资源消费增长周期示意图

资料来源：王安建，王高尚，等．能源和矿产资源消费增长的极限与周期 ［J］．地球学报，2017 （1）：8.

世界工业化从无到有，从小到大，从一国向全球发展，至今已经走过了 230 年的历程。随着世界工业化的推进，矿产资源消费呈现怎样的发展规律？由于每个发达国家工业化的历史性基础条件、政治因素、经济状况、民族精神等的不同，发达国家的工业化之路虽同却异，矿产资源的消费也因资源禀赋、工业化时间、技术条件、政府干预等因素而体现出不同的消费规律。

从 GDP 增速的演进规律角度看（见表 4 - 1），美国的工业化见顶期在 1950 ~ 1960 年，德国在 1960 ~ 1967 年，日本在 1963 ~ 1969 年，GDP 增速也是最快的，平均增速达到 10.43%，最高增速达到 12.88%。1980 年以后，中国 GDP 增长率保持较高水平，经济总量迅猛增长。进入工业化中期之后，中国经济放缓，经济发展进入转型期，印度等东亚国家进入新一轮增长期，2014 年印度 GDP 增速首次超越中国，成为世界 GDP 增速最快的主要经济体。

表 4 - 1　典型发达国家工业化发展历程比较

国家	工业化启动时间	工业比重见顶期	工业比重见顶期人均GDP（1990 年国际元）	工业比重峰值（%）	工业比重（%）（2017 年）
英国	1765 ~ 1785 年	1955 ~ 1965 年	7986 ~ 9752	56.8	18.6
美国	1834 ~ 1843 年	1950 ~ 1960 年	9561 ~ 11328	47.2	18.9

续表

国家	工业化启动时间	工业比重见顶期	工业比重见顶期人均GDP（1990 年国际元）	工业比重峰值（%）	工业比重（%）（2017 年）
德国	1850～1859 年	1960～1967 年	7750～9397	59.8	27.6
日本	1874～1879 年	1963～1969 年	5129～8874	45.3	29.3*

注：日本此处为 2016 年工业化率，数据来源于中国统计年鉴国际数据库，https://data.stats.gov.cn/easyquery.htm? cn = G0104。

资料来源：①付保宗. 工业化的阶段性变化规律与启示［J］. 宏观经济管理，2014（6）：8；②工业比重数据来源于《国际统计年鉴》2018 年版。

工业化是一国现代化的主旋律，也是近代大国崛起的基本路径，纵观历史长河，在世界工业化进程中的国家中：英国是世界上第一个工业化国家，美国是迄今为止最强大的工业化国家，德国却是始终具有强大工业化能力的国家，日本在 1980 年之前还远远落后，之后高速发展，当前工业化程度与前面几个国家相当。因此，本章选择发达国家英国、美国、德国、日本为主要研究对象，探究这些国家矿产资源消费总量和结构的演变，并结合工业化进程探求矿产资源的消费规律。

第二节　发达国家矿产资源消费总量考察

一、英国工业化与矿产资源消费

英国工业化属于棉纺织业与市场机制共同主导的内生型模式，产业结构的形成和演进基本是在市场机制的作用下自发进行的，宏观层次的干预与调节较少，可视为内生型工业化的典型。作为第一个进行工业化的发达国家，英国能源矿产资源丰富，金属矿产稀缺，铁矿石、铝、铜、镍、锌、铂 100% 依靠进口，锡、铅以贫矿为主，90% 以上依靠进口，钾盐、重晶石、萤石、石膏、高岭土、球黏土、耐火黏土等非金属矿产资源比较丰富。英国在工业化不同阶段的矿产资源消费呈现出不同的特点。

（一）英国工业革命的起源

18 世纪 60 年代的英国，没有先进技术的模仿、外部资本的输入，以及工业化的世界经济的带动，但有着至少 200 年颇为连绵不断的经济发展的基础，因此工业化最初只是一种自发的社会现象。12 世纪、13 世纪英国经历所谓"第一次工业革命"，这一时期工业规模虽不是很大，但英国由此开始进入经济快速增长时期，农产品、工业制成品（如纺织品与工具）需求量大幅上升，进而刺激工农业生产投资。此时的英国大量产业及制造业散布在农村，典型的工人一般都是村里的某类手艺人或自耕农，主要专门制造布匹、袜子及各种金属品，这种乡间"居家加工"制的组织特点使乡村变成了工业村的集中地，工业在农村全境广泛扩散。棉纺织业在国内需求增加的同时，在国外的需求成倍增加，1700～1750年，英国国内产业增长 7%，出口产业却增长了 76%；1750～1770 年，两者又分别增长了 7% 和 80%，90% 以上的英国棉纺织出口输往非洲殖民地，棉纺织出口在这 20 年间猛增了 10 倍之多。

从产业层面考察，交通、食品、资本货物尤其是煤炭产业的发展为工业革命早期奠定了基础。工业革命早期对矿产资源的需求主要是煤炭，煤炭对前工业化时期英国工业的整体发展具有举足轻重的作用，被称为"英国所有工业的灵魂"。矿产资源丰富的地区，矿井在地主庄园的地下，地主不是从国王那里抽取"开采费"，而是为了为农产品、矿产品和工业品开辟更大的市场、更方便更廉价的运输，地主对运河和收费道路怀有浓厚兴趣。因为铁路时代尚未到来，铁消费的最大民用市场仍在农业领域，如犁之类的农具、马掌、轮毂。据统计，1720年英国对铁的总消费量不足 1 万吨，如表 4-2 所示，1740 年铁消费量为 17350长吨，对钢的需求可忽略不计。

表 4-2　英国生铁消费量　　　　　　　　　　单位：长吨

年份	消费量	年份	消费量
1740	17350	1830	678417
1788	68300	1835	940000
1796	125079	1839	1248781
1806	258206	1848	1998568
1825	581367	1852	2701000

注：长吨、短吨是英国的计量重量单位。1 长吨 = 1.01605 公吨 = 1016.046 千克 = 2240 磅 = 1.12 短吨。

资料来源：埃里克·霍布斯鲍姆. 工业与帝国——英国的现代化进程（第二版）[M]. 梅俊杰，译. 北京：中央编译出版社，2017.

（二）英国工业化的初级阶段（1780～1840 年）

作为工业先驱国，英国工业革命始于 1760 年，首先发生在棉纺织业中，蒸汽机的发明和使用，使大规模机器生产为特征的工业生产活动代替了原有的工厂手工业体系，纺织工业技术创新和制度创新的巨大优势，迅速传导到整个英国经济体系。蒸汽机的发明直接引发和带动了英国的机器制造业、钢铁工业、煤炭工业和运输业（尤其是航运和铁路）的起步与发展。钢铁、机械、煤炭等产业部门的起步，又反过来促进了英国纺织工业的进一步上升和主导部门地位的长期延续。这一阶段，从英国出口商品结构看，1820 年英国出口的纺织产品（包括棉、毛、麻、丝织品）占其出口总额的 87.05%。这种格局经过十年左右的时间，仍然变化不大。棉纺织业为这一工业化阶段的主导产业，英国工业生产增长率如表4-3 所示。1700~1950 年英国工业生产指数如图 4-2 所示。

表 4-3 英国工业生产增长率（按每十年的百分比增幅）

时间	工业增长率（%）	时间	工业增长率（%）
1800~1810 年	22.9	1850~1860 年	27.8
1810~1820 年	38.6	1860~1870 年	33.2
1820~1830 年	47.2	1870~1880 年	20.8
1830~1840 年	37.4	1880~1890 年	17.4
1840~1850 年	39.3	1890~1900 年	17.9

注：19 世纪五六十年代的工业生产增长率下降很大程度上是由于美国内战造成了"棉花荒"。

资料来源：埃里克·霍布斯鲍姆. 工业与帝国——英国的现代化进程（第二版）[M]. 梅俊杰，译. 北京：中央编译出版社，2017.

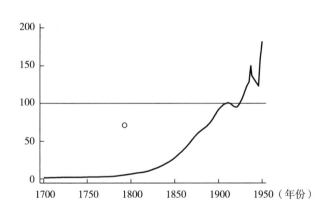

图 4-2 1700~1950 年英国工业生产指数（1913 年 =100）

1788 年，英国农业在国民经济中的比重高达 40% 以上，工业和建筑占比不到 21%。18 世纪 80 年代，英国对铁的总需求量不足 10 万吨，但仍远高于其他可比国家，如在 1720~1740 年是法国消费量的大约 3.4 倍（霍布斯鲍姆，2017）。煤炭产业和炼铁产业也在缓慢进行着技术革新与进步。1800 年煤炭产业还算不上是英国的重要基础产业，煤炭消费不是作为工业燃料，而是用作家庭取暖。在这一时期，用焦炭代替木炭进行熔炼、搅炼和滚炼等发明在18世纪80年代得到更广泛的应用以及1829年后詹姆斯·尼尔森的"热鼓风"的采用提高了金属铁的生产能力。金属铁的需求开始有所增长，主要用于机器、器械以及用于桥梁、管道、建筑材料和家用器皿。铁路建设到19世纪30年代中期增长速度明显加快，大大加大了对铁的需求。拿破仑战争后，工业化在其他国家开始起步，少量金属资源出口至其他国家。但总体来看，这段时期工业化对有色金属的需求还很低，1820年之前，总消费量未达到50万吨，在铁路年代到来之前的消费最多的是1828年的70万吨。1800~1859年英国人均GDP如图4-3所示。

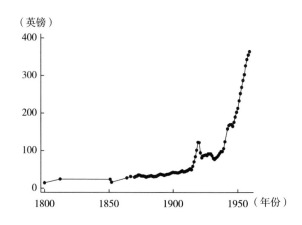

图4-3　1800~1959年英国人均GDP

（三）英国工业化的第二阶段（1840~1895年）

铁路建设是工业革命的重要基础，但在工业化的初级阶段英国的铁路建设受到了领主土地垄断权的妨碍，技术革新也受到重重阻碍，使它的工业化进程在这段时期缓慢下来，也使英国迟于1825年才铺设了第一条具有现代意义的铁路。到1840年，以纺织业为基础的低成本工业化时代才开始让位于铁路、煤炭和钢铁时代。铁路时代的到来引发对铁和煤炭等矿产资源消费的大幅增长，煤炭和铁的消费在1830~1850年增长了3倍，铁路建设到1847年达到增长的顶峰，1844~1851年铁路建设所消费的生铁占国内消费市场的24%，铁消费需求的增加引发了煤炭行业、蒸汽机、运输行业的发展，1842年英国约1/4的煤炭由炼铁业消费（见表4-4和图4-4）。和煤炭行业一样，英国炼铁业直到19世纪中叶才经历真正的工业革命，比棉纺织业晚了50年左右。至此，英国创造了属于自己的钢铁产业。

表4-4 1560~1850年英国能源消费结构（英格兰和威尔士）

单位：千万亿焦耳

年份	1560	1600	1650	1700	1750	1800	1850
牲畜力	21.1	21.4	27.7	32.8	33.6	34.3	50.1
人力	14.9	19.2	26.1	27.3	29.7	41.8	67.8
木材	21.5	21.8	22.2	22.5	22.6	18.5	2.2
风能	0.2	0.4	0.9	1.4	2.8	12.7	24.4
水力	0.6	0.7	0.9	1.0	1.3	1.1	1.7
煤炭	6.9	14.5	39.1	84.0	140.8	408.7	1689.1
煤炭消费占比（%）	10.6	18.6	33.4	49.7	61.0	79	92

资料来源：Wrigley E. A. Energy and the English Industrial Revolution［R］. 2010：37, 94.

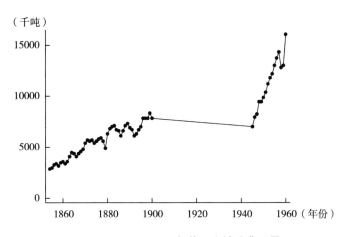

图4-4 1850~1960年英国生铁消费总量

注：1901~1944年数据缺失。

同时，世界其他国家的工业化也开始起步并推进，使英国的出口贸易扩张速度加快，自1842年至1859年，煤炭出口从不足75万英镑升至300万英镑以上，钢铁出口从约300万英镑增至1300万英镑以上，铁路和轮船在各国的兴建为英国的钢铁和煤炭出口提供了重要市场。在1845~1847年的高潮期，铁路占到国内全部铁消费量的40%。这一时期工业化与矿产资源呈现出以下特点：

一是重工业领域的工业革命使煤炭、铁、钢的消费量增加。英国丰富的煤炭能源储备是其开启工业革命的关键。1560~1850年英国煤炭消费在能源结构中的占比由10.6%上升到92%（见表4-4）。煤炭海运有着得天独厚的条件，最早出现大规模的南北煤炭交易路线，恰恰是英国工业与经济增长的高峰时期，并成为之后500年能源交通动脉，开启英国能源利用的大规模煤炭转型。

二是劳动力由农业、纺织业向建筑、采矿、交通、器械、造船、钢铁行业转移。炼铁业、纺织业和煤炭采掘是英国工业化的三大支柱。

三是英国以外的其他主要"发达"经济体启动了初期工业化，进一步造就了 19 世纪中期英国的繁荣。英国的海外投资超过 1/4 投向美国正在崛起的工业经济。就这样借助铁路，英国进入了全盘工业化时期。1876 年，工业在英国国民经济中的比重升至 54.6%。到 20 世纪初，英国完成了工业化进程。

（四）英国工业化后期（1896~1956 年）

工业化后期，英国海外投资上升，1911~1913 年海外投资额是国内投资额的两倍甚至还多，第一次世界大战使全部工业强国的生产增长都在下挫，1925 年，海外投资的收益创历史最高水平。1929~1932 年的大崩盘使经济继续跌落，"二战"爆发时，英国传统工业区（兰开夏郡和柴郡、约克郡西部、东北部、南威尔士、中苏格兰）产值仅为全部净工业产值的一半。从具体工业来看，棉纺、钢铁、造船、汽车等传统工业从 20 世纪 70 年代起开始呈现衰落趋势，汽车产业从 1970 年巅峰时的产量 209.76 万辆，锐减到 1980 年的 131.28 万辆；钢铁产业从 19 世纪 70 年代的世界第一，到 1949 年的世界第二，之后不断锐减；造船产业在 20 世纪初期船舶产量占世界船舶总产量的 60%，"二战"后产量不断下降，1960 年退居日本之后屈居第二，1970 年又被瑞典、德国超过，1985 年沦为世界第七。20 世纪 70 年代到 90 年代，英国制造业就业数量锐减，下降幅度为31.77%，制造业内部由传统化工、汽车等制造业向生物制药、航空和国防工业转移，形成了"多元化"的制造业，与此同时，服务业（金融保险、零售、旅游等产业）占 GDP 的比重由 1970 年的 54.5% 升至 2014 年的 79%，成为英国经济的支柱产业。1912~1960 年英国钢消费量如图 4-5 所示。

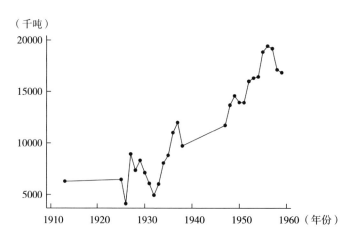

图 4-5 1912~1960 年英国钢消费量

从图4-6中可以看到，英国煤炭消费量的峰值出现在1956年，峰值出现的直接原因是伦敦烟雾事件，这让英国政府意识到燃煤所带来沉重的环境危害。到1960年，煤炭占终端能源消费的63%，此后国内煤炭生产成本上升，进口煤炭价格低廉，再加上北海油田石油、天然气大量供应，能源结构多元化发展，煤炭消费急剧下降。产业层面的原因是工业化后期的英国经济传统的基础产业衰落，主导产业趋于从工业退向贸易和金融。到1996年，煤炭在终端能源消费结构中仅占7%。2015年，英国的最后一个深井煤矿Kellingley正式关闭。19世纪至2014年英国铁矿石、铜、铅、铝、锌、镁化合物与钼消费量如图4-7至图4-9所示。

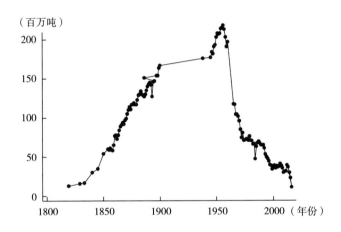

图4-6 1800~2016年英国煤炭消费量

注：1900~1938年英国煤炭消费数据缺失。

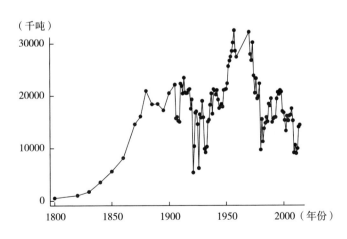

图4-7 1800~2014年英国铁矿石消费量

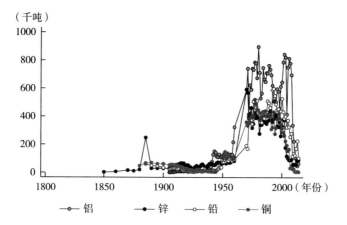

图 4 - 8 1850 ~ 2014 年英国铜、铅、铝、锌消费量

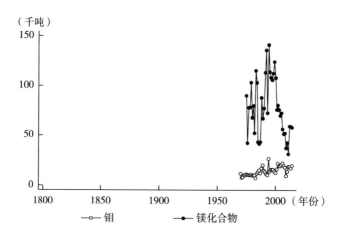

图 4 - 9 1970 ~ 2014 年英国镁化合物与钼消费量

（五）英国后工业化时期（1956 年至今）

英国第二产业在 1955 年达到最高比例 48%，与煤炭产业达到峰值的时间（1956 年）趋于一致，之后"去工业化战略"使第二产业比重逐渐下滑，人口急剧下降。作为传统的制造业强国，以食品、饮料、化工、汽车、药品及航空航天为制造业的主力行业，尤其以生物制药、航空和国防最具创新和竞争力。第三产业自 1955 年之后上升趋势明显，速度更快，以金融保险、旅游和零售为主要支柱产业。如表 4 - 5 所示，1955 ~ 2016 年，英国第三产业占 GDP 的比重由 1955 年的 46.6% 升至 2016 年的 92.7%。

表 4 - 5　1955 ~ 2016 年英国产业结构变化趋势　　　　单位:%

产业	1955 年	1960 年	1970 年	1980 年	1990 年	2000 年	2009 年	2016 年
第一产业	5.4	4.0	2.8	2.2	1.9	1.5	0.7	0.5
第二产业	48	47.5	42.7	38.8	35	27.4	21.2	6.8
第三产业	46.6	48.5	54.5	59.6	63.1	61.6	78.2	92.7

资料来源：①王展祥. 发达国家去工业化比较及其对当前中国的启示——以英国和美国为例［J］. 当代财经，2015，11（3）：13；②中华人民共和国国家统计局. 国际统计年鉴（2017）［R］.

铜、铝、铅、锌等有色金属在经济社会发展过程中是兼有结构性和功能性两类功效的材料。一个国家或地区，伴随着基础设施的建设水平的持续提升和社会财富的不断积累，如图 4 - 8 所示，英国主要有色金属消费铜、铝、铅、锌总量呈现明显的倒 "U" 形轨迹。以铜为例，英国铜金属消费的峰值为 1978 年 49.11万吨，之后呈现逐渐降低趋势，2007 年减少为 3.3 万吨，2014 年仅为 4484 吨。2008 年金融危机爆发后，英国推行 "再工业化" 战略，铅、锌的消费出现轻微反弹，但整体消费呈现下降趋势。因此，英国矿产资源消费结构按照峰值到来时间，最早的是能源矿产资源的煤炭，之后依次是铁矿石、锌、铜、铅、铝。在有色金属消费逐渐减少的同时，以钼等为代表的稀有金属消费呈现稳定且上升的趋势。

二、美国工业化与矿产资源消费

美国矿产资源储量丰富，是世界上最重要的矿产资源消费和贸易国之一。作为继英国之后第二个彻底完成工业化的国家，美国历史上两次 "工业起飞" 的标志，分别是 19 世纪早期新英格兰地区纺织工业大发展，以及 19 世纪中叶美国北方铁路建设的崛起。诺斯（Douglass C. North）根据产业形态的差异将美国工业发展历史划分为制造业的早期努力阶段、工业化时代和工业国时代三个阶段。韩毅（2007）、马亚华（2010）等认同美国工业化路径与库兹涅茨和钱纳里所描述的 "标准路径" 之间存在较高的拟合度。

按照美国工业发展史上三个明显的结构转折期，分别是 19 世纪 60 年代美国工业从消费品部门向资本品部门转变，19 世纪 80 年代从基础原材料部门向加工组装部门转变，20 世纪 20 年代从资本密集型部门向技术密集型部门转变。这三个时间节点将美国的工业化分为四个时期：第一个时期是从 18 世纪末到 19 世纪50 年代，是美国工业化的早期，即轻工业化阶段；第二、第三两个时期合称为美国工业化的中期，即重工业化阶段，前半段以基础原料工业为主，后半段以加工装配的深度加工化为主，时间上是 19 世纪 50 年代至第一次世界大战；第四个时期为工业化的后期，即技术集约化阶段。

（一）美国工业化的早期阶段（1790～1849 年）

1776 年美国独立后，开始了为期近百年的领土扩张运动，向西驱逐印第安人，强迫印第安人签订土地割让条约，从法国手中强行购买路易斯安那州，强占西班牙所属的佛罗里达西部土地，从西班牙强行购买佛罗里达东部，把英国从俄勒冈挤走，从沙俄手中买到阿拉斯加州，同时对墨西哥挑起战争，夺取墨西哥领土，成为现在的得克萨斯州、加利福尼亚州、亚利桑那州、内华达州、犹他州、新墨西哥州、科罗拉多州及怀俄明州的一部分。美国通过以上手段扩充了领土，不仅打开了国内市场，而且在扩充的领土上蕴藏着极为丰富的矿产资源，在西部山脉发现了大量贵金属等矿产资源，如俄亥俄州、印第安纳州、伊利诺伊州的煤矿，加利福尼亚州的金矿，阿拉斯加州、得克萨斯州和俄克拉荷马州油田，明尼苏达州的铁矿石，科罗拉多州钢铁基地，为美国的工业化之路奠定了基础。

大多数学者公认的美国工业革命开始的时间是 1790 年①。由于美国政府奉行敞开国门接纳各类移民的开明政策，大量移民的流入对美国工业起到了重要的推动作用。1790 年，英国移民塞缪尔·史莱特仿造英国的阿克莱特式水力纺纱机，并在罗德州岛建立了第一个水力纺纱厂。这次美国借力英国的技术使美国机器大生产开始登上历史舞台。大国工业化早期阶段的典型特点是轻工业化。由于轻工业主要是生活资料部门的发展，与民众生活直接相关，且原料来自农业、资本量壁垒低，所以轻工业会先于重工业发展。美国工业革命与英国相同，也是从棉纺织业开始的。到 19 世纪初，美国的棉纺织业已经初具规模。1800～1810 年，美国棉纺织业工人就业人数增长了 9 倍（阿塔克，2000）。到 1815 年末，美国共有 170 家纺纱厂，134214 个纱锭（韩毅，2007）。按照纱锭数量计算，1820～1850 年，美国纺织业又增长了约 9 倍（冈德森，1994）。到 1860 年，美国全国棉纺织业的生产总值已达 11568.1774 万美元（韩毅，2007）。到南北战争爆发时，美国基本上已经建立起一套基于第一次科技革命成果、以轻纺工业为主体（包含棉纺织、毛纺织、生铁冶炼、机器制造和日用品制造等部门）的工业体系，形成了东北部轻纺工业、南部棉花生产和中西部粮食生产的地域分工格局。

从产业层面上看，由于当时的统计只能提供各行业的物质产出，没有市场价值衡量的行业产出，无法进行更加详细的定量分析，但由表 4-6 中第一产业与第二产业的产值比，仍可以得出轻工业比重上升的结论，工业尤其是轻纺工业增长速度较快。这是工业化早期的特有现象。从各产业劳动力的人口分布来看

---

① 本书认同韩毅（2007）的观点，关于何时开始工业革命，虽然学术界有其他的观点，如 18 世纪六七十年代、19 世纪初、19 世纪五六十年代，但都欠科学性。马恩经典作家及各国学者公认工具的发明是工业革命的起点，英国工业革命的起点是珍妮纺纱机的发明，美国虽然没有发明纺纱机，但同样有其第一台机器诞生的准确时间、地点和仿制它的人物。

（见表 4-7），1820 年美国还是一个农业国，有 207 万人在农业农场工作，35 万人从事制造业和建筑业，到 1869 年工业大国的雏形已经出现，共有 210 万人在制造业（包括采掘业）工作，第一、第二产业产值比达到 1.10，两者已经非常接近。

表 4-6　1799～1869 年美国第一产业与第二产业产值比

年份	比例	年份	比例
1799	3.09	1839	2.15
1809	2.38	1849	1.43
1819	2.37	1859	1.39
1829	1.97	1869	1.10

资料来源：马亚华. 美国工业化阶段的历史评估 [J]. 世界地理研究，2010（3）：83.

表 4-7　1820～1870 年美国各产业劳动力人口分布　　　　　单位:%

年份	第一产业	第二产业	第三产业
1820	71.88	12.15	…
1830	70.48	…	…
1840	68.63	14.85	…
1850	63.96	17.53	17.66
1860	59.45	19.94	19.85
1870	57.97	24.58	17.20

注：①"…"表示数据不详；②第一产业包括农业、林业、渔业，第二产业包括采掘业、制造业和建筑业，第三产业包括商业、金融业等，以及运输、通信业，服务业。其中在参考文献统计表中还有一列"其他"，本表在计算时未归入任一产业中。

资料来源：B. R. 米切尔. 帕尔格雷夫世界历史统计（美洲卷 1750—1993）（第四版）[M]. 贺力平，译. 北京：经济科学出版社，2002.

在工业化的早期阶段，美国矿产资源开发与消费几乎没有多大进展，消费量处于较低水平。据《主要资本主义国家经济统计集（1848～1960）》统计，金属矿产资源以铅为例，最早的数据记载为 1822 年消费量为 1723 吨，铜最早的数据统计追溯至 1845 年，全年铜消费量为 101.61 吨；锌的最早数据记载为 1858 年，全年消费量为 18.14 吨。

（二）美国工业化的中期阶段（1850～1925 年）

1870～1910 年这 40 年是美国工业化最为鼎盛的时期，轻工业与重工业均得到稳步提升。1884 年，美国的工业产值占比达到 51.95%，首次超越农业。1894

年，美国国民生产总值超越英国，成为世界头号工业强国，伴随着这股工业风潮，美国大力发展第二次工业革命，电的发明和广泛使用给工业带来巨大改变。1901 年，美国人均 GDP 超越英国；到 1910 年，美国综合国力居世界第一。

美国轻工业与重工业的结构调整在这一阶段表现明显，轻工业虽仍然保持较快的发展势头，但比重逐年下降，重工业比重逐年上升。美国的四大重工业部门，钢铁及制品、石油冶炼、运输机械与化学制品在第二次科技革命成果的基础上展开，形成了全新的工业体系。由图 4 - 10 可以看出，1879 ~ 1909 年，霍夫曼系数由 4.19 降低为 2.24，轻工业发展迅速，在制造业中占有统治地位，速度已经开始减缓，到 1929 年，霍夫曼系数降低为 1.13，此时轻重工业在规模上已经大致相当。美国制造业中支柱行业的历史变迁如表 4 - 8 所示。

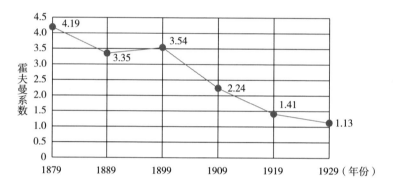

图 4 - 10 美国重工业化阶段霍夫曼系数的变化

资料来源：根据《主要资本主义国际经济统计集（1848 ~ 1960）》数据整理而得。

表 4 - 8 美国制造业中支柱行业的历史变迁

年份	按资本存量占所有工业的比重		按对工业增长的贡献度	
	支柱产业	资本存量比重（%）	支柱产业	资本存量比重（%）
1890 ~ 1899	木材加工	8.4	通用机械	9.1
	钢铁	7.6	酿酒	7.6
	通用机械	5.5	木材加工	7.2
1900 ~ 1909	钢铁	10.9	钢铁	12.7
	木材加工	6.6	木材加工	6.9
	棉制品	5.5	通用机械	6.8
1910 ~ 1919	钢铁	11.1	钢铁	11.2
	通用机械	8.0	通用机械	8.4
	棉制品	5.3	汽车	7.0

续表

年份	按资本存量占所有工业的比重		按对工业增长的贡献度	
	支柱产业	资本存量比重（%）	支柱产业	资本存量比重（%）
1920~1929	炼油	9.7	炼油	24.4
	钢铁	7.0	化工	6.9
	通用机械	5.3	汽车	4.0

资料来源：马亚华. 美国工业化阶段的历史评估 [J]. 世界地理研究，2010（3）：84.

美国工业化的中期阶段，棉制品业、钢铁业和机器制造业快速发展，拉动了对铁矿石等矿产资源的需求，此时铁矿石消费量快速上升。内战结束后，美国开始快速推进工业化，在五大湖地区发现储量巨大的铁矿石资源。但美国并未将铁矿石用于出口，而是选择了附加值更高的炼钢。政府实行的高关税保护和其他产业政策，引导一系列技术创新和组织变革，使美国钢材年产量在 1870~1910 年从不足 7 万吨增加到 2609.5 万吨，40 年时间增长 372 倍。如图 4-11 所示，铁矿石消费量由 1860 年的 291.89 万吨上升到 1929 年的 7820 万吨，增长 26.8 倍。

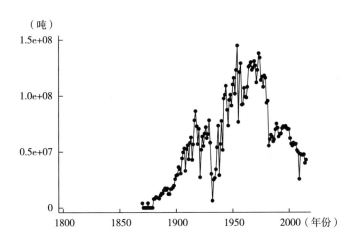

图 4-11 1870~2015 年美国铁矿石消费量

两次世界大战使欧洲各国的经济持续下降，劳动力和资本损失巨大，而美国却趁此机会确立了世界霸主的地位。铝产业一直是美国有色金属行业中最大、最重要的行业。"一战"期间，欧洲战火连天，铝的需求量激增，刺激美国铝产业快速升级，之后的"二战"、欧洲复兴、东亚崛起，全球铝消费市场活跃，美国在 1930 年之后，铝金属消费持续上涨，直到 20 世纪 80 年代，受到经济波动影响，铅消费上下波动。铜在美国主要用于建筑业、电力、交通，从图 4-12 中可看出，消费量由 1860 年的 7315.66 吨增加至 1929 年的 121 万吨，在这 70 年间增长 165 倍。铅主要用于蓄电池、军火弹药，工业化早期的 70 年间消费量增长了66 倍，增长幅度较大的时间段在"一战"之间。

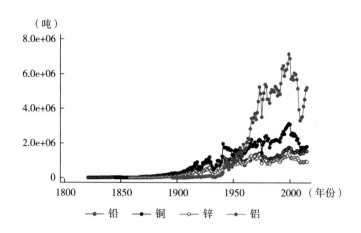

图 4-12　1820~2015 年美国铅、铜、锌、铝消费量

（三）美国工业化的后期阶段（1930 年至今）

战后美国制造业份额呈现下降趋势，在国民经济中的比重由 1950 年的 28% 下降到 2001 年的 14%，在制造业不断萎缩的同时，美国第三产业的虚拟经济部门则随着"经济服务化"的热潮引发快速增长，"二战"后的 20 余年，美国的产业结构发生了重大的变化，第二产业比重持续下降，战后产业结构呈现"脱实向虚"趋势。在这样的产业结构现实下，以钢铁和汽车为主的传统制造业遭遇前所未有的挑战。钢铁产量在 19 世纪末超过英国跃居世界第一，1975 年被日本超过，钢铁产量与消费量在 20 世纪 50 年代呈现递减趋势。1930~1970 年，美国铁矿石消费在工业化中期阶段的基础上继续增加，1973 年达到消费峰值。从铁矿石消费总量的图中可以看到，20 世纪 80 年代伴随着美国实施"再工业化"战略，铁矿石消费量跳跃性增加，进入 21 世纪，特别是 2008 年金融危机之后，美国实施以促进出口型高端制造业持续增长和实体经济回归为中心的"再工业化"战略。

20 世纪 70 年代，随着科技进步与技术革新，美国重点发展汽车、通信、电子、计算机等产业，带动了铜、铝、铅、锌等相关矿产资源的消费。铜的应用领域不断扩大，美国铜消费量保持了相当长时间的增长。80 年代中期，美国铜消费主要集中于电气工业，而 90 年代后，铜消费主要用于建筑领域，在建筑领域的占比超过50%。1999年美国铜消费达到峰值——313万吨。直到2001年之前，美国一直是世界铜消费量最大的国家，2002年之后的十多年，铜消费量下降趋势明显，占全球消费量比重由1997年的22%下降至2015年的8%。

2008年金融危机爆发后，美国一方面通过先进科技改造趋于衰落的传统制造业部门，另一方面通过科技创新扩大其在新兴产业领域的竞争优势，这类竞争优势成为美国再工业化的重点和经济长期增长的动力。与此相对应，铁矿石、铅、铝、铜等矿产资源消费均在2008年之后有一个阶段性的小幅度的增长峰值；与新兴产业领域相关的稀有金属矿产资源如锂、钨、钼、钴等消费呈现出增长的趋势。由图4-13可以看到，1970年以后，稀土消费经历了一个快速增长的阶段，直到1997年，美国一直是世界第一稀土产品消费国，稀土产品应用领域中，汽车尾气净化催化剂、玻璃抛光和陶瓷以及稀土金属与合金，消费量最大。进入21世纪后，美国本土稀土消费量有所下降，2009年受到金融危机影响，世界经济低迷导致美国稀土消费量急剧下降，2010年有所反弹，2012年之后保持在一个较为稳定的水平，稀土消费量约为16万吨。1900~2015年美国锂、钨、钼、钴消费量如图4-14所示。

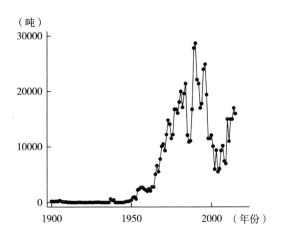

图4-13　1900~2015年美国稀土消费量

从以上的分析中可以得出，从时间序列上纵观美国工业化不同时期矿产资源消费的特点，美国矿产资源消费总量与结构呈现出：由以钢、锰、铜、铅、锌为代表的初级冶金相关矿产，到以锂为代表的电子产品相关矿产，再到以钴、钼为代表的合金不锈钢矿产，最后到以稀土为代表的稀有矿产资源消费量的逐年增加和峰值变化的周期性特点。

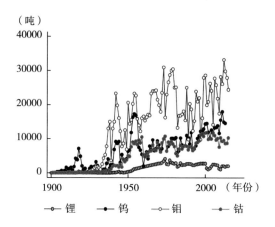

图 4-14　1900~2015 年美国锂、钨、钼、钴消费量

三、德国工业化与矿产资源消费

19 世纪德国启动工业革命时，英国工业革命即将完成，此时的德国比英国工业经济水平落后约一个世纪。德国工业化面临英法工业化的强大冲击被迫起步，走的是追赶型工业化道路，呈现出跳跃式发展态势，始于 19 世纪 30 年代，五六十年代发展迅速，70 年代迈入发达国家行列，结束于 20 世纪初。

（一）工业化起步阶段（1835~1850 年）

德国工业化开始于 19 世纪 30 年代中期。工业化的起步，也开始于纺织业，通过农业资本主义改造的一系列改革强有力地推动工业化发展。历史数据显示，1835 年德国棉纺织业生产水平相当于英国 1788 年的生产水平，直到 1900 年棉纺织业加工能力才仅能赶上英国 1850 年时的水平（邢来顺，2001）。因为当时的英国纺织业垄断世界市场，德国的纺织业很难打开市场，发展艰难而缓慢。以李斯特为代表的德国经济学家对铁路建设做出的详细规划，同时政府出于政治、军事和经济的目的，积极投资，从国库拨付巨款修筑铁路，铁路业迅速发展，德国在工业化开始时便迅速将发展重心从轻纺工业转向铁路建设领域，以此拉动重工业发展。

1835 年，德国工业化的进军号由纽伦堡和菲尔特之间修筑的第一条铁路正式吹响。铁路业的发展带动了冶金工业的发展，从而刺激了钢铁生产，鲁尔区煤炭消费的增长达到高潮，推动了机器制造工业的发展。但是，在这期间工业在德国整个国民经济中所占的份额还是很少的，仍然是农业占统治地位。

（二）工业化突破阶段（1850～1873年）

从1835年德国修筑第一条铁路开始，德国用仅仅20年时间的惊人速度进行铁路建设，使铁路干线居欧洲各国之最。19世纪蒸汽机技术的使用和贝塞炼钢法的发明使德国采煤业和冶铁业取得了巨大发展，19世纪五六十年代德国工业革命出现第一个高潮，煤炭、钢铁、蒸汽锤与齿轮构成了这一时期工业生产的基础，经济持续增长，到1870年德国的工业生产已经超过法国，占世界的13.2%。铁路建设的最大贡献是直接或间接促进了钢铁、煤炭及其制造等重工业的发展，带动了相关矿产资源生产消费的增加。

1850～1870年，煤炭采掘由550万吨上升到2639万吨，除了满足国内消费，开始出口到英国；铁矿采掘在20年间增长了4倍，消费量从1848年的69万吨增加到1870年的410万吨；德国的钢铁产量从1848年的6000吨增加到1870年的17万吨。鲁尔区在这段时期成为欧洲最大的重工业集中地。

（三）工业化完成阶段（1873～1913年）

1871年德意志帝国建立，新技术革命推进，经济发展迅猛，由铁路业的发展所带动，冶金行业、机械行业、金属加工、电气等工业得到快速发展，此时的德国农村家庭工业没有成为工业化的阻碍，而是成为工业增长的补充，直到20世纪70年代到80年代，德国出口的小商品中的大部分仍是由家庭工业来供应的。1873～1896年是整个世界经济长波振幅的大萧条时期，此时英法都处于经济发展的低谷，而德国经济却持续增长，70～90年代出现工业化的第二次高潮。这与1871年的国家统一、重视科技进步和普法战争所掠夺的胜利果实以及大量家庭工业的存在均有很大的关系。到20世纪初，德国工业发展已经超过法国和英国，整个工业化过程几乎是轻重工业并驾齐驱，德国仅用了30年时间完成了英国用近100年时间才完成的工业革命，并且大大超过英法，一跃成为欧洲头号工业强国和仅次于美国的世界第二大工业强国。

1910年德国的钢、铁产量均大幅度地超过了英国；在生铁方面，德国为1480万吨，英国仅为1020万吨；在钢产量方面，德国为1310万吨，英国仅为760万吨。而到1913年，德国的生铁产量已达到1933万吨，钢产量已上升到1930万吨，这两项生产均超过了英、法的总和，唯有美国能与之匹敌（见图4－15）。由图4－16可以看到，铁矿石消费量在第一次世界大战之前达到峰值38115千吨。机械制造更是以更快的速度增长，在世界上已无任何国家能与之匹敌。德国化学、电气、光学三个新兴工业部门后来居上，在化学业中向英国、在电气工业中向美国发起了挑战，而世界光学工业中的优质产品几乎百分之百地来自德国。

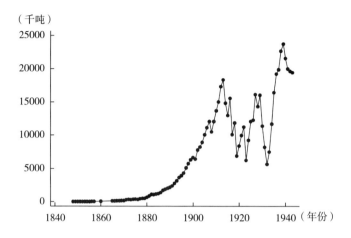

图 4 – 15　1848 ~ 1944 年德国钢铁产量

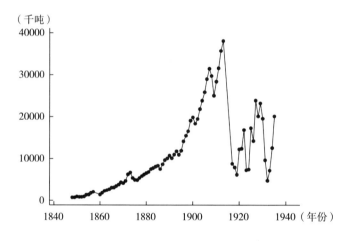

图 4 – 16　1848 ~ 1944 年德国铁矿石消费量

（四）德国工业化后期（1914 年至今）

　　成为新兴的工业大国后，德国先后发动两次世界大战，"二战"使德国经济遭到重创，德国全境一片废墟。但由于经济政策的改变，本国的货币改革以及经济体制迅速恢复，同时借助美国的大力支持，创造了经济奇迹。到 1950 年，德国经济大体上已恢复到战前的最高水平。到 1989 年，德国经济进一步发展，成为仅次于美国、日本的第三大经济强国。

　　1951 ~ 1973 年是德国经济迅速发展的阶段，新兴的工业部门相继建立并迅速发展。从表 4 – 9 中可以看到，德国第一产业比重下降幅度较大，从 1950 年的 10.4% 下降到 1989 年的 2.1%，下降了 8.3 个百分点，第一产业在国民经济中的地位逐步下降。与此同时，德国工业内部结构发生了深刻变化，经历了总体上先缓慢上升，再缓慢下降的变化过程。第二产业下降时间为1970年，原因在于采矿业、制造业发展缓慢，吸纳劳动力数量有限。由于随着经济的发展，人均收入的提高，劳动力开始从第一产业向第二产业，并逐渐向第三产业转移，配第一克拉克定理得到验证，与此同时德国第三产业比重则一直处于较快增长趋势，从1950年的40.7%增长到1989年的57.6%，增长了16.9个百分点。德国内燃机和电气化的革命，专注于创新与科技产品的研发，产业结构调整中工业发展的明显特点是重点加强对高新技术产业的发展，重点发展信息技术和生物科技，奠定了德国工业经济跳跃式发展的基础，德国制造业成为世界上最具竞争力的制造业之一，在全球制造装备领域处于"领头羊"的地位，并在汽车领域超越美国，处于世界领先地位。1991~2018年德国三次产业构成如表4-10所示。

表4-9　1950~1989年德国三次产业构成　　　　　　　　单位:%

年份	第一产业	第二产业	第三产业
1950	10.4	48.9	40.7
1960	6.8	60.7	32.5
1970	3.4	53.1	43.5
1980	2.2	44.8	53.0
1984	2.1	42.6	55.3
1989	2.1	40.3	57.6

注：1990年前数据为联邦德国，1991年后数据为民主德国和联邦德国统一之后的德国数据。

表4-10　1991~2018年德国三次产业构成　　　　　　　单位:%

年份	第一产业	第二产业	第三产业
1991	1.4	56.7	41.9
1992	1.3	56	42.7
1993	1.2	54.6	44.3
1994	1.1	54.6	44.3
1995	1.0	54.9	44.0
1996	1.1	54.8	44.1
1997	1.3	28.2	60.9
1998	1.2	28.3	61.2
1999	1.3	31.0	67.7
2000	0.8	26.5	72.7
2001	0.1	29.5	70.4
2009	0.8	26.5	72.7
2018	-1.0	22.7	78.3

　　1970 年以后，锰消费量进一步下降，原因是锰以铁合金的形式用于钢铁工业炼钢及铸铁，由于锰有重要的固硫、脱氧还原、易形成合金的作用，也可与其他有色金属生成合金，由于钢铁生产技术的进步及废钢铁的大量使用，锰的消费量逐年下降（见图 4 - 17）。铜由于加工方便，而被广泛应用于各个下游行业，如电力、建筑、家电、交通运输等行业，因此铜消费量在德国逐年增加，从 1970 年的 35.9 万吨增加到 1995 年的 140 万吨，不同年份虽有波动，但总体维持在 110 万~140 万吨。随着铝在德国汽车、建筑、电气电子等产业领域的需求迅猛增加，铝消费自 1970 年以来呈现上升趋势，1990 年以后，随着废铝回收利用技术的不断改进，废铝回收大大减缓了铝矿资源的过度消耗（见图 4 - 18）。

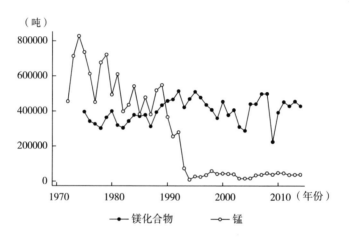

图 4 - 17　1972 ~ 2015 年德国锰矿与镁化合物消费量

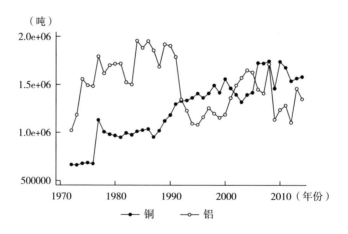

图 4 - 18　1972 ~ 2015 年德国铜与铝消费量

四、日本工业化与矿产资源消费

18 世纪英国的产业革命在向德国等欧洲各国扩展的同时，传播到新大陆美国，日本是比较晚开始工业化的国家，是全球经济体系中的后起之秀。日本的工业化始于 19 世纪 60 年代的明治维新，19 世纪 70 年代开始加速，到第二次世界大战前，日本已发展成为重化工业略占优势的工业国，日本用 70 年的时间走完了早期发达资本主义国家 150~200 年所走过的工业化道路。日本是世界上最典型的依靠本国发达的工业和先进的科学技术，几乎完全依赖进口他国矿产资源，进一步加工和制造其他高附加值产品出口他国，从而发展本国经济的国家。日本矿产资源极其匮乏，有储量的矿种只有 12 种，有石油、天然气、铅锌、硫以及一些石灰水、叶腊石、硅砂、少量的黑色和有色金属，如铜。其他矿产资源均需依赖进口，铁矿石、锰矿石、钛铁矿、铬铁矿、钒、镍、钨、锡、锑、铂族元素、稀土、稀有金属、焦煤对进口的依赖度为 100%。

（一）工业化早期阶段（1870~1949 年）

明治维新开始之后，日本农业短期内保持了较高的增长率，19 世纪末 20 世纪初，伴随第二次科技革命浪潮，以及由此引发日本对银行、海运、矿业、铁路的大量投资，工业迅速发展。1867~1913 年，农业在日本国民经济总值中的比重由原来的 40.5% 下降至 23.2%，工业则由 28% 上升至 45%。1889~1920 年三次产业 GDP 增长及其贡献如表 4-11 所示。

表 4-11　1889~1920 年三次产业 GDP 增长及其贡献　　　单位:%

年份	GDP 增长率			对 GDP 增长率的贡献度		
	第一产业	第二产业	第三产业	第一产业	第二产业	第三产业
1889~1900	1.37	6.25	3.16	17.8	31.6	50.6
1901~1910	1.66	6.44	4.55	20.8	52.4	26.8
1911~1920	1.62	6.46	4.26	11.0	45.0	44.0

资料来源：侯力，秦熠群.日本工业化的特点及启示 [J]. 现代日本经济，2007（4）：32.

明治政府将大量资金投入矿山开发、港口和铁道建设，钢铁机械工业持续增长，平均增长率为 11%~12%。1895~1915 年，矿业在制造工业产值中的比重虽小（以 1885 年为例，机械产业为 1%，钢铁不到 0.4%），但增长率（9.1%）却大大高于制造业（5.2%）。

1895 年之后，为了加强海防制造大炮，东京和大阪陆续建立军工厂，产生了对矿产资源原材料金属的大量需求，全面依靠德国的技术。日俄战争使日本工业化进程加速，机械产业努力摆脱模仿，重视质量，但在设计、加工等方面仍落后于欧美国家水平。1900 年以后，矿产资源消费增加，日本国内资源有限，无法满足需求，很快将获取目标转移到海外，主要集中在中国、朝鲜以及马来西亚（属英）等国。1902 年日本与中国清政府签订《煤焦铁矿互售合同》，以日本的煤焦换取大冶铁矿石，名为"资源互售"，实则"资源掠夺"。1938 年日本侵略中国并占领了大冶铁矿，掠夺了其经营权，直至 1945 年战争结束。

第一次世界大战期间，正当西欧列强忙于军需生产无暇顾及民间需求时，日本化工产品、产业机械、运输机械等产品自主生产增加，不仅减少了对欧洲的货物的进口，而且由于欧洲战事对船舶的需求增加，日本船舶和钢铁产品出口大幅增加。两次世界大战之间的时期，日本摆脱了以"轻工业"为核心的工业结构，确立了以电力、钢铁、化工、机械等产业振兴经济的"重化工业化"，1915 ~ 1937 年，日本经济虽处于萧条阶段，但日本工业生产的年平均增长率为 6.8%，远高于同期英国（1.5%）、美国（2.9%）、德国（1.4%）的经济增长速度。金属工业中的铁合金、生铁、特种钢、铝、硬铝等需求量大幅上升，参见图 4 - 19、图 4 - 20 和图 4 - 21，引致对相应铁矿石矿产资源消费增加，铁矿石消费量由 1915 年的 392 千吨增加到 1937 年的 3915 千吨。如图 4 - 22 所示，工业生产指数达到 1144.1（以 1914 年 = 100）。

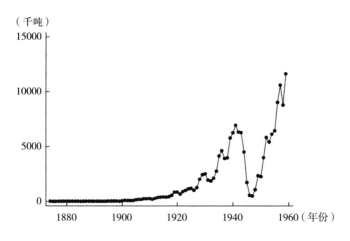

图 4 - 19　1874 ~ 1960 年日本铁矿石消费量

1913 ~ 1936 年，日本轻工业在制造业中的份额由 78.9% 降到 54.9%（见表 4 - 12），其中 1929 年纺织业在整个制造业中占比为 36%，出口额为 64%。20 世纪 20 年代，船舶运力过剩导致"一战"以后运费暴跌，世界海运贸易萧条，造船业的不景气导致钢板需求过剩；20 世纪 30 年代以后，日本经济的发展以钢铁

（千吨）

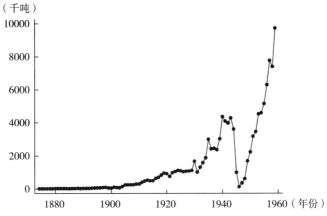

图 4 - 20 1874 ~ 1960 年日本生铁消费量

（千吨）

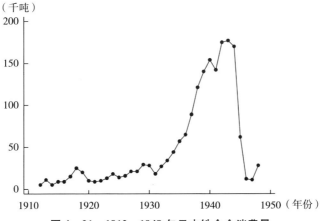

图 4 - 21 1912 ~ 1948 年日本铁合金消费量

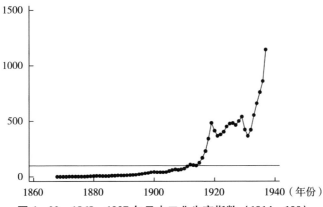

图 4 - 22 1868 ~ 1937 年日本工业生产指数（1914 = 100）

业为中心进行，机械产业中中低级机械由国产产品满足，高精度、高速度等高级机械仍依靠进口，政府介入钢铁产业组织，钢铁业在制造业中的比重上升势头尤为明显，铁矿石、有色金属矿、煤炭等全面依赖从美国、朝鲜和中国供给。以铁矿石为例，中国大冶铁矿质量上乘，不仅含铁量高，而且富含有铜、钴等，是制造飞机、战舰的重要金属元素。侵华战争时期，日本制铁业大量从中国"掠夺"铁矿石，源源不断运回本国，这些铁矿石运回日本八幡制铁所等钢铁企业主要制造成武器，又运回中国发动侵略战争。除铁矿石外，日本从中国掠夺大量的煤炭、生铁和焦炭，出口钢铁与机械。殖民地作为日本工业化的原材料和中间基地，对扩大并推动重化工业化进程和发展的钢铁最终产品发挥了重要作用。1913～1936 年日本不同产业国内生产构成如表 4-13 所示。

表 4-12　制造业生产额的不同产业构成（1913～1936 年价格）　　　单位：%

年份	1913	1919	1924	1929	1932	1936
重化工业	21.1	32.7	26.6	33.0	35.3	45.1
其中：钢铁	1.7	2.0	4.2	7.2	8.4	10.8
轻工业	78.9	67.3	73.4	67.0	64.7	54.9

注：所谓重化工业指化学、钢铁、有色金属、机械之和，轻工业指制造业中的其余部分。
资料来源：中村隆英，等. 日本经济史6：双重结构 [M]. 许向东，等译. 北京：生活·读书·新知三联书店，1997.

表 4-13　日本不同产业国内生产构成（1913～1936 年价格）　　　单位：%

年份	农林水产	工矿业	商业服务业	其他
1913	30.0	17.3	41.7	11.0
1919	25.7	18.7	45.3	10.3
1924	22.1	18.8	41.5	17.6
1929	20.1	23.6	37.3	19.0
1932	20.5	24.7	36.1	18.7
1936	17.9	29.0	32.0	21.1

资料来源：中村隆英，等. 日本经济史6：双重结构 [M]. 许向东，等译. 北京：生活·读书·新知三联书店，1997.

（二）工业化中后期阶段（1950 年至今）

20 世纪 30 年代以后，日本经济结构转入以军火工业为中心的畸形变化时期，矿产资源主要从中国、朝鲜和马来西亚等国侵略获取。日本战败后，矿产资源获取来源中断，至 1948 年进口矿产资源禁令解除。战后的 1950 年，纺织工业仍然占日本全部制造业产值的 24%，钢铁、机械、化工等行业依次发展，这段时期日本矿产资源的海外获取呈现出多元化、远距离化，澳大利亚、南美、印度等国成为铁矿石资源的国外最大供给国；日本矿产与进口系统的规模化，推出了企业、政府、金融等官民协作、配套产业联动体制的第三次钢铁产业规划。

纵观日本主导产业更替变化，顺序依次是纺织工业、钢铁工业、机械工业、化学工业、汽车工业、家电工业、电子工业。自 1940 年之后，第三产业呈现逐年上升趋势，经过战后 20 多年的快速工业化阶段，20 世纪 70 年代末第三产业比重超过 50%，1990 年，产业结构逐步调整升级，1991 年开始，经济呈现衰退迹象，第二产业比例从 1991 年的 33% 下降到 2015 年的 21.6%，呈现持续下降趋势。

基于日本产业更替的变化，矿产资源的消费首先表现为资源的消费量逐年增加，此外，日本矿产资源消费的另一个典型特点是对外依存度逐年增加，如图 4-23 所示，1960~1980 年日本铁矿石的消费呈直线上升趋势，1974~1975 年石油危机引起的全球经济衰退导致矿产资源的消费呈现下降趋势。铜金属消费仅次于铁矿石，消费量上升速度很快，铜金属自给率从 1949 年的 100% 下降到 1960 年的 35.5%，在对外依存度逐年增加的同时，日本对海外铜矿的获取经历了"直接购买/融资买矿—资本投资—自主开发"，1970 年之前铜矿石的获取以融资买矿为主，1990 年以后以资本投资或自主开发为主。进入 21 世纪，铁矿石消费量都始终在 1.2 亿~1.3 亿吨，铜的消费量近十余年始终在 100 万吨以上（见图 4-24），精炼铜主要消费国家中，日本始终排在前四位，唯有 2008 年受金融危机影响，全球经济低迷，铜消费量减少为 88 万吨。1874~2016 年日本铁矿石对外依存度如图 4-25 所示。

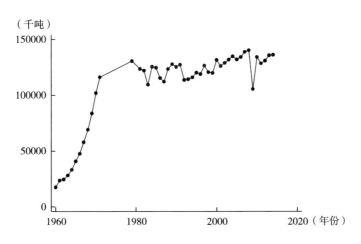

图 4-23 1960~2016 年日本铁矿石消费量

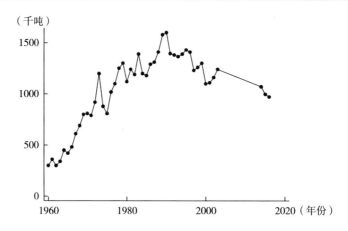

图 4-24　1960~2016 年日本铜消费量

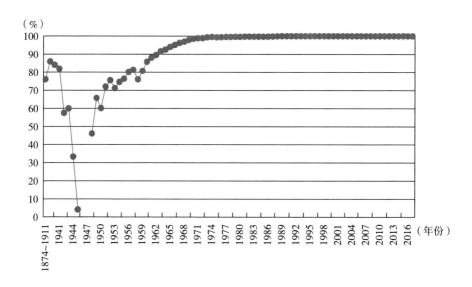

图 4-25　1874~2016 年日本铁矿石对外依存度

与前述发达国家有所区别的是，日本工业化的发展受到自然地理条件的限制，且日本的工业化具有明显的后发性，由于工业化进程需要矿产资源的大量消耗，为保障日本矿产资源安全稳定的供应，日本形成了强有力的矿产资源保障机制。首先，日本拥有系统高效的矿产资源管理机构 JOGMEC，日本政府高度重视资源立法，从政府角度制定"资源战略"，制定相关专业机构的法律，涉及政策、储备、开发供应、利用等方面，通过制度安排内化企业行为。其次，日本较早建立国家战略资源储备，1974 年通产省矿业审议会确定铜、镍、铬、钨为储备矿种，1976 年民间储备协会成立，1981 年确立 14 种金属为储备矿种，1982 年确立镍、铬、钼、锰、钒、钨、钴七个矿种建立国家储备，1983 年实施国家储备制度，储备由国家储备（负责长期对策）、共同储备（负责中期对策）和民间储备（负责短期对策）三部分组成。最后，日本拥有目标明确的海外战略。第一次石油危机使日本由于油气供应严重不足受到严重打击，之后日本政府采取了资源外交政策。日本通过建立海外矿产资源基地，广泛开展"资源外交"，大力推行"技术/经济援助及合作计划"建立全球矿产资源信息网络，形成了政府和民间企业之间的利益共同体及完善的一站式支援机制。日本在与资源丰裕国进行矿产资源的国际贸易或者对外投资中，始终把握矿产资源供应地多元化原则，以长期的矿产资源贸易合同和向资源丰裕国新矿提供大量债务融资抵押为特点，这样的模式让矿产资源的产量有限保证日本本国的供应，又确保矿山的收益以偿付债务本息的形式有限回报于日本资本。在这样的市场地位优势下，日本企业获取充分的供给方信息，组成采购卡特尔，在矿产资源的贸易谈判中主导贸易规则和定价规则，实现了能源、钢铁等行业原材料的成本优势逆转，保障国内矿产资源的有效供给。

日本高度重视制定矿产资源战略，在不同时期日本依据不同的时代背景制定出了目标明确的矿产资源战略。20 世纪 70 年代日本资源整体战略以保障资源的稳定供应为主。1980 年以后，日本在"稳定性"供应基础上与资源丰裕型国家建立"多层次经济关系"和"新型合作伙伴关系"。2002 年 7 月日本政府颁布《独立行政法人——石油天然气金属矿产资源机构法》，2004 年日本经济产业省设立"资源能源厅"和独立行政法人"石油天然气金属矿物资源机构（JOGMEC）"，前者负责制定能源与矿产资源稳定供应政策及节能与新能源政策，后者全面负责矿产资源稳定供应政策及节能与新能源政策。近年来，日本逐步整合矿产资源战略，全方位保障日本矿产资源安全稳定的供应。

相比于其他矿产资源的贫乏，锌在日本是一个例外金属，1984 年日本是仅次于苏联的金属锌生产国，是仅次于美国的第二大金属锌消费国，从资源类别方面分析，由于拥有广泛的实用性和优越的特性，锌在当时的消费量是仅次于铁矿石、铝、铜之后的第四大金属。在稀有矿产资源消费方面，日本使用新技术、开发新产品，促进了稀土、金属镁等消费量的上升。自 21 世纪以来，稀有矿产资源消费量逐年增加。日本智能制造、国防科技等高端前沿领域的引领继续促进稀有矿产资源消费量的持续上升。

第三节 发达国家矿产资源消费结构考察

通过前面工业化阶段性考察，可以发现典型发达国家在工业化模式、启动时间、工业比重见顶时间和人均 GDP 峰值等存在不同。结合在这些不同工业化阶段下矿产资源消费的历史考察，随着工业化的推进与经济的发展，在典型发达国家 200 多年的工业化历程中，不同种类的矿产资源消费在结构、总量、人均消费量以及矿产资源消费强度等方面是否遵循一定的规律性？本节从人均 GDP 与矿产资源消费量之间的关系、矿产资源消费强度的特点以及一国内部矿产资源消费的结构三个方面对矿产资源的消费量在时间、空间（国别）上所呈现出的规律进行总结。

一、工业化演进与主要矿产的人均矿产资源消费峰值

通过对典型工业化国家（英国、美国、德国和日本）近 200 年以来矿产资源消费与工业化进程之间关系的深入分析，揭示出人均 GDP 与矿产资源消费量大致呈现出"缓慢增长—快速增长—到达顶点—趋于下降"的规律性演变趋势。

以铁矿石消费为例，在工业化的初级阶段，从时间和人均 GDP 维度看，英国处于 1780~1840 年（人均 GDP 在 1816~2521 美元），美国处于 1790~1860 年（人均 GDP 在 1296~2241 美元），德国处于 1835~1880 年（人均 GDP 在 1050~2025 美元），日本处于 1890~1949 年（人均 GDP 在 1012~1800 美元），农业社会在向工业社会转变，可以得出人均 GDP 1000~2500 美元是人均铁矿石消费增长的开始。

在工业化的中期阶段，矿产资源消费呈现出快速增长趋势，铁矿石消费增幅加快，全球铁矿石消费主要集中于发达国家，英国在 1957 年（人均 GDP 8857 美元），美国在 1954 年（人均 GDP 10359 美元），德国在 1974 年（人均 GDP 12063 美元），日本在 1979 年（人均 GDP 13163 美元）时，人均铁矿石消费量达到峰值顶点，对应于发达国家的社会基础建设的高峰期。越过这一峰值顶点，发达国家的基础设施建设规模趋于稳定。因此，工业化中期阶段，人均铁矿石消费的峰值点集中于人均 GDP 9000~13000 美元（见图 4-26）。此后，标志着进入后工业化阶段，人均铁矿石消费逐渐减少。

发达国家在工业化不同阶段人均铜消费量与人均 GDP 的关系如图 4-27 所示，由于铜属于兼具结构性和功能性的金属，早期发达国家铜消费以电器工业所

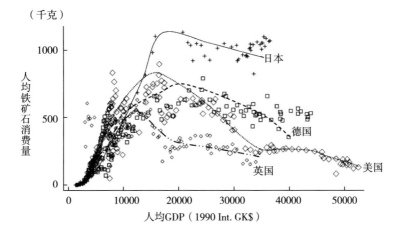

图 4-26　典型发达国家人均铁矿石消费量与人均 GDP 的关系散点图

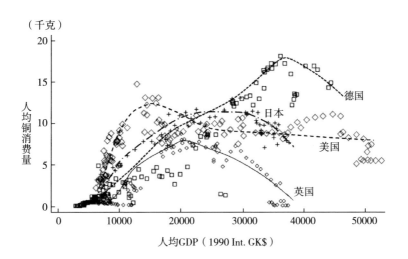

图 4-27　典型发达国家人均铜消费量与人均 GDP 的关系散点图

占比重最大。在工业化的初级阶段，从时间和人均 GDP 维度看，铜消费的开始时间要晚于铁矿石，人均铜消费量也低于铁矿石。英国处于 1880 年（人均 GDP 在 3500 美元），德国处于 1900 年（人均 GDP 在 2984 美元），美国处于 1880 年（人均 GDP 在 3183 美元），日本处于 1956 年（人均 GDP 在 3135 美元），农业社会在向工业社会转变，可以得出在人均 GDP 3000~3500 美元是人均铜消费增长的开始。

在工业化的中期阶段，矿产资源消费呈现出快速增长趋势，铜的消费增幅加快，发达国家在工业化中后期，铜的消费重心转向建筑业。英国在 1977 年（人均 GDP 12383 美元），美国在 1999 年（人均 GDP 27870 美元），德国在 1998 年（人均 GDP 18028 美元），日本在 1990 年（人均 GDP 18789 美元）时，铜的消费量达到峰值顶点。

铅金属由于易加工、延展性好、熔点低在工业化早期应用较广，在燃料、军火、电池等方面应用广泛，后期铅消费的下游领域主要是铅酸蓄电池的制作，其次是防腐合金及光学领域。1900～1946 年，典型发达国家处于工业化早期，铅消费缓慢增长，"二战"后到 20 世纪 70 年代，工业化进程加速，铅消费稳定增长，此时的消费集中在美国、德国、日本等发达国家，20 世纪 80 年代后期，由于铅冶炼的高污染、高耗能、高消耗，受到环境因素的制约，在其他领域的消费量呈下降趋势。工业化早期阶段，从时间和人均 GDP 维度看，铅消费的开始时间较早，英国处于 1780～1840 年（人均 GDP 在 1816～2521 美元），美国处于 1790～1860 年（人均 GDP 在 1296～2241 美元），德国处于 1835～1880 年（人均 GDP 在 1050～2025 美元），日本处于 1890～1949 年（人均 GDP 在 1012～1800 美元），农业社会在向工业社会转变，可以得出在人均 GDP 1000～2500 美元是人均铅消费增长的开始。

在工业化的中期阶段，矿产资源消费呈现出快速增长趋势，铅的消费增幅加快，尤其是在第一次、第二次世界大战前夕，铅被广泛应用于军火制造，消费量快速增加，工业化中后期铅的应用主要在电池领域，尤其是随着全球汽车工业的不断发展，汽车、摩托车、电动自行车等行业是铅的主要消费领域。英国在 20 世纪 70 年代铅消费达到 40 万吨/年，之后保持平稳，在 1994 年（人均 GDP 17118 美元）达到人均铅消费量的峰值点，德国的铅消费量近 10 年保持在 40 万吨/年左右，目前的人均铅消费量也保持在 5 千克上下，在 1998 年（人均 GDP 18028 美元），日本铅消费量近 10 年的消费量保持在 30 万吨/年左右，低于 20 世纪 90 年代。

从图 4-28 中可以得到的结论是，德国、日本在人均 GDP 达到 15000～18000 美元时，人均铅消费达到峰值点，此时正是发达国家汽车工业大规模发展的时期。美国铅消费规律与德国、日本不同，1941～1944 年（人均 GDP 为 7400～7700 美元），铅消费顶点出现，人均铅消费量同时达到峰值 8 千克，主要原因是"二战"时期，美国大量生产军火、战车等武器装备，出口到欧洲战场，拉动了铅消费的快速增长，导致美国铅消费的顶点先于其他国家到来。"二战"后，美国铅消费急剧下降，后又缓慢增长，但在 1994 年铅消费达到 150 万吨/年后，没有呈现出下降趋势，目前的人均铅消费量一直在 5 千克左右徘徊。如果抛开战争因素，美国铅消费也符合"缓慢增长—快速增长—到达顶点—趋于下降"的规律性演变趋势。英国铅消费规律类似于美国，分别在 1936 年（人均 GDP 为 6266

美元）和 1993 年（人均 GDP 为 16458 美元）出现两次峰点，前一次峰点的出现缘于第二次世界大战中对铅消费的大量需求，工业化后期第二次峰点的出现是汽车工业对铅蓄电池的大量需求导致。综上，人均 GDP 与人均矿产资源消费量大致都呈现出"缓慢增长—快速增长—到达顶点—趋于下降"的规律性演变趋势，但基于不同国家、不同发展阶段，这种演变趋势会有差异与独特性，同一种矿产资源，由于各国工业化时代的不同，人均矿产资源消费的峰值顶点有分异现象。

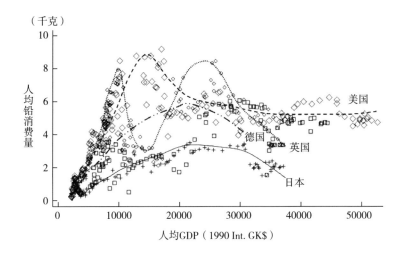

图 4 - 28　人均铅消费量与人均 GDP 的关系散点图

二、主要矿产资源消费强度的演变

矿产资源消费强度是指单位 GDP 投入的矿产资源数量，也可理解为单位产值矿产资源消耗，反映经济增长付出资源代价的大小。它是衡量矿产资源利用效率和矿产资源消费量的一个主要指标，与工业化阶段、产业结构水平、科技进步密切相关。公式为：

$$IU_t = C_t / Y_t$$

其中，IU_t 为消费强度，C_t 为矿产资源消费总量，Y_t 为 GDP。

不同国家在不同的发展阶段上，矿产资源消费强度有着不同的变化趋势。工业化进程中的经济发展水平与能源消费强度（单位 GDP 能耗）呈现出倒 "U"形曲线关系（Kuznets，1985；Galli，1998）被称为库兹涅茨假说，又称为库兹涅茨工业化模式。从时间和发展程度（人均 GDP）看，能源消费上强度呈现出的这种倒 "U"形变化规律表明，随着工业化进程的开始，能源消费强度逐步上升，并陆续达到顶点，之后持续下降。那么，不同矿产资源由于性质与用途的不同，矿产资源消费强度到达顶点的位置（时间）有无差异，与经济结构的梯次递进是否有着密切关系？

以铁矿石、铜、铅等金属矿产资源为例的研究表明，工业化进程中金属矿产资源消费强度与人均 GDP 呈现出库兹涅茨倒“U”形曲线关系。英国、美国、德国铁矿石消费强度的顶点集中于人均 GDP 3000～5000 美元，对应于“S”形曲线由缓慢增长到快速增长的转折点，日本铁矿石消费强度顶点位于人均 GDP 10000 美元左右，同时对应于“S”形曲线由缓慢增长到快速增长的转折点。由图 4-29 可知，日本人均铁矿石消费的峰值远远高于英国、美国、德国，但消费强度的顶点到来的时间却较晚，同时顶点的高度低于上述三个国家，此结论不同于王安建等（2010）的研究结论，这主要是因为日本的工业化进程属于压缩式工业化，1975 年左右，日本人均 GDP 达到 10000 美元，迫于国际石油危机的燃眉之急和粗放式经济增长，矿产资源使用效率比英国、美国、德国等工业化国家要低。

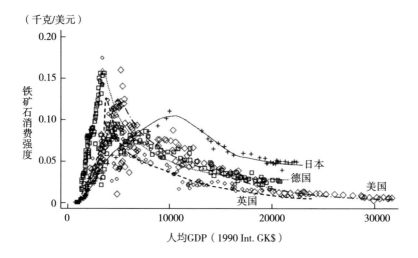

图 4-29　典型发达国家铁矿石消费强度比较

典型发达国家铜消费强度同样呈现库兹涅茨倒“U”形曲线关系。但与铁矿石不同的是，铜消费强度的顶点所处的人均 GDP 水平比较靠后且比较离散。顶点“靠后”的现象是由铜投入经济社会的周期较晚造成的；“离散”的原因在于铜在不同国家的下游消费结构有差异且替代品市场（如铝等）的发展。美国铜消费强度顶点位于人均 GDP 为 8205 美元时，日本则在人均 GDP 为 11433 美元、英国在人均 GDP 为 12383 美元、德国在人均 GDP 为 17299 美元时铜消费强度达到顶点（见图 4-30）。美国铜消费强度比较早达到峰值点的原因是，美国铜消费结构的 48% 用于建筑业，房地产市场的饱和与放缓对铜消费强度的影响较大。

而在欧洲和日本，铜消费在电器工业中所占的比重较大。

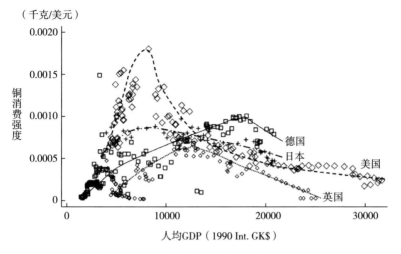

图4－30　典型发达国家铜消费强度比较

典型发达国家德国、英国和美国铅消费强度顶点分别在人均 GDP 为 3941 美元、5138 美元和 6282 美元时，呈现库兹涅茨倒"U"形曲线关系，如图4－31所示。日本在 1936 年（人均 GDP 为 2244 美元）达到铅消费强度的顶点，在 1945年急剧下降，之后又缓慢增加，1968 年（人均 GDP 为 7983 美元）达到铅消费强度的二次顶点。日本铅消费强度曲线的特殊之处在于早期铅消费的主要领域是燃料和军火，而日本在工业化中后期铅应用领域转向电池领域时出现二次顶点。

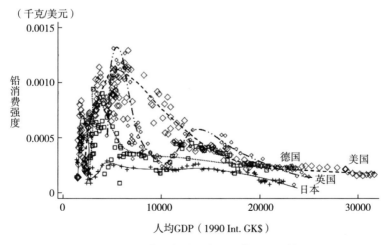

图4－31　典型发达国家铅消费强度比较

因此，可以得出的结论是典型发达国家矿产资源消费强度呈现类似库兹涅茨倒"U"形曲线关系。不同矿产资源由于性质与用途的不同，矿产资源消费强度到达顶点的位置（时间）有差异，这与金属的特性和国家发展阶段以及经济结构的梯次递进有着密切关系。

三、产业结构演变与矿产资源消费结构的变化

由前面的分析可知，典型发达国家工业化启动的时间不同，英国第一个开始，之后是美国和德国，日本最晚开始，但工业比重的见顶期却相差不大，均处于 20 世纪 50 年代到 60 年代；工业比重见顶期人均 GDP 美国最高，因此美国是迄今为止最强大的工业化国家。从工业比重峰值和 2016 年的工业比重看，德国的工业比重最高，因此德国是始终具有强大工业化能力的国家，如表 4 – 14 所示。结合不同工业化国家在工业化进程中的特点，在考察产业结构变化的基础上，来总结各国矿产资源消费的结构演变过程，具有重要的研究意义。

表 4 – 14　典型发达国家工业化发展历程比较

国家	工业化启动时间	工业比重见顶期	工业比重见顶期人均GDP（1990 国际元）	工业比重峰值（%）	工业比重（%）（2017 年）
英国	1765 ~ 1785 年	1955 ~ 1965 年	7986 ~ 9752	50.0	18.6
美国	1834 ~ 1843 年	1950 ~ 1960 年	9561 ~ 11328	42.0	18.9
德国	1850 ~ 1859 年	1960 ~ 1967 年	7750 ~ 9397	60.7	27.6
日本	1874 ~ 1879 年	1963 ~ 1969 年	5129 ~ 8874	59.9	29.3 *

注：日本此处为 2016 年工业化率，数据来源于中国统计年鉴国际数据库，https：//data. stats. gov. cn/easyquery. htm？cn = G0104。

资料来源：①付保宗. 工业化的阶段性变化规律与启示［J］. 宏观经济管理，2014（6）：8；②工业比重数据来源于《国际统计年鉴》2017 年版。

英国在 1800 ~ 2016 年产业结构演变的情况从图 4 – 32 中可以看到。英国自 18 世纪 60 年代开始工业革命，1811 年第一产业比重开始下降，第二产业比重稳步提高，1840 年重工业领域的工业革命使煤炭、铁、钢的消费量增加，劳动力由农业、纺织业向建筑、采矿、交通、器械、造船、钢铁行业转移。这段时期，炼铁业、纺织业和煤炭采掘是英国工业化的三大支柱，铁矿石的消费较快增长，铅消费缓慢增长，铜消费较缓增长。"二战"爆发前，基于战争对火药和燃料的需求，铅的消费增长较快，1936 年达到第一次峰值顶点。1955 年第二产业在三次产业中的占比达到最高比例 50%，钢和铁矿石消费的峰值时间几乎与第二产

业达到最高比例的时间一致，分别为 1954 年和 1957 年，此时英国人均 GDP 为 8857 美元；工业化后期第三产业整体上呈现上升趋势，唯一的波动性体现在 1935～1955 年，这 20 年间有所下降；第二产业下降之后，第三产业上升趋势明显，速度更快。1967 年人均 GDP 为 16458 美元时铅消费达峰，之后在 1977 年，人均 GDP 为 12383 美元时铜消费达到峰值顶点。

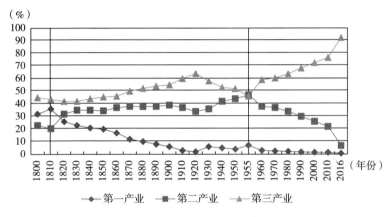

图 4-32　1800～2016 年英国三次产业结构

　　通过图 4-33 对矿产资源消费结构的分析，可以得出图 4-34 模拟英国人均矿产资源消费量的变化，展现出矿产资源在英国的波及递进变化，分别是钢—铁

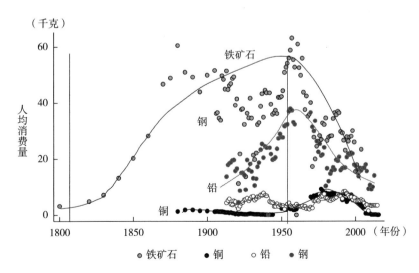

图 4-33　1800～2016 年英国人均矿产资源消费量散点图

注：英国铁矿石和钢人均消费量为实际人均消费量/10。

矿石—铜—铅依次达到峰值。这类矿产资源的下游对应机械制造、冶金、建筑及汽车电池等相关产业，整体上看，这类资源的人均消费量轨迹符合"缓慢增长—快速增长—到达顶点—趋于下降（或稳定）"的规律性演变趋势。

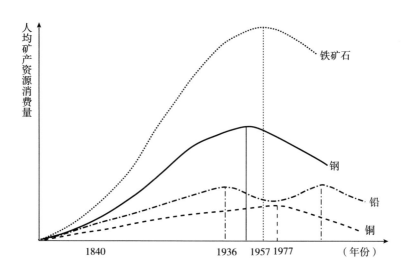

图 4-34　英国不同矿产资源峰值点比较

美国是一个典型的彻底完成工业化、近百年来没有出现任何战乱的国家，经济发展阶段完整，矿产资源不仅总量丰富，而且种类齐全。美国产业结构演变规律体现在：19世纪20年代开始工业革命，1850年第一产业在国民经济中的比重开始逐渐下降；1894年，美国GDP超越英国成为世界头号工业强国，1901年人均GDP超越英国，这段时期，美国的钢铁及制品、石油冶炼、运输机械与化学制品四大重工业部门，在第二次科技革命成果的基础上展开，形成了全新的工业体系。工业革命完成后第二产业在国民经济中的比例最高时达到42%，1955年左右第二产业在国民经济中比重开始下降；第三产业在1800~1955年呈现出有升有降的波动性，1955年之后上升趋势明显（见图4-35）。

通过图4-36对矿产资源消费结构的分析，可以得出美国人均矿产资源消费量的变化，1950年为工业比重见顶期，初级冶金等相关人均矿产资源消费顶点几乎同时到来并达到峰值，人均GDP为8000~10000美元。这类资源的下游对应机械制造、冶金、建筑等产业，是美国第一波达到顶点的矿产资源。从整体上看，铁矿石、钢、锡的人均消费量轨迹符合"缓慢增长—快速增长—到达顶点—趋于下降"的规律性演变趋势。铜、铅的人均消费量轨迹符合"缓慢增长—快速增长—到达顶点—趋于稳定"的规律性演变趋势。铜金属的多用途性在达到峰值顶点后，消费量高位趋稳，只有在 2008 年之后有缓慢下降趋势，主要原因是铜在美国主要用于建筑业，2008 年金融危机之后在建筑业的消费略有下降；同时在电力领域消费量有所增长。因此，从整体上看趋于稳定。此后铬、镍等矿产资源的人均消费量也相应达到峰值，对应的美国机械制造产业在 1980 年前后也达到峰值（见图 4 - 37、图 4 - 38 和表 4 - 15）。

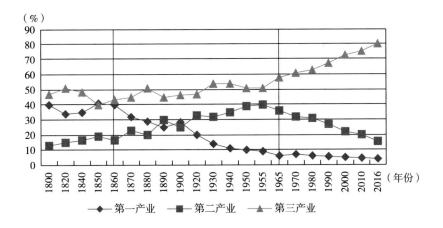

图 4 - 35 1800～2016 年美国三次产业结构

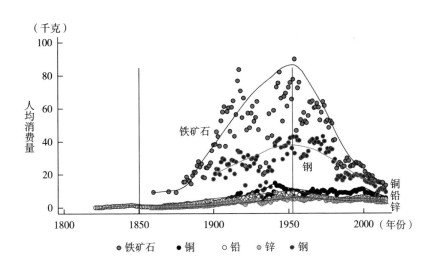

图 4 - 36 1900～2016 年美国初级冶金相关矿产人均消费量散点图

注：美国铁矿石和钢人均消费量为实际人均消费量/10。

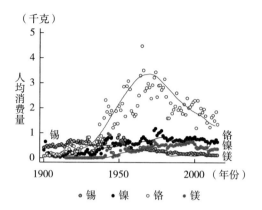

图 4-37 1900~2016 年美国锡、镍、铬、镁人均消费量

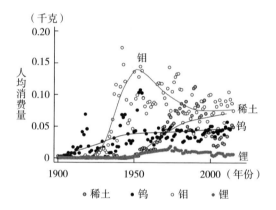

图 4-38 1900~2016 年美国稀土、钨、钼、锂人均消费量

表 4-15 美国代表性矿产人均消费峰值汇总

矿种	行业	用途	顶点时人均消费量（千克）	人均GDP峰值（GK美元）	时间
铁矿石	建筑业冶金业	建筑、基础设施产业、机械制造	899.55	10359	1954 年
钢			429	10613	1953 年
铅		蓄电池、军火、弹药	9.22	10613	1953 年
锡		焊料、容器	0.82	10613	1953 年
铬	金属和机械制造业	不锈钢、合金钢	4.47	13418	1965 年
锌	冶金业	镀锌、冶金、化工、建材	6.39	14134	1966 年
镁	交通制造业	汽车、飞行器用铝合金	0.68	16689	1973 年

续表

矿种	行业	用途	顶点时人均消费量（千克/人）	人均GDP峰值（GK美元）	时间
镍	金属和机械制造业	不锈钢、有色合金	1.18	16491	1974年
锂	电子产业	锂电池、润滑剂、陶瓷、玻璃制品	0.02	16491	1974年
铜	建筑业	建筑、电力、工业、交通	11.12	27870	1999年
稀土	交通制造业	汽车尾气催化剂、石油精炼催化剂、冶金	0.11	23201	1990年
钨	金属和机械制造业	合金（钨钢）、硬质合金、冶金	持续稳定增长		
钼		不锈钢、各种合金钢			
镓	智能电子、新能源、交通及其他高新技术产业	集成电路、光电子元件	持续稳定增长		
铌		包套、航空、宇航工业用热防护和结构材料	持续稳定增长		
铟		液晶显示器、平板屏幕、电子半导体、焊料	持续稳定增长		
铼		高温合金、喷气发动机燃烧室等	持续稳定增长		
铯		火箭推进器、真空器件、光电管等	持续稳定增长		

资料来源：根据 USGS 历史数据资料整理。

　　锂的人均消费峰值顶点到来时间为 1974 年，此时人均 GDP 为 16491GK 美元，此时美国工业化已完成，下游电子产业占制造业的比值也达到峰值，后工业化时期锂的消费除在 2008 年略有降低以外，其他时间趋于稳定，人均消费量轨迹符合"缓慢增长—快速增长—到达顶点—趋于稳定"的规律性演变趋势。该类矿产资源由于用量较小，下游产业科技含量高，因此短期内产业的发展对资源的拉动作用不太明显。

　　1990 年以后，初级冶金类等基础金属矿产资源消费量趋于下降，以稀土、铟、锗、铂族金属为代表的稀有、稀散、稀贵"三稀"金属的消费量呈现稳步增加的趋势。由于新科技革命和新工业革命蓬勃兴起，一方面，3D 打印等工业 4.0 下的增材制造方式及其应用将改变工业原材料利用的方式；另一方面，国际金融危机发生后，发达国家实施"再工业化战略"，推动制造业加快智能化、绿色化、服务化转型。现阶段这些新型战略性矿产在全球矿产消费结构中的地位上升。

综上所述，以英国和美国为例的矿产资源消费结构演变的规律和工业化进程中产业演进的规律呈现协同与一致的特点，体现了由初级冶金相关矿产—合金不锈钢相关矿产—电子产品相关矿产—汽车制造相关矿产—飞机制造相关矿产的矿产资源消费结构，对应于冶金—机械制造—汽车—电子—航空航天等高科技产业领域的规律性。

第四节　发达国家矿产资源消费规律的实证检验

一、理论分析与研究假设

Charemza 和 Deadman 提出自回归分布滞后模型（ARDL），Pesaran 等（1998）和 Pesaran 等（1999）完善了该模型。与传统协整检验方法比较，ARDL 方法可以对非平稳异质面板数据进行分析；可以处理解释变量为内生变量的面板数据，得出无偏有效估计；对样本长度的要求也较为宽容。ARDL 模型使用因变量的滞后项和自变量的当期和滞后项构建，估计变量间的长期效应和短期平衡关系。

工业化进程中矿产资源消费模型在分析能源消费的部分调整扩展模型基础上设立。

假设 1：由于在工业化进程中，长期内不同国家对矿产资源的消费有一定的共性规律，短期内由于不同国家所处发展阶段的经济发展水平、工业化进程以及制度和政策环境不同，所以矿产资源的消费又有一些独特性。

假设 2：工业化进程中人均矿产资源消费量受到当期人均 GDP、当期矿产资源价格，过去时期人均矿产资源消费量、矿产资源价格及人均 GDP 的影响。

模型建立如下：

$$c_{i,t} = \sum_{j=1}^{p} \lambda_{i,j} \, c_{i,t-j} + \sum_{l=0}^{q} \delta_{i,l} \, y_{i,t-l} + \sum_{m=0}^{r} \gamma_{i,m} \, p_{i,t-m} + \mu_i + \varepsilon_{it} \qquad (4-1)$$

其中，$c_{i,t}$ 表示人均矿产资源消费量；$y_{i,t}$ 表示人均 GDP；$p_{i,t}$ 表示矿产资源价格；$\lambda_{i,j}$、$\delta_{i,l}$、$\gamma_{i,m}$ 表示各变量的系数；i 表示国家；t 表示年份；μ_i 表示国别固定效应，代表与时间无关的国别遗漏变量；ε_{it} 表示白噪声。

如果式（4-1）中的所有变量一阶协整，即 I（1）过程，那么白噪声平稳，重新参数化方程式（4-1）可以得到式（4-2）误差修正模型。

$$\Delta c_{i,t} = \Phi_i \left(c_{i,t-1} - \theta_{0,i} - \theta_{1,iy_{i,t}} - \theta_{2,ip_{i,t}} \right) + \sum_{j=1}^{p-1} \lambda_{i,j}^* \Delta c_{i,t-j} + \sum_{t=0}^{q-1} \delta_{i,l}^* \Delta y_{i,t-l} +$$

$$\sum_{m=0}^{r=1} \gamma_{i,m}^* \Delta p_{i,t-m} + \varepsilon_{it} \tag{4-2}$$

其中，括号部分是误差修正项，表示的是变量之间的长期修正关系，参数 Φ_i 表示对长期如果为 0，则变量之间不存在长期均衡关系；如果为负，则表明变量间存在长期均衡关系，且会以 Φ_i 的速度对短期内的非均衡状态进行修正以恢复均衡水平；$\theta_{0,i}$ 表示均衡时的截距项，$\theta_{1,i}$ 表示人均 GDP 的长期效应，$\theta_{2,i}$ 表示矿产资源价格的长期效应。

二、样本选择与数据来源

（一）数据来源

（1）工业化数据样本国家选择以下四个典型工业化国家：英国、美国、德国、日本。数据样本矿产资源选择铁矿石、铜、铅等为代表。

（2）1848～1973 年英国、德国、日本的矿产资源消费量数据来自《主要资本主义国家经济统计集（1848～1960）》和英国地质调查局（British Geological Survey）每年发布的 *Statistical Summary of the Mineral Industry*；1974～2016 年英国、德国、日本的矿产资源消费量数据来自英国地质调查局（British Geological Survey）每年发布的 *World Bureau of Metal Statistics*。

（3）1900～2016 年美国的矿产资源消费量数据来自美国地质调查局（U. S. Geological Survey）。

（4）1848～1960 年英国、美国、德国、日本的人口数据来自《主要资本主义国家经济统计集（1848–1960）》；1961～2016 年美国、英国、德国、日本的人口数据来自《国际统计年鉴》。

（5）英国、美国、德国、日本的人均 GDP 数据来自格罗宁根经济增长和发展中心（GCDC）。

（6）1900～2016 年，美国矿产资源价格数据来自美国地质调查局（U. S. Geological Survey）；1900～2016 年，英国、德国、日本矿产资源价格数据由美国价格数据与四国官方历史汇率数据折算而得。

（二）变量预处理与面板平稳性检验

首先，对因变量矿产资源消费量和自变量人均 GDP 与矿产资源价格取自然对数，自然对数变换可以在不改变原变量间关系的基础上，直观地得出各变量的弹性系数。因此，用 lnc_ore、lncopper、lnlead 分别表示取对数后的铁矿石、铜、铅的人均消费量，用 lngdp 表示取对数后的人均 GDP，用 lnprice 表示取对数后的铁矿石、铜、铅的价格。

其次，在进行实证检验前，需要对各变量进行单位根检验，从而检验面板数据平稳性。常用的检验方法有 LLC 检验、IPS（Im – Pesaran – Shin）检验和 Fisher – ADF 检验三种。鉴于本书涉及的是非平衡面板数据，因此采用费雪式检验（Fisher，1922）。检验结果显示，铁矿石、铜、铅三种矿产资源的原始数据均拒绝存在单位根的原假设，可以采用 PMG、MG 及 DFE 估计法。本书运用 Stata 15.0 进行实证分析。

三、实证检验与结果分析

（一）工业化与铁矿石消费实证分析

从表 4 – 16 中的估计结果来看，运用 MG 估计法和 PMG 估计法时，人均 GDP 和铁矿石价格均未通过检验。而运用 DFE 估计法，从长期来看，铁矿石的人均 GDP 弹性系数为 2.1245，在 1% 的水平上显著，说明人均 GDP 增加 1% 会引起铁矿石消费增加 2.1245%；铁矿石的长期价格弹性系数为 – 1.1797，在 1% 的水平上显著，说明铁矿石价格增加 1% 会引起铁矿石消费减少 1.1797%。

表 4 – 16　典型发达国家铁矿石消费动态面板估计结果

	MG	PMG	DFE
长期			
lngdp	0.002	– 0.01***	2.1245***
	(0.01)	(0.003)	(0.505)
lnprice	– 55.90*	– 13.781	– 1.1797***
	(33.35)	(36.63)	(0.322)
短期			
ec	– 0.221***	– 0.188**	– 0.08***
	(0.062)	(0.077)	(0.017)
D. lngdp	0.075***	0.073***	2.283***
	(0.002)	(0.003)	(0.217)
D. lnprice	159.86**	153.6997**	0.321***
	(64.93)	(66.2034)	(0.107)
_cons	106.99**	97.65**	– 1.01***
	(64.93)	(48.96)	(0.424)
N	412	412	412
n	4	4	4
Log likelihood		– 284.53	

注：括号内是被估计参数的标准差，***、**、*分别表示在 1%、5%、10% 的水平上显著。

（二）工业化与铜消费实证分析

从表4-17中的估计结果来看，运用MG估计法和DFE估计法时，人均GDP和铜价均未通过检验。而运用PMG估计法，从长期来看，铜的人均GDP弹性系数为0.724，在1%的水平上显著，说明人均GDP增加1%会引起铜的消费增加0.724%；铜的长期价格弹性系数为-0.41，在1%的水平上显著，说明铜价格增加1%会引起铜消费减少0.41%。

表4-17　典型发达国家铜消费动态面板估计结果

	MG	PMG	DFE
长期			
lngdp	0.492	0.724***	0.015
	(0.498)	(0.215)	(2.99)
lnprice	0.586	-0.41***	-0.629
	(0.641)	(0.137)	(1.84)
短期			
ec	-0.22**	-0.099**	-0.024
	(0.104)	(0.047)	(0.021)
D. lngdp	1.316**	1.167***	1.304***
	(0.566)	(0.357)	(0.431)
D. lnprice	0.112***	0.167**	0.202**
	(0.04)	(0.357)	(0.1)
_cons	-2.02**	0.166***	-0.087
	(1.376)	(0.093)	(0.439)
N	350	350	350
n	4	4	4
Log likelihood		17.99	

注：括号内是被估计参数的标准差，***、**、*分别表示在1%、5%、10%的水平上显著。

（三）工业化与铅消费实证分析

从表4-18中的估计结果来看，运用MG估计法和PMG估计法时，铅价始终未通过检验。而运用DFE估计法，从长期来看，铅的人均GDP弹性系数为0.524，在1%的水平上显著，说明人均GDP增加1%会引起铅消费增加0.524%；铅的长期价格弹性系数为-0.193，在10%的水平上显著，说明铅价格增加1%会引起铅消费减少1.93%。

表4-18   典型发达国家铅消费动态面板估计结果

	MG	PMG	DFE
长期			
lngdp	0.388 **	-0.001 **	0.524 ***
	(0.198)	(0.0005)	(0.175)
lnprice	-0.109	-1.06	-0.193 *
	(0.067)	(0.657)	(0.127)
短期			
ec	-0.26 ***	-0.135 ***	-0.215 ***
	(0.046)	(0.049)	(0.03)
D. lngdp	1.496 ***	0.004 ***	1.334 ***
	(0.229)	(0.0008)	(0.198)
D. lnprice	0.049	0.097 **	0.067
	(0.04)	(0.116)	(0.06)
_cons	-0.755	-0.038	-0.598
	(0.616)	(0.12)	(0.262)
N	392	392	392
n	4	4	4
Log likelihood		-336.62	

注：括号内是被估计参数的标准差，***、**、*分别表示在1%、5%、10%的水平上显著。

本部分以铁矿石、铅、铜三种矿产资源为代表，在收集美国、英国、德国、日本相关历史数据的基础上，构建了一个非平衡跨国动态面板数据。在上述非平衡跨国动态面板数据中，不仅可以研究工业化进程中经济增长和价格对人均矿产资源消费量的短期影响，还可以研究工业化进程中经济增长和价格对人均矿产资源消费量的长期影响。每个国家短期影响是各有差异的，但长期影响往往是一样的，即尽管每个国家初始禀赋不一样，制度、文化、环境等外生因素不一样，经济在发展过程中所走的路径和速度也不一样，但最终收敛到的终点是一样的。实证结果表明：总体上看，人均GDP的提高会引起矿产资源消费量的增加，人均GDP增加1%会引起铁矿石的消费增加2.1245%、铜的消费增加0.723%、铅的消费增加0.524%，铁矿石作为工业化进程中重要的大宗矿产，铁矿石消费随人均GDP的增长的幅度最大，其次为铜，最后为铅；价格机制对矿产资源消费的影响主要是在长期，且价格变化对这三种矿产资源需求的影响均较小。

本章小结

本章基于国际经验比较的角度，分别以英国、美国、德国、日本四国为例考察了发达国家在工业化的不同阶段的产业结构变动和矿产资源消费总量与结构变化规律。之所以比较发达国家，基于以下两个原因：一是这些国家均是工业大国和强国，且已经完成工业化进程，工业化演进的阶段性特点比较鲜明，对中国这样由工业大国迈向工业强国的后起国家更有参照和借鉴意义；二是新兴工业化国家和地区以及部分发展中国家，工业体系不够完善，工业化演进中的阶段性和结构性特点不够鲜明，而且新兴国家数据连续性、可获得性较差。

首先，本章对发达国家矿产资源消费的总量进行考察。需要特别说明的是，与其他研究不同，本章工作量大，通过以大量的历史数据与工业化历史资料为支撑，对英国近250多年、美国近230年、德国近185年、日本近150年工业化演进过程中的产业变化与多种矿产资源的消费量数据进行分析，丰富了基于发达国家国际经验比较的总量研究规律。通过研究发现，不同国家由于工业化的基础条件、历史进程不同，但在消费结构规律方面呈现出相同的规律特点。其中，人均GDP与人均矿产资源消费量大致都呈现出"缓慢增长—快速增长—到达顶点—趋于下降"的规律性演变趋势，矿产资源消费强度大致呈现出库兹涅茨曲线规律，产业演进的规律呈现协同与一致的特点。但在不同国家、不同发展阶段，这种演变趋势会有差异与独特性，同一种矿产资源，由于各国工业化时代的不同，人均矿产资源消费的峰值顶点、矿产资源消费强度顶点会有分异现象。

其次，本章以铁矿石、铅、铜三种金属矿产资源为代表，以英国、美国、德国、日本四国历史数据为基础，构建非平衡跨国动态面板，研究工业化进程中经济增长和价格对人均矿产资源消费量的短期影响和长期影响。研究结果显示，每个国家短期影响是各有差异的，但长期影响趋于相似，即尽管每个国家初始禀赋不同，制度、文化、环境等外生因素不同，经济在发展过程中所走的路径和速度也不同，但最终收敛到的终点是相同的。实证结果表明：人均GDP的提高会引起矿产资源消费量的增加，对不同金属矿产增加的幅度不同；价格机制对矿产资源消费的影响短期不显著，长期影响不大。

通过对发达国家一般规律的研究，对接下来中国情况的研究具有重要的参考价值。

第五章　中国工业化不同阶段的矿产资源消费研究

　　关于中国工业化的阶段划分有两种观点：一种观点认为，洋务运动标志着中国工业化的开端（赵晓雷，1995；宋正，2013）；另一种观点认为，1953 年，随着第一个五年计划的展开，中国开始了工业化（芮明杰，1993；储成仿，1998）。根据前述工业化的概念，工业化既表现为国民经济生产过程中，大机器生产不仅应用于工业部门，而且还深入推广运用于其他各个生产领域，又表现为伴随着这一工业化的深化发展，整个社会的政治、经济、文化生活等领域都相应发生了深刻的变化。从洋务运动开始，中国近代工业化思想开始萌芽，经历了戊戌变法，到辛亥革命，中国近代工业化思想形成。辛亥革命推翻了两千多年的封建君主专制制度，1917～1919 年，孙中山制定了中国第一个工业化方案《实业计划》，初步确立了中国近代工业化的制度框架和发展蓝图（宋正，2013）。虽然辛亥革命没有直接将中国带入工业化，但却为中国的工业化发展指明了方向。因此，本章以辛亥革命之后的 1920 年为考察起点。

　　按照国内学者在具体评价工业化进程时构造的工业化水平的评价体系中关于产业结构的划分标准（陈佳贵等，2006；黄群慧，2013），可以将 1920～1949 年中华人民共和国成立之前界定为中国前工业化进程的第一阶段；1949 年中华人民共和国成立之后到 1978 年改革开放这段时间，中国经历了传统计划经济体制下的初步工业化阶段，因此将 1949～1978 年界定为中国前工业化进程的第二阶段；1978～1992 年，改革开放以后，中国由封闭的中央集权的计划经济体制走向开放的市场经济体制，这段时期中国第一产业产值小于第二产业产值，但第一产业产值比重大于 20%（见图 5 - 1），因此将 1978～1992 年界定为中国工业化的初期阶段。1993 年第一产业的产值比重首次降到 20% 以下，中国开始了由计划经济体制向市场经济体制的全面转型，顺应全球信息产业和经济全球化的浪潮，中国经济经历了前所未有的增长，本章将这一阶段界定为进入中国工业化的中期阶段。

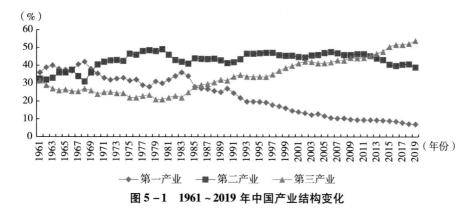

图 5 – 1　1961～2019 年中国产业结构变化

因此，中国的工业化进程可分为四个阶段，分别是 1920～1949 年的近代中国民族工业时期、1949～1978 年传统计划经济体制下工业化道路时期、1978～1992 年中国特色的经济改革工业化初期以及 1993 年至今改革开放后期的工业化时期。

第一节　中国矿产资源消费总量演变

一、近代中国民族工业时期（1920～1949 年）

1840 年鸦片战争，西方列强用炮舰打开了中国的大门。19 世纪后半期中国开始寻求清政府洋务派所谓的"机船矿路"，可以被认为是中国工业化的最早萌芽。因此，与典型发达国家内部自发演化的工业化特点不同，中国的工业化进程最早始于列强入侵的背景下，由外部力量植入。1840 年鸦片战争以后，太平天国运动对封建统治者的沉重打击，前后两次鸦片战争的失败使清政府内外交困。以曾国藩、李鸿章、张之洞为代表的洋务派决心利用西方先进的科技，维护清朝的统治。19 世纪后期清政府发起以"自强"和"求富"为旗号的洋务运动，创办了以枪炮和船舶为主要产业的近代军事工业，1861 年建立安庆内军械所，1865 年建立江南制造总局以及 1866 年建立福州船政局，其中以江南制造总局为规模最大的新式军工企业，采用了机器工业生产方式和雇佣劳动，具有一定的资本主义近代工业的特征；同时，洋务运动还创办了以纺织、矿冶、电信和船舶为主要产业的民用工业，如 1877 年开平煤矿、1872 年轮船招商局及 1890 年张之洞主导建立的汉阳铁厂。近代民族工业在 19 世纪末期得到初步发展。从洋务运动到第一次世界大战前夕，构成中国民族工业发展的第一阶段。

1912～1919 年，辛亥革命后，属于中国近代民族工业的黄金时期。近代中国矿业生产从手工业小生产起步，经历了由传统技术到西方近代技术的转变。早期对铁矿石（俗称"饼铁"）进行冶炼，主要是被加工成农具、木工工具、刀具、锅等生活用具。枪炮与战舰的生产使钢铁消费增加。1890 年（光绪十六年），湖广总督张之洞建立汉阳铁厂，被称为"中国钢铁工业的摇篮"，为近代中国战争提供了枪支、武器和船舶等。第一次世界大战期间，欧洲各国忙于互相厮杀，暂时放松了对中国的经济侵略，使处于夹缝中的中国民族工业得到一次发展的机会，中国铝消费由 1921 年的 32 长吨增长到 1937 年的 3494 长吨（见图5－2），铁矿石消费在 1921～1923 年消费量迅速增加，由 1920 年的 19785 长吨增加为 1921 年的 842438 长吨（见图5－3），铜消费在此期间的消费量保持在30035～36729 长吨（见图5－4）。由于铅是军工的主要原材料，所以在 1921～1934 年其消费量保持在 7000～10000 长吨（见图5－5）。

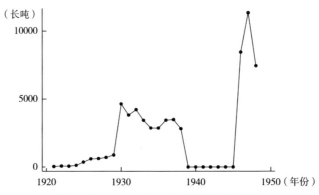

图 5－2　1920～1948 年中国铝消费总量

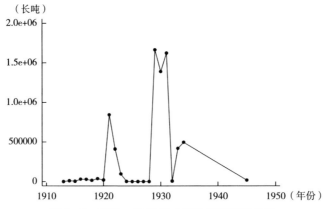

图 5－3　1920～1948 年中国铁矿石消费总量

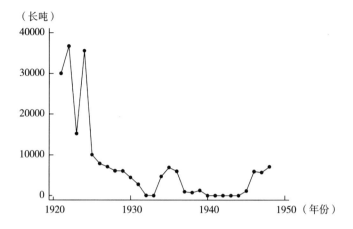

图 5 - 4　1920 ~ 1948 年中国铜消费总量

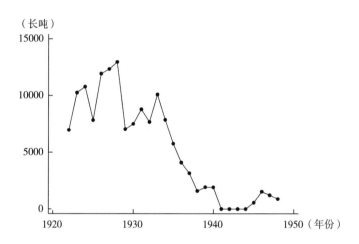

图 5 - 5　1920 ~ 1948 年中国铅消费总量

注：①数据来自英国地质调查局（British Geological Survey）1921 ~ 1949 年发布的 *Statistical Summary of the Mineral Industry*，经生产、进口与出口的数据计算而得。②1940 ~ 1945 年，由于战争原因，中国矿产资源生产、进口与出口的数据缺失，消费数据缺失。

中国铁矿石不仅含铁量高，当时的大冶铁矿开采的铁矿石还富含铜、钴等制造飞机、战舰的重要金属元素。日本由于铁矿石资源贫乏而觊觎中国丰富的铁矿资源，1899 年 3 月，中国与日本签订《煤焦铁矿互售合同》，以日本的煤焦换取大冶铁矿石。日本对中国矿产资源的大肆侵略掠夺，加重了中国人民抗日战争的艰巨性，也大大缩短了中国矿产的开采寿命，使中国工业化发展失去了重要补充。从 1900 年开始掠夺中国铁矿资源起，在长达 45 年的时间内，日本已先后掠夺了铁矿石 4630 万吨，为发动侵略战争制造了大量武器。到 1945 年，中国铁矿及其他资源遭受外国列强掠夺的屈辱历史才正式宣告结束。

铜工业在中国古代秦、唐、宋时期的冶炼技术曾居世界领先地位，1840 年鸦片战争之后由于遭受帝国主义的侵略而趋于衰落，在 1921 年和 1923 年由于洋务运动的兴起，铜消费量曾短暂性增长，但之后由于战争，工业面临全面倒闭的状态，消费量也很低，1933 年仅为 20 吨。1920～1930 年铝的表观消费量很低（无生产和出口数据），日本占领东北三省之后，在抚顺建立了"满洲轻金属制造株式会社"，投产之后以电解铝的生产为主，掠夺中国的铝资源。铅由于其在军火方面的独特使用性能，这段时期在战争中消耗量高于铝和铜，1922～1940 年的年均消费量为 7394 吨。

1850～1949 年，中国经济增长缓慢，工业总体水平低，工业结构落后，如表 5－1 所示。战争时期，国民政府把工业的重点集中在与军事工业有关的工业领域，重化工业、电力工业等资本品工业的发展速度超过了传统纺织工业的发展速度，如表 5－2 所示，但钢铁、电力、煤炭、冶金、机械、化学等重工业发展落后，冶炼业工厂数 1946 年比 1934 年降低了 0.09%（见表 5－3），电力工业大部分只能提供照明用电，不能提供工业生产的动力，钢铁工业在 1933 年大型钢铁企业只有汉阳铁厂，化学工业长期依赖国外进口。因此，工业化仍然停留在工业化起步阶段，轻重工业比例严重失衡且地区分布极不平衡。

表 5－1　1850～1949 年中国经济增长情况　　单位：1936 年币值

年份	1850	1887	1914	1936	1949
国民收入（亿元）	181.64	143.43	187.64	257.98	189.48
人口数（人）	414699	377636	455243	510789	541670
人均收入（元）	43.8	38	41.22	50.51	34.98
时期		1850～1887 年	1887～1914 年	1914～1936 年	1936～1949 年
年均增长（%）		-0.38	0.3	0.92	-2.87

资料来源：宋正. 中国工业化历史经验研究 [M]. 沈阳：东北财经大学出版社，2013：65.

表 5－2　1927～1947 年中国重化工业、电力工业和纺织工业发展比较

行业	产品	1927～1936 年		1938～1945 年		1946～1947 年	
		年均增加值	年均增长率（%）	年均增加值	年均增长率（%）	年均增加值	年均增长率（%）
纺织工业	棉纱（万件）	2.35	1.7	0.64	15.8	16	10.3
	棉布（万匹）	74.8	11.0	3.71	2.4	1042	27.9

续表

行业	产品	1927~1936年		1938~1945年		1946~1947年	
		年均增加值	年均增长率（%）	年均增加值	年均增长率（%）	年均增加值	年均增长率（%）
重化工业	水泥（万吨）	2.48	6.2	0.3	10.4	43.4	148.5
	煤（万吨）	78.33	5.8	7.71	1.5	33	10.7
	酸（吨）			46.85	11.9	13645	108.9
	钢（吨）			2476.28	53.6	47300	301.2
电力工业	电力（万度）	6042	14.4	1758	15	16	10.3

资料来源：宋正.中国工业化历史经验研究［M］.沈阳：东北财经大学出版社，2013：65.

表5-3 近代中国民族工业时期行业工厂数变化 单位:%

行业	1934年	1946年	+/-
食品工业	16.11	9.84	-
纺织行业	33.91	32.88	-
冶炼业	3.35	3.26	-
交通用具制造业	2.27	1.42	-
化学工业	9.58	12.38	+
金属制造业	2.97	6.55	+
机械工业	5.99	6.73	+
电工器材制造业	2.27	3.93	+

资料来源：方书生.近代中国工业体系的萌芽与演化［J］.上海经济研究，2018（11）：123.

二、中华人民共和国成立后传统计划经济体制下工业化阶段（1949~1978年）

中华人民共和国成立初期，中国刚刚结束长达十多年的战乱，满目疮痍、积贫积弱，工业十分落后。1953年中国第一个五年计划的制定，标志着中华人民共和国工业化的开始。中华人民共和国的工业化是以国家工业化为中心，实行高度集中的计划经济体制，借鉴苏联"优先发展重工业"的发展模式。这一时期奠定了中国的工业基础，形成了比较全面的工业体系，同时在面临西方封锁与中苏交恶的国际环境与国内对"文化大革命"的反思与计划经济体制的困惑中跌撞前行。1949~1978年，工业总产值年均增长11.3%，重工业产值增长了390.6倍，年均增长16.9%，产值较轻工业的增长率高5.9个百分点，工业产值中重工业的占比由 1952 年的 35.5% 增至 1978 年的 56.9%，燃料、机械和军工等部门优先发展（见表 5 - 4）。1952 年，中国工业总产值占社会总产值的比重为 34.4%，到 1978 年占比已上升为 61.9%，经过近 30 年的建设，在 1980 年全国的基本建设中工业投资占比达到 54%，而其中对冶金、煤炭、电力、机械、化学等重工业领域的投资在工业投资中的占比为 89%。

表 5 - 4　1952～1978 年工业化阶段下轻、重工业产值比重　　　　单位:%

年份	1952	1957	1962	1965	1970	1975	1978
轻工业	64.5	55.0	47.2	51.6	46.1	44.1	43.1
重工业	35.5	45.0	52.8	48.4	53.9	55.9	56.9

资料来源：武力，温锐.1949 年以来中国工业化的"轻、重"之辨［J］.经济研究，2006（9）：41.

　　这段时期的工业化是在计划经济体制下单纯依靠政府强力推动的优先发展重工业的工业化，具有以增加资源要素投入为途径的粗放型工业化特点，因此，这段时期不仅开始了对自然资源的大规模开发，而且经过近 30 年艰难的自主发展，中国建立了矿产资源从教育、科研、勘探、设计到矿产开采、冶炼及加工等较为完整的工业体系，基本满足了中华人民共和国成立后国防和经济建设最低限度的迫切需要。

　　中华人民共和国成立后 30 年的初步工业化，使中国建立起一个独立的、比较完整的工业体系和国民经济体系，奠定了社会主义现代化建设的物质和技术基础，为下一阶段的工业化起飞创造了有利的条件。从矿产资源消费数据来看，1949～1978 年传统计划经济体制下工业化道路时期精炼铜、铝、铅、锌的消费量比起近代已经有所增长，铜消费量由 1948 年的 7088 吨增长到 1978 年的 40.8 万吨；铝消费量由 1948 年的 1948 吨增长到 1978 年的 44.7 万吨；铅消费量由 1948 年的 881 吨增长到 1978 年的 18.9 万吨，锌消费量由 1948 年的 1.01 万吨增长到 1978 年的 19.4 万吨（见图 5 - 6 至图 5 - 9）。总体来看矿产资源消费总量的增长呈现出相同的趋势和阶段性。1952～1960 年，中华人民共和国成立后重点对国防以及冶金、煤炭、电力、机械、化学等重工业积极开展建设，这段时期铅、锌的增长幅度要大于铜、铝的增长幅度，总体呈现稳步增长的态势；1961～1963 年由于"大跃进"运动和自然灾害导致的经济停滞，矿产资源消费总量急剧下降；受"文化大革命"影响，1966～1976 年中国经济呈现负增长，工业增长率和劳动生产率严重下滑，在总结了"大跃进"、人民公社化运动和"反右倾"斗争沉痛历史教训之后，经济逐步恢复，矿产资源消费量以每年 5% 的平均消费速度缓慢增加。

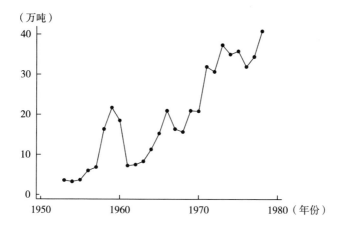

图 5 - 6　1953 ~ 1978 年中国精炼铜消费总量

资料来源：中国有色金属工业协会. 新中国有色金属工业 60 年 ［M］. 长沙：中南大学出版社，2009.

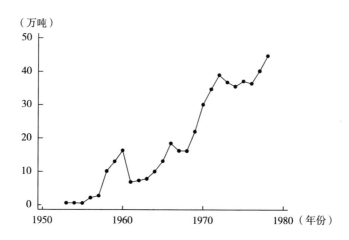

图 5 - 7　1953 ~ 1978 年中国铝消费总量

资料来源：中国有色金属工业协会. 新中国有色金属工业 60 年 ［M］. 长沙：中南大学出版社，2009.

三、中国特色的工业化结构调整阶段（1978 ~ 1992 年）

1978 年改革开放到 1992 年这段时间，中国由封闭的中央集权的计划经济体制走向开放的市场经济体制。具体表现为在保持原有计划经济体制的前提下，工业化战略转变为强调轻工业优先发展，引入市场机制，市场主体多元化，资源可以以计划和市场两种方式优化配置，工业结构失衡的状况得到大幅度改善。

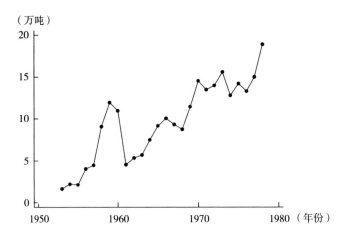

图 5 - 8   1953 ~ 1978 年中国铅消费总量

资料来源：中国有色金属工业协会. 新中国有色金属工业 60 年［M］. 长沙：中南大学出版社，2009.

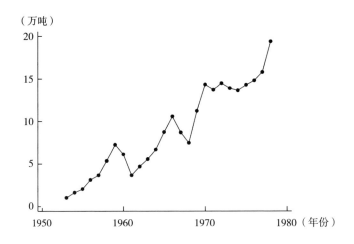

图 5 - 9   1953 ~ 1978 年中国锌消费总量

资料来源：中国有色金属工业协会. 新中国有色金属工业 60 年［M］. 长沙：中南大学出版社，2009.

这段时期的中国工业化发展的特点是：①三次产业比例关系有了明显改善，第一产业在 GDP 中的比重呈现持续下降的态势，同时内部结构逐步改善，第二产业比重在 40% ~ 50% 不断波动。②工业内部结构迅速变化。这段时期重工业和轻工业比例趋于协调，轻工业尤其是纺织工业快速发展，产业结构在一定程度上得到优化。重工业产值比重由 1978 年的 56.9% 上升到 1991 年的 51.1%，轻工业产值比重由 1978 年的 43.1% 上升到 1991 年的 48.9%（见表 5-5）。③工业结构在不断优化的同时，工业化速度不断提高。工业增加值由 1979 年的 1607 亿元上升到 1991 年的 8087 亿元，1980~1990 年，制成品出口由 90 亿美元增加到 557 美元。④轻重工业在协调的基础上互动发展。重工业为轻工业提供机器设备及工业原材料，轻工业开拓的市场反过来增加了对重工业产品的需求。

表 5-5　1978~1991 年中国轻重工业产值比重　　　　单位:%

年份	1978	1979	1980	1981	1982	1983	1984
轻工业	43.1	43.7	47.2	51.5	50.2	48.5	47.4
重工业	56.9	56.3	52.8	48.5	49.8	51.5	52.6
年份	1985	1986	1987	1988	1989	1990	1991
轻工业	47.1	47.6	48.2	49.3	48.9	49.4	48.9
重工业	52.9	52.4	51.8	50.7	51.1	50.6	51.1

资料来源：武力，温锐.1949 年以来中国工业化的"轻、重"之辨 [J]. 经济研究, 2006 (9)：41.

到 1991 年，中国度过了工业化的初期，初步建立了较为完整的工业体系，从中华人民共和国成立算起，这一时期中国花了 42 年（如果加上前工业化阶段，自 1920 年开始计算，则花了 71 年）。同样的这一工业化历程，美国用了 80 年，日本则用了 40 年（董志凯，2009）。

1978 年党的十一届三中全会之后，我国矿业很快扭转了"文化大革命"带来的被动局面，进入了全面整顿和改革开放探索的时期。1983 年中国有色金属工业总公司成立以后，为了适应工业发展的需要，在能源供应充裕地区、资源丰富地区和沿海集中消费地区分别发展了矿产资源的生产和加工企业，中国矿业发展的格局开始形成。从矿产资源消费数据来看，铜、铝、铅、锌消费量总体呈不断上升趋势（见图 5-10 至图 5-13）。铜消费由 1978 年的 40.8 万吨增长到 1991 年的 78.7 万吨，年均增长率为 5.18%；铝消费由 1978 年的 44.7 万吨增长到 1991 年的 86.8 万吨，年均增长率为 5.23%；铅和锌的平均增长率分别为 1.9% 和 5.56%。

四、中国特色的工业化中后期阶段（1992 年至今）

1991 年以后，中国开始着力构建社会主义市场经济的基本框架，从计划经济走向市场经济，从封闭经济走向开放经济，快速融入世界工业化的全球经济体系。虽然中国的改革和开放是"渐进式"的，但这段时期中国工业化表现为经济

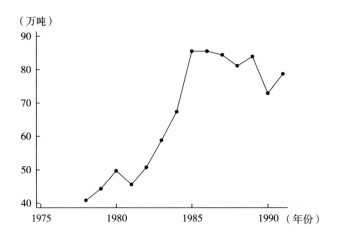

图 5 – 10　1978～1991 年中国精炼铜消费总量

资料来源：中国有色金属工业协会. 新中国有色金属工业 60 年 ［M］. 长沙：中南大学出版社，
2009.

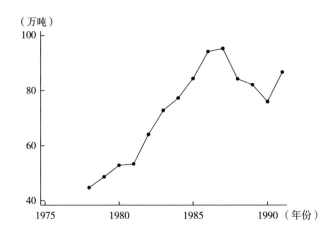

图 5 – 11　1978～1991 年中国铝消费总量

资料来源：中国有色金属工业协会. 新中国有色金属工业 60 年 ［M］. 长沙：中南大学出版社，
2009.

规模的巨大扩张，呈现出急速"压缩式"的演进趋势。从经济总量看，2009 年
中国超过日本成为世界第二大经济体，之后中国经济总量稳步攀升，2017 年国
内生产总值（GDP）827122 亿元；人均 GDP 由 1980 年的 313 美元增加到 2017
年的 8836 美元，增长了 27.23 倍。改革开放以来，中国工业增加值比重始终在
40% 以上，产业结构中三次产业增加值比 1991 年为 24.5∶41.8∶33.7，进入工业

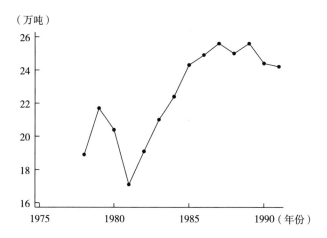

图 5 - 12　1978 ~ 1991 年中国铅消费总量

资料来源：中国有色金属工业协会．新中国有色金属工业 60 年［M］．长沙：中南大学出版社，2009.

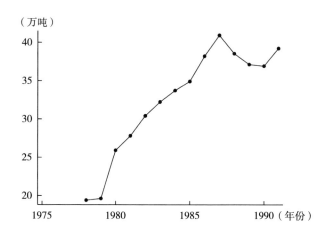

图 5 - 13　1978 ~ 1991 年中国锌消费总量

资料来源：中国有色金属工业协会．新中国有色金属工业 60 年［M］．长沙：中南大学出版社，2009.

化中期以后，2013 年工业增加值比重首次超过第三产业，到 2019 年三次产业增加值比为 7.1∶39∶53.9。在经济结构调整不断迈出新步伐的同时，中国的经济发展方式也从规模速度型的粗放式增长转向质量效率型的集约式增长，经济运行质量不断提高。1961 ~ 2019 年中国产业结构历史演变如图 5 - 14 所示。

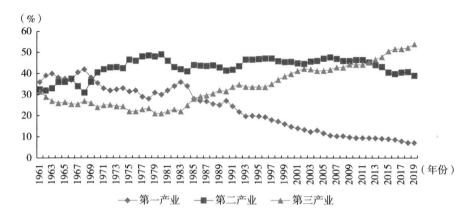

图 5 - 14　1961 ~ 2019 年中国产业结构历史演变

资料来源：中华人民共和国国家统计局．中国统计年鉴［M］．北京：中国统计出版社，1961 - 2017.

　　从产业层面看，进入 20 世纪 90 年代，随着中国经济以 GDP 9% ~ 10% 的年增长率发展，建材产业、汽车产业、钢铁产业、电子信息、航空航天、石油化工和电力等产业对矿产资源的需求大幅增长。1991 年以来，矿产资源消费量强劲增长，以钢铁消费为例，钢铁消费稳中有增，从 1990 年的 6887.7 万吨增长到 2000 年的 1.39 亿吨，铜的消费量由 1990 年的 72.9 万吨增长到 2000 年的 192.81 万吨，年均增长率约为 10.2%，铝、铅、锌的消费量年均增长率均保持在 10% 以上（见图 5 - 15 至图 5 - 20）。进入 21 世纪，矿产资源消费量更是呈现出旺盛的增长势头，中国钢铁消费在 2003 年占全球钢铁消费的 25%，2016 年则上升至 49.6%，钢铁消费在 2013 年达到峰值 7.67 亿吨。自 2001 年至今中国已经连续成为世界上最大的铜消费国，铅、锌消费量也已经成为世界增长速度最快的国家，其中精炼铅的消费量自 2004 年、锌的消费量自 1998 年已连续位居世界第一。

　　2016 年，全球经济艰难复苏，全球矿业经济仍旧在低谷徘徊，典型工业化国家与中国在铜、铝、铅、锌等主要金属矿产资源消费如图 5 - 21 所示，可以看到，中国因处于工业化中期阶段，矿产资源消费显著高于典型发达国家，全球铜、铝、铅、锌消费格局以中国为主导，以铜为例，中国铜消费的主要下游行业是电力电缆、电子电气、机械制造、建筑业和交通运输业。中国电力改革电网建设的快速增长使铜的消费显著增加，与此同时，美国政府对基础建设领域投资的预期，也增加了对铜的需求，德国工业的强大和制造业的"领头羊"地位使其金属矿产资源的消费位列第三，之后是日本，最后是英国。

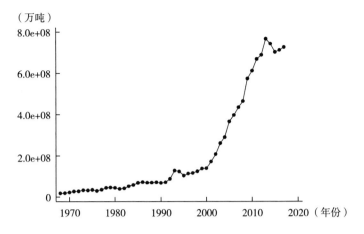

图 5 – 15 1968 ~ 2016 年中国钢消费量

资料来源：①中国有色金属工业协会. 新中国有色金属工业 60 年 ［M］. 长沙：中南大学出版社，2009；②中国有色金属工业协会. 中国有色金属工业年鉴（2017）［M］. 北京：中国有色金属工业年鉴出版社，2018.

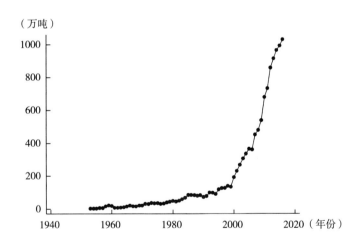

图 5 – 16 1953 ~ 2016 年中国精炼铜消费量

资料来源：①中国有色金属工业协会. 新中国有色金属工业 60 年 ［M］. 长沙：中南大学出版社，2009；②中国有色金属工业协会. 中国有色金属工业年鉴（2017）［M］. 北京：中国有色金属工业年鉴出版社，2018.

　　此外，大宗矿产品以外金属，如镍消费量中国自 2005 年达到 19 万吨，超过日本居世界第一，成为世界上最重要的镍消费市场；镁的消费自 1978 年至今消费量逐年增长，2007 年成为世界第一消费大国。中国钨的消费在 1990 年以前一直徘徊在 8000 吨以下，2008 年钨消费量达到 2.65 万吨，成为世界第一消费大

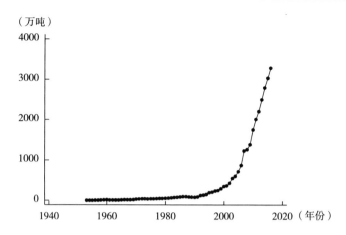

图 5 - 17 1953~2016 年中国铝消费总量

资料来源：①中国有色金属工业协会．新中国有色金属工业 60 年［M］．长沙：中南大学出版社，2009；②中国有色金属工业协会．中国有色金属工业年鉴（2017）［M］．北京：中国有色金属工业年鉴出版社，2018.

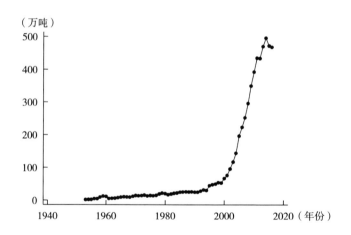

图 5 - 18 1953~2016 年中国铅消费总量

资料来源：①中国有色金属工业协会．新中国有色金属工业 60 年［M］．长沙：中南大学出版社，2009；②中国有色金属工业协会．中国有色金属工业年鉴（2017）［M］．北京：中国有色金属工业年鉴出版社，2018.

国。2015 年以来，国家发展改革委、工信部等多部委陆续出台相关政策推动制造业发展，党的十九大报告指出要加快建设制造强国，加快发展先进制造业促进国内产业向中高端制造转型，因此中国在工业化中后期对矿产资源的消费量将持续增加。

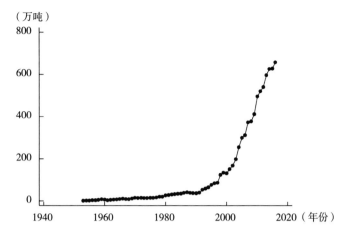

图 5 - 19 1953 ~ 2016 年中国锌消费总量

资料来源：①中国有色金属工业协会．新中国有色金属工业 60 年［M］．长沙：中南大学出版社，2009；②中国有色金属工业协会．中国有色金属工业年鉴（2017）［M］．北京：中国有色金属工业年鉴出版社，2018.

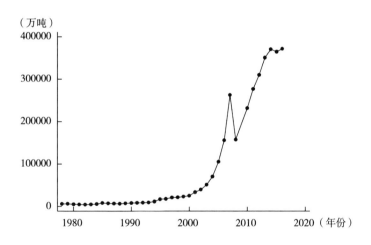

图 5 - 20 1978 ~ 2016 年中国镁消费总量

资料来源：①中国有色金属工业协会．新中国有色金属工业 60 年［M］．长沙：中南大学出版社，2009；②中国有色金属工业协会．中国有色金属工业年鉴（2017）［M］．北京：中国有色金属工业年鉴出版社，2018.

以稀有矿产资源稀土为例，2016 年 12 月，工信部联合国家发展改革委、科技部、财政部制定了《新材料产业发展指南》，对稀土新材料及其下游高端应用的发展提出了指导方向。稀土的消费应用于传统领域和新材料领域两部分。永

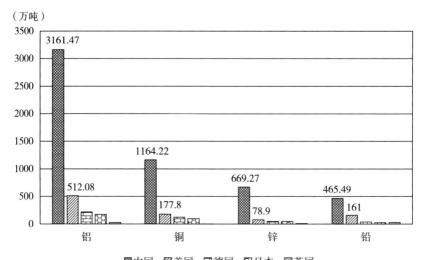

图5-21 2016年大宗金属矿产消费对比

资料来源：中国有色金属工业协会. 中国有色金属工业年鉴（2017）［M］. 北京：中国有色金属工业年鉴出版社，2018.

磁材料是稀土消费应用的最大领域，抛光材料主要应用于液晶玻璃、显示屏、光学器件、电子元件等的抛光，稀土催化材料主要用于石油催化裂化、机动车尾气净化、工业有机废气净化、催化燃烧和固体氧化物燃料电池等方面。由图5-22、图5-23、表5-6可看到，稀土在传统领域的消费应用近些年保持不变，而在新材料领域的消费占比逐年上升。

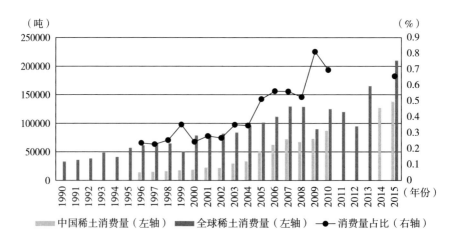

图5-22 1990～2015年全球及中国稀土消费情况

资料来源：中国稀土网，http://www.cbcie.com/14577/0/list.html。

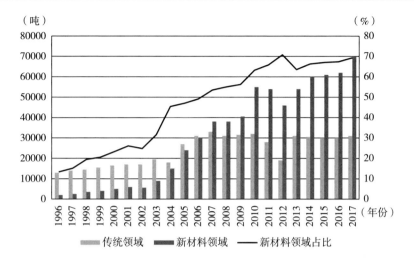

图 5 - 23　1996～2017 年稀土消费应用领域情况

资料来源：1990～2005 年中国产量数据参考：杨斌清，张贤平．世界稀土生产与消费结构分析［J］．稀土，2014（1）；2006～2015 年中国及全球产量数据参考：华创证券．有色弹性分析系列报告之一：稀土 & 永磁［R］；1990～2013 年全球产量及消费量参考：杨丹辉，等．中国稀土产业发展与政策研究［M］．北京：中国社会科学出版社，2015；1997～2010 年中国消费量参考：杨斌清，张贤平．世界稀土生产与消费结构分析［J］．稀土，2014（1）．

表 5 - 6　国内新兴产业和职能制造对钕铁硼的需求　　　　单位：吨

年份	2015	2016	2017	2018E	2019E	2020E	年复合增长率（%）
汽车 EPS	2359	2819	3049	3366	3813	4045	11.39
变频空调	2421	3020	4011	4440	5156	6087	20.25
节能电梯	3010	3259	3423	3592	3758	3926	5.45
风力发电	4182	3552	2859	3574	4053	4729	2.49
智能手机	4548	5278	5552	5830	6051	6281	6.67
VCM	410	402	443	457	475	497	3.92
轨道交通	0	5	187	411	703	1077	283.1
工业机器人	1714	1810	2450	2940	3528	4128	19.22
新能源汽车	1405	2241	2941	4341	6280	9071	45.2
钕铁硼总消费	20049	22387	24915	28949	33817	39841	14.72

注："E"为预测值。

资料来源：中国产业信息网，http：//www.chyxx.com/industry/201712/596061.html.

第二节 中国矿产资源消费结构演变

一、经济增长与矿产资源消费结构

(一) 工业化与矿产资源消费峰值

按照前述的阶段划分，中国经济于 1978 年以后进入工业化初期阶段，之后高速增长，人均 GDP 不断提高，GDP 年增速由 2010 年的 10.4% 下降到 2012 年的 7.7%，再降到 2018 年的 6.6%。GDP 增速的下降趋势并非短期波动，是产业结构转型的进一步深化，是由中国目前所处的经济发展阶段决定的。与发达国家比较，经济增长速度峰值高低和日本相似，这与中国和日本同属于后发型工业化国家有关。中国和日本属于快速工业化国家，工业化进程经历的时间较短，GDP 增速相对较高，平均增速在 9% 以上，峰值出现在人均 GDP 6000 ~ 7500 美元，GDP 增速的峰值为 13% ~ 14% (见图 5 - 24)。但中国工业化 GDP 增速的变化规律与英国、美国和德国缓慢工业化国家存在一定的差异。

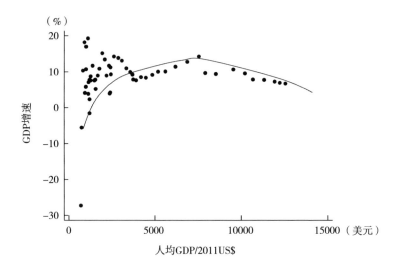

图 5 - 24 中国 GDP 增速随人均 GDP 变化规律

资料来源：英国、美国、德国、日本的 GDP 数据来自格罗宁根经济增长和发展中心 (GCDC)；中国的 GDP 数据来自《中国统计年鉴》(1978 ~ 2019)。

发达国家 GDP 增速的历史经验表明，一个国家的 GDP 增速会随着人均 GDP 的不断增长，呈现出先增长，达到峰值①，后逐步下降的"库兹涅茨"事实（陈其慎等，2015）。英国 GDP 增速的峰值为 9.9%，出现在 1940 年，此时的人均 GDP 为 10716 美元，美国在人均 GDP 为 14175 美元时，GDP 增速出现峰值，为 18.9%，德国与日本 GDP 增速的峰值分别为 12.1% 和 13.06%，人均 GDP 为 11710 美元和 6273 美元（见图 5 – 25 和表 5 – 7）。1953～2017 年中国经济增长与工业化发展水平如图 5 – 26 所示。

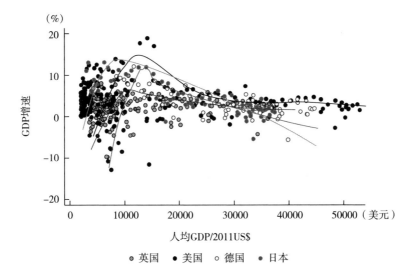

图 5 – 25 英国、美国、德国、日本 GDP 增速随人均 GDP 变化规律

资料来源：《中国统计年鉴》（1978～2018）。

表 5 – 7 各国 GDP 增速峰值与人均 GDP 对应

国家	GDP 增速峰值（%）	出现年份	对应人均 GDP（美元）
英国	9.9	1940	10716
美国	18.9	1943	14175
德国	12.1	1955	11710
日本	13.06	1960	6273
中国	14.23	2007	7563

---

① 注意此处的峰值时数据趋势线的高值区域，不一定是数据的最大值。

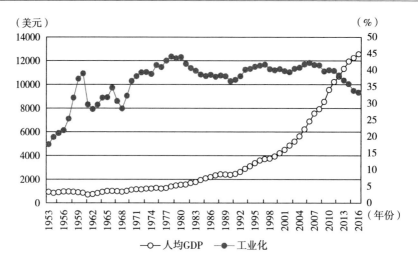

图 5 - 26　1953 ~ 2017 年中国经济增长与工业化发展水平

资料来源:《中国统计年鉴》(1978 ~ 2018)。

中国工业化进程中矿产资源消费总量和消费量呈现如图 5 - 27、图 5 - 28 所示的演变趋势,从图中可以看到,钢铁、铜、铝、铅、锌的消费量呈增长趋势,尤以钢铁消费增长率为最高,并于 2013 年达到顶峰。与典型发达国家类似,钢铁消费量呈现出"缓慢增长—快速增长—到达顶点—趋于下降"的规律性演变趋势,2000 年之前,钢铁消费量缓慢增长,2000 年之后快速增长,增速的拐点

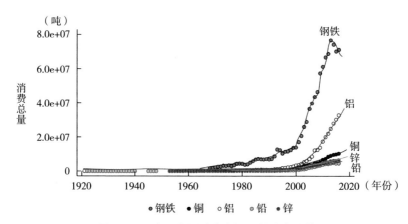

图 5 - 27　中国金属矿产资源总量演变趋势

注:钢的消费量为实际消费量/10。

资料来源:《新中国有色金属工业 60 年》《中国有色金属工业年鉴 2019》;人口数据来源于《中国统计年鉴》。

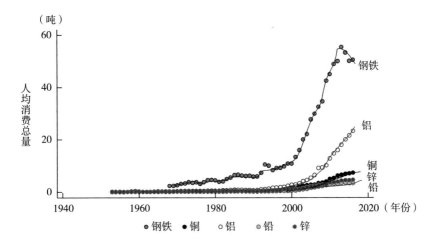

图 5 - 28　中国金属矿产资源人均消费量演变趋势

注：钢的人均消费量为实际人均消费量/10。

资料来源：《新中国有色金属工业 60 年》《中国有色金属工业年鉴 2019》；人口数据来源于《中国统计年鉴》。

出现在 2009 年，2013 年到达消费峰值顶点，之后趋于下降。目前，中国仍是全球钢铁消费量最大的国家，钢铁消费总量占全球消费量的 43%。铝、铜、锌、铅的消费量呈现"缓慢增长—快速增长"的消费趋势，2000 年之前增长速度缓慢，之后快速增长。由于中国工业化尚未完成，这些金属消费量还处于不断增加的趋势，还未达到峰值。

（二）人均 GDP 与人均矿产资源消费演变

与典型工业化国家（英国、美国、德国和日本）近 200 年以来矿产资源消费与工业化进程之间关系一致，中国人均 GDP 与钢铁消费量呈现出"缓慢增长—快速增长—到达顶点—趋于下降"的规律性演变趋势。

1950 年（人均 GDP 在 6000~1000 美元）是中国人均钢铁消费增长的开始。钢铁下游需求主要由建筑、机械、汽车等领域构成，其中建筑占比超过 50%。在工业化的中期阶段，矿产资源消费呈现出快速增长趋势，铁矿石消费增幅加快，全球铁矿石消费主要集中于发达国家，英国在 1957 年（人均 GDP 8857 美元），美国在 1954 年（人均 GDP 10359 美元），德国在 1974 年（人均 GDP 12063 美元），日本在 1979 年（人均 GDP 13163 美元）时，人均铁矿石消费量达到峰值顶点，对应于发达国家的社会基础建设的高峰期。越过这一峰值顶点，发达国家的基础设施建设规模趋于稳定。因此，工业化中期阶段，人均铁矿石消费的峰值点集中于人均 GDP 9000~13000 美元。此后，标志着进入后工业化阶段，人均铁矿石消费逐渐减少。中国铜、铝、铅、锌的人均消费量处于缓慢增长的过程，预计在工业化后期的某一阶段会陆续达到峰值点（见图5-29）。

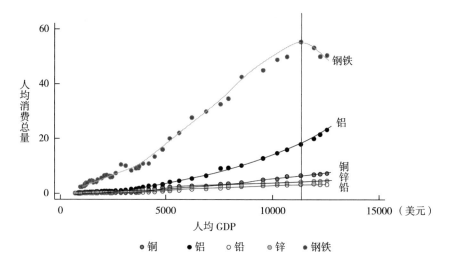

图5-29 中国人均矿产资源消费量与人均GDP的关系

注：钢的人均消费量为实际人均消费量/10。

资料来源：《新中国有色金属工业60年》《中国有色金属工业年鉴2019》；人口数据来源于《中国统计年鉴》。

（三）工业化与矿产资源强度演变

不同国家在不同的发展阶段上，矿产资源消费强度有着不同的变化趋势。前文对典型发达国家矿产资源消费强度演变规律的研究表明，从时间和发展程度（人均GDP）看，典型工业化国家矿产资源消费强度呈现出库兹涅茨工业化模式（Kuznets，1985；Galli，1998）倒"U"形变化规律，即随着工业化进程的推进，矿产资源消费强度逐步上升，并陆续达到顶点，之后持续下降。英国、美国、德国铁矿石消费强度的顶点集中于人均GDP 3000~5000美元，日本铁矿石消费强度的顶点到来的时间较晚，位于人均GDP 10000美元左右。由图5-30可知，中国铁矿石消费强度的顶点位于人均GDP 9000美元左右，与日本类似，中国的工业化进程也属于压缩式工业化，粗放式的经济增长方式使矿产资源的利用效率较低。

由前面的分析可知铜消费强度的顶点所处的人均GDP水平比较靠后且比较离散。美国铜消费强度顶点位于人均GDP为8205美元时，日本则在人均GDP为11433美元、英国在人均GDP为12383美元、德国在人均GDP为17299美元时铜消费强度达到顶点。由图5-31可以看到，中国铜消费强度尚未达到顶点，处于倒"U"形曲线的爬坡阶段。

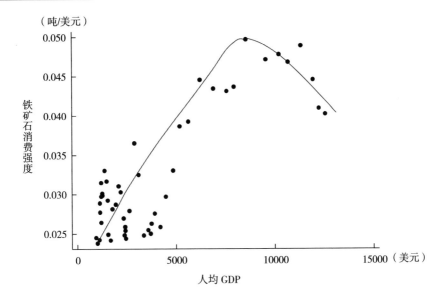

图 5 – 30　中国铁矿石消费强度与人均 GDP 的关系

资料来源：《中国钢铁工业年鉴》《中国有色金属工业年鉴 2019》。

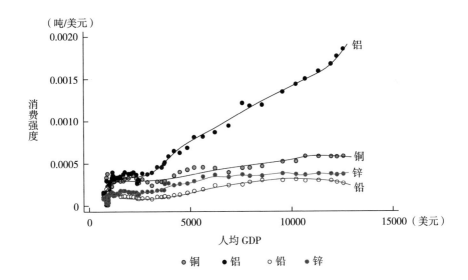

图 5 – 31　中国矿产资源消费强度与人均 GDP 的关系

资料来源：中国有色金属工业协会、《新中国有色金属工业 60 年》《中国有色金属工业年鉴 2019》。

　　典型发达国家德国、英国、美国和日本铅消费强度顶点分别在人均 GDP 为 3941 美元、5138 美元、6282 美元和 7983 美元，呈现库兹涅茨倒 "U" 形曲线形状。由图 5 - 31 可知，中国铝、锌消费强度尚未达到顶点，处于倒"U"形曲线的爬坡阶段，铅消费强度于 2011 年出现阶段性峰值后，近几年消费强度略有下降，是否为库兹涅茨倒"U"形曲线的顶点依赖于未来中国铅消费量的大小与人均 GDP 的关系。

由于不同矿产资源性质与用途的不同，矿产资源消费强度达到顶点的位置（时间）有差异，这与金属的特性和国家发展阶段以及经济结构的梯次递进有着密切关系。因此，可以得出的结论是中国矿产资源消费强度铁矿石和钢铁已经呈现出库兹涅茨倒"U"形曲线形状的前半段，已经在 2013 年达到峰值；其他金属矿产资源仍旧处于库兹涅茨倒"U"形曲线的爬坡阶段。

二、产业发展与矿产资源消费结构

（一）工业化占 GDP 比重规律

由图 5 - 32 可以看到，发达国家第二产业占 GDP 的比重呈现出"上升—到达峰值—缓慢下降"的规律，第二产业占比峰值在各国之间存在一定差异，德国和日本作为比英国和美国后起的工业化国家，在整个工业化进程中第二产业占比都明显高于相同发展阶段的英国、美国。如图 5 - 33 和表 5 - 8 所示，中国是典型的压缩型工业化，第二产业占 GDP 比例与人均 GDP 的倒"U"形关系与发达

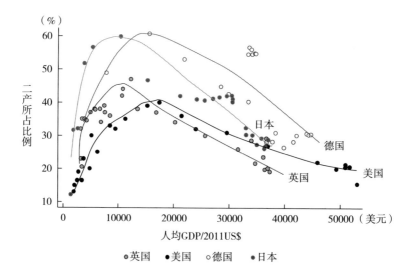

图 5 - 32　英美德日二产占 GDP 比例与人均 GDP 关系

资料来源：英国、美国、德国和日本的人均 GDP 数据来自格罗宁根经济增长和发展中心（GCDC），产业占比数据来自国家统计局国际数据（https：//data.stats.gov.cn/easyquery.htm？cn＝G0104）。

国家不同，表现为上升阶段幅度快，出现峰值时①对应的人均 GDP 水平明显低于发达国家。

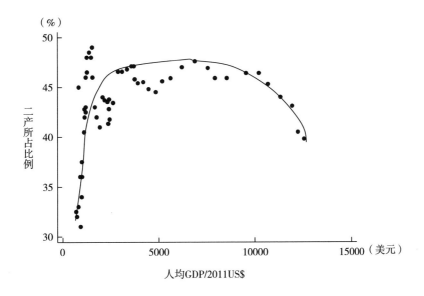

图 5－33　中国第二产业占 GDP 比例与人均 GDP 关系

资料来源：英国、美国、德国和日本的人均 GDP 数据来自格罗宁根经济增长和发展中心（GCDC），产业占比数据来自国家统计局国际数据（https：//data. stats. gov. cn/easyquery. htm? cn = G0104）。

表 5－8　各国工业占比与人均 GDP 对应

国家	第二产业占比（%）	出现（年份）	对应人均 GDP（美元）
英国	50.0	1955	12298
美国	42.0	1960	17370
德国	60.7	1965	15565
日本	59.9	1969	9273
中国	47.6	2007	6890

资料来源：英国、美国、德国和日本的人均 GDP 数据来自格罗宁根经济增长和发展中心（GCDC），产业占比数据来自国家统计局国际数据（https：//data. stats. gov. cn/easyquery. htm? cn = G0104）。

（二）产业发展与矿产资源消费

不同产业的发展需要以相应的矿产资源消费为基础支撑，随着工业化的推

---

① 注意此处的峰值时数据趋势线的高值区域，不一定是数据的最大值。

进，主要产业的发展经历了产值不断增长的过程，与之相对应，矿产资源的消费也呈现出相似的轨迹。由图5－34可以看到，钢铁消费与固定资产投资（这里用建筑业房屋建筑竣工面积指标）有一定的趋势一致性，1991～1993年，固定资产投资连续三年高速增长，钢消费增长率在1993年达到24.1%，螺纹钢价格也由1700元/吨上升至4000元/吨。1994年，宏观经济过热，通货膨胀率过高，强硬的宏观紧缩政策出台使固定资产投资增长率进入了平缓期，2000年开始，宏观经济景气的局面使得固定资产投资增长率又不断提高，大规模的钢铁投资，从图5－34和图5－35中可以看到，固定资产投资和钢消费有一定的增长趋势一致性，两者均在2014年达到峰值。

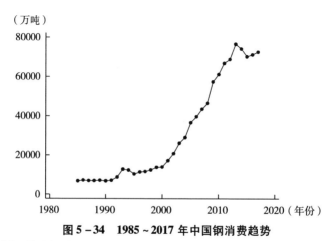

图5－34　1985～2017年中国钢消费趋势

资料来源：《中国统计年鉴》（1986～2018），世界钢铁协会《钢铁统计年鉴》（1986～2018）。

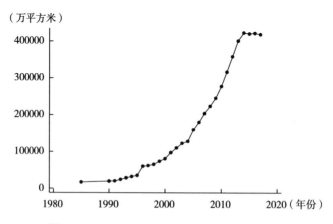

图5－35　1985～2017年中国建筑业发展趋势

资料来源：《中国统计年鉴》（1986～2018），世界钢铁协会《钢铁统计年鉴》（1986～2018）。

除钢铁以外的大宗矿产如铜、锌、铅、铝等均与行业发展有着较高的趋势一致性。2017 年电力行业电线电缆对铜的需求达到 57.72%，电力行业增加值与铜的消费在某种程度上也有着相似的发展趋势，由于在冰箱、空调等家电的冷凝器和导热管都要用到铜，空调制冷行业消费占比为 15%，交通运输行业（主要是船舶、汽车、飞机和交通运输设备的电路系统）对铜的消费占比为 9.42%，建筑业（主要是建筑物散热器、燃气系统和给排水系统）对铜的消费占比为8.16%。锌消费 60% 在镀锌应用，因此锌消费与镀锌行业的发展具有较好的一致性，由于镀锌的耐腐蚀性好，除传统的汽车、房地产、基础建设等主要应用领域外，地下管道、装配式住宅对镀锌板的需求未来会增长（见图 5-36 至图 5-41）。

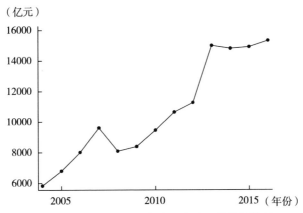

图 5-36　2004~2017 年中国电力工业发展趋势

　　资料来源：电力工业数据来自《中国统计年鉴》（2005~2018）；汽车销量数据、新能源汽车销量数据来自中国汽车工业协会（http://www.caam.org.cn/）；铜、镁、锌、锂及镀锌行业数据来自中国金属网（http://www.metalchina.com/），《中国有色金属工业年鉴》（2006~2018）以及安泰科研究中心历年金属市场分析报告。图 5-37 至图 5-41 同此来源。

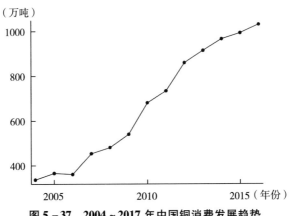

图 5-37　2004~2017 年中国铜消费发展趋势

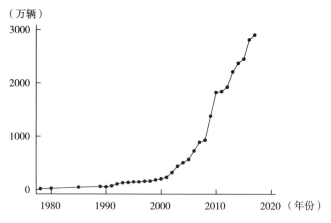

图 5-38 1979~2017 年中国汽车销量趋势

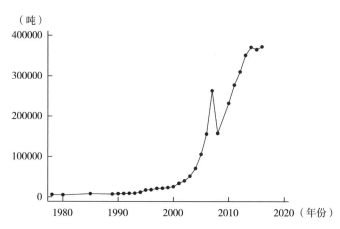

图 5-39 1979~2017 年中国镁合金消费趋势

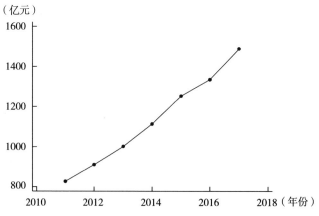

图 5-40 2011~2017 年中国镀锌行业发展趋势

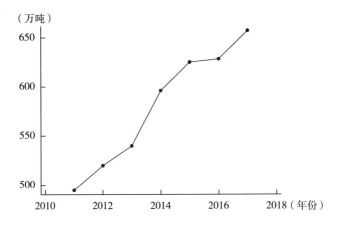

图 5 - 41　2011 ~ 2017 年中国锌消费趋势

由表 5 - 9 可知, 中国精铅消费 85% 以上用于铅酸电池生产, 电动自行车、电动摩托车、电动汽车以及通信行业的较快发展, 使铅的消费增速较快, 2014年以后锂离子新型电池替代应用、绿色环保低碳倡导发展使铅的消费小幅萎缩。2017 年精炼锡 50.1% 用于电子消费, 主要终端领域为汽车电子、手机、电脑、智能机器人等智能设备 (20.9%), 空调、电视等家电 (12.9%), 其他焊料合计 (13.2%)。锂的下游应用主要为电池行业、医药行业和新材料行业。从 2011年开始, 随着补贴政策的大力支持, 新能源汽车迅猛发展, 出现了爆发式的增长（见图 5 - 42 至图 5 - 44）, 进一步刺激动力锂电池 (磷酸铁锂电池和三元电池)应用增加, 动力锂电池拉动锂消费迅猛增长, 手机、平板电脑、笔记本电脑等电子产品主要为消费锂电池 (钴酸锂电池)。目前来看, 传统电子产品市场锂电池应用趋于饱和。

表 5 - 9　中国主要矿产资源消费及与相关产业关系

矿产资源种类	下游产业（或产品）	2017 年消费占比（%）	矿产资源种类	下游产业（或产品）	2017 年消费占比（%）
铜	电力电子	57.72	钢	建筑	53
	空调制冷	15		机械	19
	交通运输	9.42		汽车	8
	建筑	8.16		能源	5
铝	建筑	32.3	镍	不锈钢	84
	电子电力	15.6		电镀	6
	交通运输	12.7		合金	5

续表

矿产资源种类	下游产业（或产品）	2017年消费占比（%）	矿产资源种类	下游产业（或产品）	2017年消费占比（%）
铅	铅酸电池	85	镁	压铸制品	34
	铅合金、铅材	7		镁铝合金	29
	氧化铅	4		金属还原	14
锌	镀锌	60	钨	硬质合金	49
	压铸锌合金	15		钨钢	28
	氧化锌	12		钨材	17
	黄铜	9		钨化工	6
	电池	3			
锡	锡焊料（电子消费）	50~60	钴	电池	59
	镀锡板	20		高温合金	15
	锡化工	20		硬质合金/金刚石	7
	其他	10		陶瓷/催化剂	8
锂	电池	70	钼	机械结构用钢	39
				不锈钢	20
	玻璃、润滑、冶金、医药等	30		化工	14
				高速钢	10
稀土	永磁材料	44	锰	钢铁	95
	催化净化	6			
	荧光材料	8			
	抛光材料	6			

资料来源：笔者依据北京安泰科2017年金属分市场评述及展望的数据整理得到。

与美国和日本相对比来看（见表5-10），中国在铅、锌、镍、钨、钼、锂、锰金属的第一消费领域与发达国家是相同的，不同的矿产有铜、稀土等。以铜为例，美国铜消费的第一领域为房屋建筑业，日本为机械行业，中国则为电力行业。对稀土而言，美国稀土消费65%用于催化剂，中国则44%用于永磁材料。以钨为例，三国虽第一消费领域相同，但占比却有显著差别，占比的背后在于钨产业竞争力以及钨的产业链下游应用。中国在硬质合金的应用比例为49%，与日本75%、美国60%的占比差距明显，轧制品应用领域在美国使用比例高达20%，中国仅为11%。中国仅在生产特种钢和合金方面有一定的优势，中国钨金属资源的深加工和高端应用受制于本国工业化发展阶段及原材料工业的总体水平（见图5-45和图5-46）。

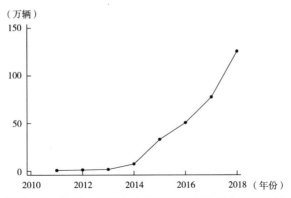

图5-42 2011~2017年中国新能源汽车行业发展趋势

资料来源：中国产业信息网（http：//www. chinaidr. com/tradenews/2018-05/120190. html）中的2017年中国新能源汽车行业发展概况分析。

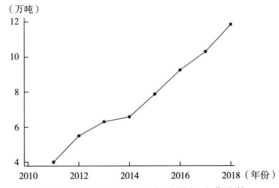

图5-43 2011~2017年中国锂消费趋势

资料来源：中国产业信息网（http：//www. chinaidr. com/tradenews/2018-05/120190. html）中的2017年中国新能源汽车行业发展概况分析。

图5-44 2011~2020年中国新能源汽车产量及预测

资料来源：中国产业信息网（http：//www. chinaidr. com/tradenews/2018-05/120190. html）中的2017年中国新能源汽车行业发展概况分析。

表5-10   美国、日本和中国主要矿产第一消费领域占比对比   单位：%

矿种	美国	占比	日本	占比	中国	占比
铜	建筑	44	机械	30	电力/电子	58
铝	建筑	23	运输	44	建筑	32
铅	电池	90	电池	86	电池	85
锌	镀锌	80	镀锌	49	镀锌	60
镍	不锈钢	45	不锈钢	80	不锈钢	84
镁	耐火材料	35	铝合金	52	压铸制品	34
钨	硬质合金	60	硬质合金	75	硬质合金	49
锂	电池	31	电池	60	电池	70
钴	高温合金	48	不锈钢	38	电池	59
钼	合金	72	炼钢	57	炼钢	39
锰	冶金	76	高碳钢	56	钢铁	95
稀土	催化剂	65	抛光	26	永磁	44

资料来源：①USGS：http：//www.usgs.gov/minerals/；②JOGMEC：Japan oil, Gas and Metals national Corporation. http：//www.jogmec.go.jp；③中国产业信息网：http：//www.chyxx.com/industry/。

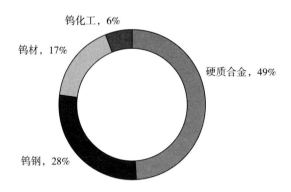

图5-45   2017年中国钨下游消费结构

资料来源：中国金属网，http：//www.metalchina.com/；CBC 中国钨网，http：//www.cbcie.com/69932/0/list.html，通过整理计算得到。

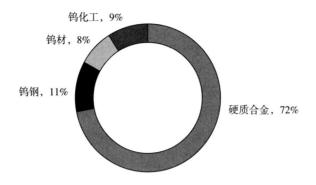

图 5 - 46　2017 年日本的钨下游消费结构

资料来源：中国金属网，http：//www. metalchina. com/；CBC 中国钨网，http：//www. cbcie. com/69932/0/list. html，通过整理计算得到。

第三节　工业化中后期中国矿产资源消费 Divisia 因素分解

一、Divisia 因素分解模型及其应用

因素分解模型已经成为分析影响因素的主要实证方法，多用于能源领域与碳排放方面的研究。现有文献主要采用的因素分解方法包括结构因素分解方法（SDA）和指数因素分解方法（IDA）。基于投入产出表的结构分解法，以 Leontief 方程构建对象的影响因素，定量分解为能源强度、能耗结构、最终需求（投资、消费、出口和进口）等多指标乘积。指数分解法在实证研究中主要有 Laspeyres 分解和 Divisia 分解，Laspeyres 指数分解法由于不能忽略残差项，当残差项较大时，意味着结构变量和（或）能源强度变量存在着较大的变动，这较大的残差是否适用于发展中国家的指数分解分析或者是否存在残差项难以解释的问题，都值得探讨，因此直接导致该分解法有着明显的缺陷。Divisia 分解由于能有效解决分解过程中的零值和残差问题而在 20 世纪 80 年代以后逐渐成为能源与碳排放领域的研究热点之一。Divisia 分解法的基本思路是分解目标变量，将各因素变量都看作时间 t 的连续可微函数，通过对时间进行微分的同时，分解出各个效应的变化对目标变量的贡献值。

Divisia 分解法具体包括算术平均迪氏指数分解法（Arithmetic Mean Divisia

Method，AMDI）和对数平均迪氏指数分解法（Logarithmic Mean Divisia Method，LMDI）。其中对数平均迪氏指数分解法是一种完全分解模型，适用于变量不多且涉及时间序列的情况，不需要借助投入产出表，不仅能分解出理论方面更加合理科学的解释因素，且结果不包括无法解释的残差项，实际研究中所得出的结论更加符合实际情况，应用更加广泛，因此该分解方法被大量地应用于能源消费和能源强度的因果分析（Ang and Zhang，1998；Ang，2004，2005）。

Ang 等提出的对数平均迪氏指数分解法（LMDI）具有以下优势：

（1）LMDI 因素分解方法更为合理，因结果不包括无法解释的残差项，使分解结果更有说服力。

（2）LMDI 因素分解方法分为加法分解和乘法分解，两种分解方法之间存在对应关系。对于所有的 k：

$$\Delta V_{tot}/\ln D_{tot} = \Delta V_{x_k}/\ln D_{x_k} \qquad (5-1)$$

（3）乘法分解的结果又有加法特性：

$$\ln(D_{tot}) = \ln(D_{x_1}) + \ln(D_{x_2}) + \cdots + \ln(D_{x_n}) \qquad (5-2)$$

这样乘法分解与加法分解得到的结果可以相互转化。

（4）LMDI 因素分解方法计算的总效应和分部门效应保持一致，即不同的分部门效应综合等于各个部门/区域作用于总体水平上获得的总效应。这使 LMDI 方法更适用于对总体活动的部门（或产业）分解和区域分解，例如能源、碳排放等因素分析。

LMDI 因素分解模型具体步骤如下：

设 V 为由能源表达的总量，在一个时间跨度内有 n 个因素对 V 的变化起作用，每一个 n 对应一个变量，即有 n 个变量，x_1，x_2，$\cdots$，x_n。下标 i 表示总量指标的次级分类，用于进行结构变化的分析。在次级分类的水平上，存在关系：

$$V_i = x_{1,i} x_{2,i}，\cdots，x_{n,i} \qquad (5-3)$$

LMDI 指数分解定义为：

$$V = \sum_i V_i = \sum_i x_{1,i} x_{2,i}，\cdots，x_{n,i} \qquad (5-4)$$

0 年（基准年）总量的变化为：

$$V^0 = \sum_i x_{1,i}^0 x_{2,i}^0，\cdots，x_{n,i}^0 \qquad (5-5)$$

T 年（目标年）总量的变化为：

$$V^T = \sum_i x_{1,i}^T x_{2,i}^T，\cdots，x_{n,i}^T \qquad (5-6)$$

利用乘法分解，将变化率分解为：

$$D_{tot} = V^T/V^0 = D_{x_1} D_{x_2}，\cdots，D_{x_n} \qquad (5-7)$$

利用加法分解，将差分分解为：

$$\Delta V_{tot} = V^T - V^0 = \Delta V_{x_1} + \Delta V_{x_2} + \cdots + \Delta V_{x_n} \tag{5-8}$$

下标 tot 表示总的变化，式（5-8）右边表示每个因素的效应。

在 LMDI 因素分解方法中，式（5-7）及式（5-8）右边对应的第 k 个因素的效应表示为：

$$D_{x_k} = \exp\left[\sum \frac{L(V_i^T, V_i^0)}{L(V^T, V^0)} \ln\left(\frac{x_{k,i}^T}{x_{k,i}^0}\right) \right] = \exp\left[\frac{(V_i^T - V_i^0)/(\ln V_i^T - \ln V_i^0)}{(V^T - V^0)/(\ln V^T - \ln V^0)} \times \ln\left(\frac{x_{k,i}^T}{x_{k,j}^0}\right) \right] \tag{5-9}$$

$$\Delta V_{x_k} = \sum_i L(V_i^T, V_i^0) \ln\left(\frac{x_{k,i}^T}{x_{k,i}^0}\right) = \sum_i \frac{V_i^T - V_i^0}{\ln V_i^T - \ln V_i^0} \ln\left(\frac{x_{k,i}^T}{x_{k,i}^0}\right) \tag{5-10}$$

其中，$L(a, b) = (a - b)/(\ln a - \ln b)$（Aug（2004）定义）。

二、矿产资源消费 Kaya 恒等式的扩展

Kaya 恒等式是由日本教授 Yoichi Kaya 在 1989 年联合国政府间气候变化专门委员会（IPCC）的研讨中提出的，通常用于国家层面上的 CO_2 排放量变化的驱动力因子分析。Yoichi Kaya 教授认为二氧化碳排放主要是由人口、生活水平、能源使用强度和碳排放因子等因素所共同决定的。具体的 Kaya 恒等式表达如下：

$$C = \frac{C}{E} \times \frac{E}{Y} \times \frac{Y}{P} \times P \tag{5-11}$$

$$CE = \frac{C}{E}, \quad EI = \frac{E}{Y}, \quad G = \frac{Y}{P} \tag{5-12}$$

其中，C 表示 CO_2 排放总量，E 表示能源消费总量，Y 为国内生产总值，P 为人口总量。CE 是 CO_2 排放总量与能源消费总量之比，表示 CO_2 排放强度，主要由能源消费结构决定；EI 是能源消费总量与 GDP 之比，表示能源消费强度因素，反映经济对能源的依赖程度，与工业化、经济结构、能源利用率密切相关；G 是 GDP 和人口之比，表示经济规模因素，反映一个国家的人均生活水平；P 表示人口规模因素，反映人口对 CO_2 排放总量的影响。

本书的研究对象为矿产资源消费，主要针对矿产资源消费的影响因素进行分解，对上式进行扩展，可以得到：

$$C = \sum_{i=1}^{3} \frac{C_i}{Y_i} \times \frac{Y_i}{Y} \times \frac{Y}{P} \times P \tag{5-13}$$

$$C = \sum_{i=1}^{3} IU_i \times S_i \times a \times P \tag{5-14}$$

其中，P 为人口；Y 为 GDP；Y_i 为第 i 产业的 GDP；C_i 为第 i 产业的矿产资源消费量；IU_i 为第 i 产业的矿产资源消费强度；S_i 为第 i 产业的 GDP 比例；a 表示人均 GDP。

三、中国矿产资源消费总量 LMDI 分解

（一）矿产资源消费总量 LMDI 分解模型

对数平均迪氏指数分解法（LMDI）的核心思想是将总增量分解为若干个相关的影响因子，量化不同因子对总增量的影响程度，该模型已更多地被应用于碳排放、能源消费、电力消费等影响因素的分解。本部分尝试将 LMDI 法应用于铁、铜等金属矿产资源消费量影响因素的分解，重要的是对于不同的研究对象，要结合研究对象本身的行业特点、消费特征等情况，分解出科学合理的影响因子。本部分采用 LMDI 法对矿产资源消费量的生产效应、结构效应、强度效应三个维度进行因素分解，以铜消费为例探求中国矿产资源消费增长的内因与作用强度。

遵循第一节的分析框架，根据 LMDI 模型，T 年（目标年）和 0 年（基准年）的矿产资源消费差值为总效应，用 ΔC_{tot} 表示，$\Delta C_{tot} = C^T - C^0$。总效应可以分解为三个部分：因生产规模扩大或缩小产生的生产效应，用 ΔC_a 表示；因工业化进程中产业结构变化产生的结构效应，用 ΔC_s 表示；因矿产资源消费强度改变产生的强度效应，用 ΔC_e 表示。

$$\Delta C_{tot} = \Delta C_a + \Delta C_s + \Delta C_e \tag{5-15}$$

其中：

$$\Delta C_a = \sum_{i=1}^{3} L(C_i^T, C_i^0) \ln\left[\frac{a(t)}{a(t-1)}\right] = \sum_{i=1}^{3} \frac{c_i^T - c_i^0}{\ln c_i^T - \ln c_i^0} \ln\left[\frac{a(t)}{a(t-1)}\right] \tag{5-16}$$

$$\Delta C_s = \sum_{i=1}^{3} L(C_i^T, C_i^0) \ln\left[\frac{s_i(t)}{s_i(t-1)}\right] = \sum_{i=1}^{3} \frac{c_i^T - c_i^0}{\ln c_i^T - \ln c_i^0} \ln\left[\frac{s_i(t)}{s_i(t-1)}\right] \tag{5-17}$$

$$\Delta C_e = \sum_{i=1}^{3} L(C_i^T, C_i^0) \ln\left[\frac{e_i(t)}{e_i(t-1)}\right] = \sum_{i=1}^{3} \frac{c_i^T - c_i^0}{\ln c_i^T - \ln c_i^0} \ln\left[\frac{e_i(t)}{e_i(t-1)}\right] \tag{5-18}$$

为更加清晰地反映各因素效应的贡献，定义各因素效应贡献度如下：

$$\eta_a = \frac{\Delta c_a}{\Delta c}, \quad \eta_s = \frac{\Delta c_s}{\Delta c}, \quad \eta_e = \frac{\Delta c_e}{\Delta c} \tag{5-19}$$

其中，η_a、η_s 和 η_e 分别表示人均财富效应贡献度、产业结构效应贡献度和资源消费强度效应贡献度。

（二）中国矿产资源消费 LMDI 分解：以铜为例

本部分以金属矿产资源铜为例，对铜消费总量进行 LMDI 因素分解，试图讨论经济增长、结构变动及效率变动对资源消费总量变动的影响程度。在使用 LM-DI 因素分解方法时，能源矿产资源在各产业之间的消费具有普遍性，通常采用三次产业分类法或者国家统计局年度数据中的"分行业能源消费总量"的产业

分类划分方法，将能源消耗分为农林牧渔业、工业、建筑业、交通运输仓储和邮政业、批发零售业以及其他行业。作为一种大宗有色金属矿产资源，铜资源的消费更具有一些特殊性，消费领域为电力、空调制冷、电子、建筑、交通运输和其他等行业，因此在运用 LMDI 方法进行因素分解时，数据需要一些特殊处理。

1. 数据来源

（1）中国矿产资源数据样本种类选择精炼铜为代表。

（2）精炼铜消费量数据来自中国有色金属工业协会、《新中国有色金属工业60 年》和《中国有色金属工业年鉴 2017》；分行业铜消费量数据来自中国金属网（www. metalchina. com）中安泰科研究中心历年铜市场的分析报告。由于 2006年之前的铜市场分析报告不包括分行业消费的数据信息，因此本部分选择 2006 ~ 2017 年分行业铜消费量数据作为数据来源。

（3）各年生产总值和分行业生产总值数据来自《中国统计年鉴》和中国国家统计局官网统计数据中的年度数据。

2. 中国铜金属消费总量及消费结构分析

作为一种大宗有色金属，铜被广泛地应用于电气、轻工、机械制造、建筑工业、国防工业等领域，在一国工业化过程中发挥着重要作用。由表 5 – 11 可看到，中华人民共和国成立以来，中国工业化进程中铜金属消费总量表现出持续不

表 5 – 11　1953 ~ 2017 年中国精炼铜消费量　　　　　单位：万吨

年份	消费量	年份	消费量	年份	消费量	年份	消费量	年份	消费量
1953	3.59	1966	20.95	1979	44.3	1992	99.3	2005	365.6
1954	3.3	1967	16.37	1980	49.7	1993	99	2006	400.5
1955	3.68	1968	15.66	1981	45.6	1994	91	2007	456
1956	6.03	1969	20.96	1982	50.7	1995	119	2008	490
1957	6.85	1970	20.84	1983	58.8	1996	127	2009	610
1958	16.34	1971	31.88	1984	67.4	1997	127.97	2010	680
1959	21.69	1972	30.68	1985	85.5	1998	139.74	2011	733
1960	18.46	1973	37.5	1986	85.5	1999	134.49	2012	768
1961	7.22	1974	34.95	1987	84.4	2000	192.81	2013	820
1962	7.5	1975	35.8	1988	81.1	2001	230.73	2014	966
1963	8.32	1976	31.9	1989	83.9	2002	268.44	2015	993
1964	11.32	1977	34.4	1990	72.9	2003	306.51	2016	1030
1965	15.26	1978	40.8	1991	78.7	2004	336.39	2017	1074

断增长的趋势。2007～2010 年铜消费增长快速，2009 年增长速率最高，为 24.49%。自 2012 年之后，增长速度逐渐放缓。由工业增加值增长率与铜消费增长率对比图（见图 5-47）可以看到，铜消费增长率的波动幅度要明显大于工业增加值增长率的波动幅度。因此，这部分对铜消费内部的推动因素的研究有着重要的意义。

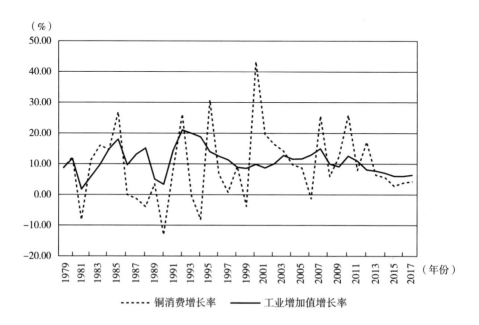

图 5-47　中国工业增加值增长率与铜消费增长率对比

从分行业结构来看，工业中的电力和空调制冷行业是中国铜消费的主要细分行业。如表 5-12 所示，随着电网建设投资额的逐渐加大及空调等产量的增长，自 2006 年以来，电力行业对铜的消费最多，均在 40% 以上，至 2018 年达到 52.42%，其次在交通运输、电子、建筑业对铜的消耗较多，其他产业对铜的消耗较少，因此将其并入"其他"类别，同时将电力、空调制冷、电子合并入"工业"，对表 5-12 合并之后的分行业生产铜消费结构如表 5-13 所示。

表 5-12　分行业生产铜消费结构（a）　　　　　单位：万吨

年份	电力	空调制冷	电子	建筑业	交通运输	其他
2006	165	72.4	34.5	32.1	45	51.5
2007	184.6	84.4	36.4	34.6	48.7	67.3

续表

年份	电力	空调制冷	电子	建筑业	交通运输	其他
2008	214	81	37.6	42.7	52	62.7
2009	294	80	45	59	62	70
2010	314	99	51	64	75	77
2011	339	114	54.5	68	77	80.5
2012	363	116	57	70	79	83
2013	395	124	60	72.5	82.5	86
2014	470.8	150.7	69.2	82	94.7	98.6
2015	493.8	151.9	70	81.9	95.5	99.9
2016	523.5	154.5	71	84	97	100
2017	540	171	74	88	99	102
2018	552.0	182	77.0	93	103	110

表5-13　分行业生产铜消费结构（b）　　　单位：万吨

年份	合计	工业	建筑业	交通运输业	其他
2006	400.5	271.9	32.1	45	51.5
2007	456	305.4	34.6	48.7	67.3
2008	490	332.6	42.7	52	62.7
2009	610	419	59	62	70
2010	680	464	64	75	77
2011	733	507.5	68	77	80.5
2012	768	536	70	79	83
2013	820	579	72.5	82.5	86
2014	966	690.7	82	94.7	98.6
2015	993	715.7	81.9	95.5	99.9
2016	1030	749	84	97	100
2017	1074	785	88	99	102
2018	1117	811	93	103	110

3. 中国铜金属消费量变动影响因素分解

以2006年为基期，运用LMDI模型对2007～2017年中国铜金属消费进行因素分解得到人均GDP、产业结构、资源消费强度的逐年效应和累积效应分别如表5-14和表5-15所示。同时，得到各因素累积效应分解图和贡献度分别如

图 5 - 48 和图 5 - 49 所示。由表 5 - 14 和图 5 - 49 可知，以 2006 年为基期，2017
年中国铜消费的结构累积效应和效率累积效应为负值，规模累积效应为正值。这
表明，按照累积效应、产业结构变动和资源消费强度对铜消费量的增加具有一定
的负影响；人均 GDP 的变动对铜消费量的增加具有正影响。从贡献度来看，工
业化中后期人均 GDP 累积效应贡献度是最大的，2017 年规模效应对铜消费量累
积增量有 134.31% 的拉动贡献；产业结构和资源消费强度因素的累积效应贡献度
为负值，对铜消费累积增量分别有 - 14.62% 、19.69% 的贡献。

表 5 - 14　铜消费影响因素分解各因素逐年效应　　　　单位：万吨

年份	总效应	规模效应	结构效应	效率效应
2007	55.5	89.0163	- 5.0302	- 28.4861
2008	34	77.7011	- 2.1138	- 41.5874
2009	120	64.3236	- 12.8731	68.5495
2010	70	102.7595	0.0931	- 32.8526
2011	53	107.1267	- 1.7966	- 52.3301
2012	35	67.4748	- 11.3298	- 21.1450
2013	52	75.3934	- 13.7873	- 9.6062
2014	146	107.0999	- 14.9417	53.8418
2015	27	55.0159	- 25.8245	- 2.1914
2016	37	66.3694	- 15.1743	- 14.1950
2017	44	92.3287	4.3059	- 52.6346

表 5 - 15　铜消费影响因素分解各因素累积效应　　　　单位：万吨

年份	总效应 ΔC_{tot}	规模效应 ΔC_a	结构效应 ΔC_s	效率效应 ΔC_e
2007	55.5	89.0162	- 5.0302	- 28.4861
2008	89.5	166.7174	- 7.1440	- 70.0735
2009	209.5	231.0410	- 20.0171	- 1.5240
2010	279.5	333.8005	- 19.9240	- 34.3766
2011	332.5	440.9272	- 21.7206	- 86.7067
2012	367.5	508.4021	- 33.0504	- 107.8520
2013	419.5	583.7956	- 46.8377	- 117.4580
2014	565.5	690.8954	- 61.7794	- 63.6160
2015	592.5	745.9113	- 87.6039	- 65.8074
2016	629.5	812.2807	- 102.7780	- 80.0024
2017	673.5	904.6094	- 98.4724	- 132.6370

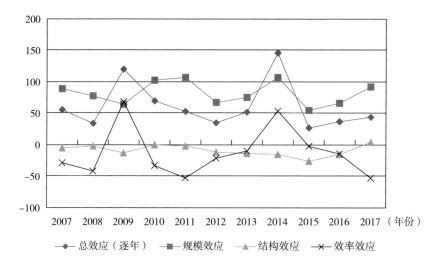

图 5 – 48　2007～2017 年中国铜消费逐年效应分解

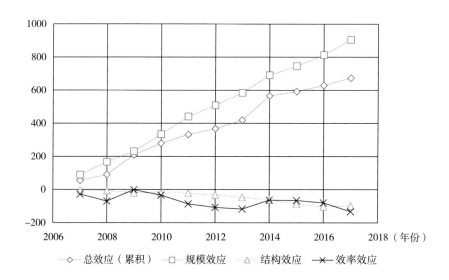

图 5 – 49　2007～2017 年中国铜消费累积效应分解

　　在工业化中后期这一阶段，人均 GDP 增加是铜消费量增加的最主要拉动因素。这由表 5 – 14 和表 5 – 15 可以看到，无论是逐年效应还是累积效应，规模效应一直为正值，且数值很大，规模效应贡献度也很大，表明人均 GDP 增加对铜消费量增加具有很强的拉动作用。

　　总体来看，在这一阶段内，产业结构效应和消费强度效应一直为负值，说明结构效应和效率效应对铜消费量的增长主要起抑制作用。从图 5 – 49 中可以看到各效应的累积效应值，2007～2014 年，效率效应对铜消费的抑制作用更大一些；2014～2017 年，结构效应对铜消费的抑制作用更大一些（见图 5－50）。结构效应的这种负向调节作用，说明产业结构的变动抑制了中国铜消费的增加。由表 5－16 可以看到，2006～2017 年中国工业 GDP 占比逐年下降，可见工业 GDP 占比逐年下降对铜消费增长具有一定的抑制作用。主要原因在于：产业结构的优化升级，工业 GDP 占比逐年下降，服务业相对制造业占比的不断增大，以及制造业内部由粗放型向精细型的发展，这些因素抑制着对铜的消费。就贡献度而言，产业结构逐年效应贡献度的绝对值在各因素中相对较低，说明在中国工业化中后期阶段，产业结构变化对铜消费的影响主要为负向调节，且这种负向调节的力度自 2014 年逐年增大。

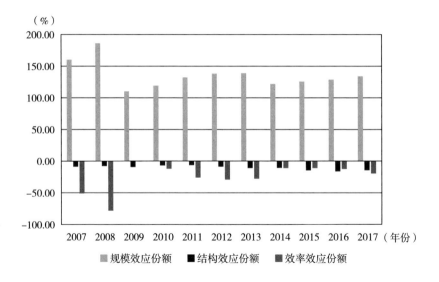

图 5－50　2007～2017 年中国铜消费各因素效应贡献度

表 5－16　产业结构变动情况　　　　　　　　单位：%

年份	工业	建筑业	交通运输业	其他	总产值
2006	42.03	5.67	5.55	46.74	1
2007	41.33	5.68	5.40	47.58	1
2008	41.23	5.89	5.12	47.76	1
2009	39.56	6.50	4.73	49.21	1
2010	39.98	6.60	4.55	48.87	1
2011	39.88	6.73	4.46	48.92	1

续表

年份	工业	建筑业	交通运输业	其他	总产值
2012	38.66	6.83	4.40	50.11	1
2013	37.35	6.87	4.38	51.40	1
2014	36.31	6.97	4.43	52.29	1
2015	34.32	6.77	4.42	54.49	1
2016	33.34	6.68	4.45	55.53	1
2017	33.85	6.73	4.45	54.97	1

资源消费强度逐年效应有所波动，2007年、2008年为负值，2009年为正值，2010~2013年为负值，2014年为正值，2015~2017年为负值，这一变化趋势与铜的消费强度变化趋势一致。2006~2017年分行业铜消费强度如图5-51所示，中国铜消费强度呈现震荡下降态势，工业、建筑业与交通运输业对铜的消费强度与总消费强度基本一直保持同方向变化，2006~2008年铜的消费强度呈下降趋势，2008~2009年上升，2010~2013年呈现下降趋势，2014年有所上升，2015~2017年则一直下降。可见，铜的总消费强度、工业铜消费强度提高，将促进铜消费的增加，铜的总消费强度、工业铜消费强度降低，则抑制铜消费的增加。就贡献度而言，2017年铜消费强度效应贡献度绝对值大于结构效应绝对值，对铜消费具有一定的影响。从技术角度看，这一系数的降低反映了这一时期相关产业生产技术不断提高，单位产品的铜用量不断降低。

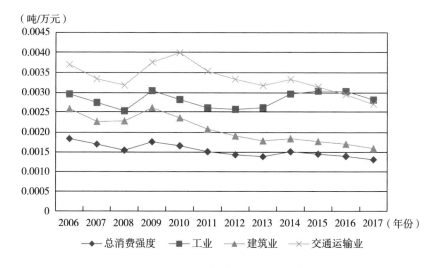

图5-51　2006~2017年分行业铜消费强度

由以上分析可以得出，中国工业化中后期阶段，导致铜消费量变化的主要原因为规模效应变化，人均 GDP 增加是铜消费量增加的主要拉动因素，产业结构变化在这一时期对铜消费的影响主要为负向调节作用，且这种负向调节的力度自 2014 年逐年增大。

本 章 小 结

本章考察中国在不同工业化阶段消费总量和消费结构的变化规律，重点对工业化中后期中国铜矿产资源总量进行了 Divisia 因素分解。本章首先回顾了中国工业化阶段的变化，依据国内学者构造的工业化水平的评价体系中关于产业结构的划分标准，将中国工业化进程分为四个阶段，即近代民族工业化阶段（1920～1949 年）、传统计划经济体制下初步工业化阶段（1949～1978 年）、中国特色工业化结构调整阶段（1978～1992 年）和中国特色的工业化中后期阶段（1993 年至今），分别考察了在不同的工业化阶段中国矿产资源消费的总量变化的特点。其次，本章分别以时间和人均 GDP 为维度，考察了人均 GDP 与人均矿产资源消费量、人均 GDP 与矿产资源消费强度、产业发展与矿产资源消费之间的关系。最后，本章采用 Divisia 因素分解的 LMDI 实证方法，以铜为例，阐释了工业化中后期中国矿产资源增长的内因，对矿产资源消费量从规模效应、结构效应、效率效应三个维度进行因素分解，以探求中国矿产资源消费增长过程中各效应的作用强度。由于无法获得 2006 年之前的铜金属分行业消费的数据信息，因此以 2006～2017 年分行业铜消费量数据作为数据来源，结果发现，中国工业化中后期阶段，导致铜消费量变化的主要原因为规模效应变化，人均 GDP 增加是铜消费量增加的主要拉动因素，产业结构变化在这一时期对铜消费的影响主要为负向调节作用，且这种负向调节的力度自 2014 年逐年增大。

纵观中国持续 30 多年的经济高速增长，工业化的持续推进是矿产资源消费总量与结构变化的主要因素，而矿产资源的大规模消费与持续利用为"压缩型"和"急速性"的工业化进程提供了内在动力。未来在新一轮科技革命和工业革命下，主要工业大国之间围绕战略性矿产资源的竞争将加剧。中国的工业化道路一方面将面临产业结构日趋高级化、新工业革命兴起及绿色化智能化发展、新产业新模式新业态推动经济增长的新旧动能转换，将使战略性矿产资源消费增加；另一方面，中国政府做出的到 2030 年碳排放总量达峰的国际承诺，以及不断深化供给侧结构性改革，对国内钢铁、有色、建材、石化等高排放部门的技术进步和"去产能"形成了强有力的"倒逼效应"，将会延缓大宗矿产资源到达峰值的时间。面对国内外发展环境的重大变化，未来矿产资源消费无论是总量、结构还是消费方式都将经历深刻变革。

第六章 经济增长对矿产资源消费的
动态影响：实证检验

本章主要工作在于刻画工业化过程中经济增长对矿产资源消费的动态影响特征，尝试回答以下两个问题：一是经济增长对不同矿产资源消费的影响特征及其轨迹是什么？二是给定不同矿产资源在不同国家的消费特征及轨迹的条件下，如何详细刻画中国矿产资源消费的影响因素。

第一节 经济增长与矿产资源库兹涅茨曲线

一、研究模型与指标选取

在前面演变规律的基础上，参考国内外学者对环境库兹涅茨曲线的实证研究，为研究既定国家工业化进程中经济增长与矿产资源消费之间的关系，以人均GDP 为自变量，人均矿产资源消费为因变量，建立包含一次项、二次项和三次项的矿产资源消费库兹涅茨曲线回归模型如下：

$$\ln y_t = \alpha + \beta_1 \ln x_t + \beta_2 (\ln x_t)^2 + \beta_3 (\ln x_t)^3 + \mu_t \tag{6-1}$$

式（6-1）中，$\ln y_t$ 为年份 t 时人均矿产资源消费量的对数；$\ln x_t$ 为年份 t 时人均 GDP 对数；α，β_1，β_2，β_3 为模型中待确定的参数；μ_t 为误差项。根据式（6-1）推断及前面章节考察，式（6-1）回归模型沿用简化型这一基准函数形式。根据 Grossman 和 Krueger（1995），简化型模型与估计结构型方程相比，可以告诉我们经济增长对矿产资源消费之间的净影响；同时，由于与矿产资源消费相关的技术状态数据很难获得，且其有效性仍存在疑问。因此，本部分选用简化型模型作为基本函数形式。矿产资源消费与工业化进程的经济增长之间可能存在以下三种曲线关系：线性、"U" 形（倒 "U" 形）和 "N" 形（倒 "N" 形）。

（1）$\beta_1 > 0$ 且 $\beta_2 = \beta_3 = 0$，两者为正向线性关系，原材料 EKC 曲线为直线上升；$\beta_1 < 0$ 且 $\beta_2 = \beta_3 = 0$，两者为反向线性关系，原材料 EKC 曲线为直线下降。

（2）$\beta_1 > 0$，$\beta_2 < 0$ 且 $\beta_3 = 0$，原材料 EKC 曲线为倒"U"形；$\beta_1 < 0$，$\beta_2 > 0$ 且 $\beta_3 = 0$，原材料 EKC 曲线为"U"形。

（3）$\beta_1 > 0$，$\beta_2 < 0$ 且 $\beta_3 > 0$，原材料 EKC 曲线为"N"形；$\beta_1 < 0$，$\beta_2 > 0$ 且 $\beta_3 < 0$，原材料 EKC 曲线为倒"N"形。

二、样本选择与数据来源

本部分样本选择和数据来源如下：

（1）工业化数据样本国家选择以下五个国家，主要典型工业化国家如英国、美国、德国、日本和工业化进程中的中国。数据样本矿产资源种类分别选择传统类型矿产资源铁矿石、铜、铅为代表。

（2）1848～1973 年英国、德国、日本的矿产资源消费量数据来自《主要资本主义国家经济统计集（1848～1960）》和英国地质调查局（British Geological Survey）每年发布的 *Statistical Summary of the Mineral Industry*；1974～2016 年英国、德国、日本的矿产资源消费数据来自英国地质调查局每年发布的 *World Bureau of Metal Statistics*。

（3）1900～2016 年美国的矿产资源消费量数据来自美国地质调查局（U. S. Geological Survey）。

（4）1848～1960 年英国、美国、德国、日本的人口数据来自《主要资本主义国家经济统计集（1848～1960）》；1961～2016 年英国、美国、德国、日本的人口数据来自《国际统计年鉴》。

（5）英国、美国、德国、日本的人均 GDP 数据来自格罗宁根经济增长和发展中心（GCDC）。

三、数据验证与结果分析

（一）数据验证

时间序列可分为平稳时间序列和非平稳时间序列。平稳时间序列是指均值、方差和协方差不随时间推移发生变化的时间序列，其在每个时间点上的随机性服从一定的概率分布；非平稳时间序列是指均值、方差和协方差随时间推移发生变化的序列。

早在 1974 年，Granger 等便指出，很多研究对残差的自相关性没有给予足够的考量。由于宏观数据不稳定，回归标准的显著性检验可能是被误导的。因此，若时间序列非平稳，那么一个变量与另一个随机变量的显著回归关系可能会导致伪回归。因此需要进行一定的假设，并进行单位根检验，来研究变量是否是同阶单整，并在同阶单整的基础上进行协整检验。一组非平稳时间序列若存在协整关系，则表示虽然自变量与因变量的均值、方差及协方差会随着时间的推移发生变化，但是该组数据存在线性组合，使其均值、方差及协方差不会随着时间推移发生变化，在该情况下，时间序列不会出现伪回归。

本部分的数据属于时间序列，其统计规律会随着时间变化，具有非平稳性，因此在对变量进行回归前，先对各组序列进行单位根检验，得到平稳序列及非平稳但单整阶数相同的序列，然后对原始序列非平稳但差分序列满足以下要求的序列进行协整检验，得到平稳或协整的序列，以避免出现伪回归。

本部分对单整阶数考察到二阶，即若序列直至二阶仍不能通过单位根检验，说明该组数据的时间特性非常不稳定，则会将此组数据剔除，以保证结果准确性。

1. 单位根检验

进行协整分析以前，必须先检验变量是否是平稳的。参照时间序列的自相关、偏相关图形，首先对铁矿石的人均消费数据和人均 GDP 进行简单回归判断其数据生成过程可知，两者均为有确定趋势的自回归过程（AR）。根据相关研究证明，若变量的 DPG 为 AR 过程，可选用 ADF 方法进行单位根检验。采用 Dickey–Fuller 的 ADF 检验方法的单位根检验结果，如表 6 – 1 所示。

表 6 – 1 铁矿石库兹涅茨曲线（EKC）拟合参数及结果一

变量	英国	美国	德国	日本	中国
α	23.8964	– 76.5154	– 269.6347	– 203.2993	22.5855
β_1	– 11.0469	16.3406	81.6187	57.3988	– 7.9466
β_2	1.7483	– 0.7087	– 8.0443	– 5.2022	0.9831
β_3	– 0.0825	– 0.0099	0.2641	0.1564	– 0.0341
F – Statistic	25.86	296.57	570.07	3564.9	1038.49
Adjusted R^2	0.2511	0.7279	0.8658	0.9827	0.9835
p	0.828	0.408	0.000	0.000	0.522
检验	未通过	未通过	通过	通过	未通过
形状			倒 "U" 形	倒 "U" 形	

2. 模型估计结果

以铁矿石为例，由表 6 – 1 的统计量及概率值可以看出，五国数据中德国和日本 p 值均小于 0.01，表示在 99% 的置信水平下，两个模型均整体显著；R^2 分别为 0.8658 和 0.9827，表示这两个国家矿产资源消费量的 86.58% 和 98.27% 的对数变动可以由 EKC 模型解释；然而英国、美国和中国未通过检验，且 p 值均大于 0.1，表示在 90% 的置信水平下，三个模型均不显著（见表 6 - 2、图 6 - 1 和图6 - 2）。

表 6 - 2　铁矿石库兹涅茨曲线（EKC）拟合参数及结果二

变量	英国	美国	德国	日本	中国
α	- 72.6843	- 85.0038	- 60.6604	- 101.8426	- 5.3312
β_1	16.6702	19.012	13.5168	21.9139	1.2320
β_2	- 0.8824	- 0.9879	- 0.6805	- 1.1021	0
β_3	0	0	0	0	0
F - Statistic	46.81	433.39	509.30	4030.20	2890.98
Adjusted R^2	0.3747	0.7278	0.8494	0.9811	0.9765
p	0.000	0.000	0.000	0.000	0.000
形状	倒 "U" 形	倒 "U" 形	倒 "U" 形	倒 "U" 形	上升
拐点坐标	(9.4359, 6.4482)	(9.7119, 6.8010)	(10.1010, 6.1778)	(9.9385, 7.0359)	
拐点人均 GDP/美元	12530	16513	24368	20714	
拐点人均矿产 资源消费/千克	631.59	899.55	794.63	1136.82	

为找出英国、美国、中国拟合结果不够理想的原因，发现这三个国家三次项的系数 β_3 均小于 0.1，尝试运用去掉三次项的模型，如下：

$$\ln y_t = \alpha + \beta_1 \ln x_t + \beta_2 (\ln x_t)^2 + \mu_t \tag{6 - 2}$$

由此可得铁矿石库兹涅茨曲线如下：

$$\ln y_{Eng} = - 72.6843 + 16.6702 \ln x_{Eng} - 0.8824 (\ln x_{Eng})^2 \tag{6 - 3}$$

$$\ln y_{Usa} = - 85.0038 + 19.0120 \ln x_{Usa} - 0.9879 (\ln x_{Usa})^2 \tag{6 - 4}$$

$$\ln y_{Ger} = - 60.6604 + 13.5168 \ln x_{Ger} - 0.6805 (\ln x_{Ger})^2 \tag{6 - 5}$$

$$\ln y_{Jpa} = - 101.8426 + 21.9139 \ln x_{Jpa} - 1.1021 (\ln x_{Jpa})^2 \tag{6 - 6}$$

$$\ln y_{Chi} = - 5.3312 + 1.232 \ln x_{Chi} \tag{6 - 7}$$

对以上五组数据的分析结果可以总结如下：

（1）总体上参数回归的结果支持原材料 EKC 假设。在库兹涅茨曲线中，若 $\beta_1 > 0$，$\beta_2 < 0$，且 $\beta_3 = 0$，原材料 EKC 曲线为倒 "U" 形；若 $\beta_1 > 0$，且 $\beta_2 = \beta_3 = 0$，

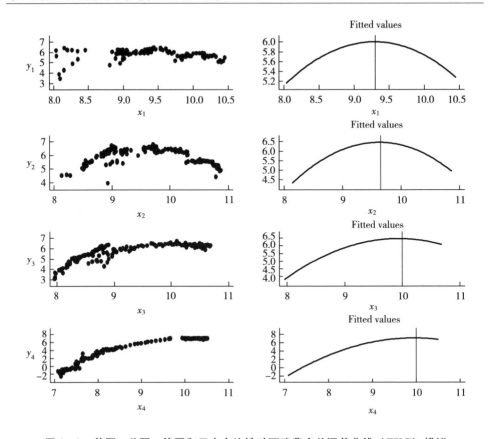

图 6-1　英国、美国、德国和日本人均铁矿石消费库兹涅茨曲线（EKC）模拟

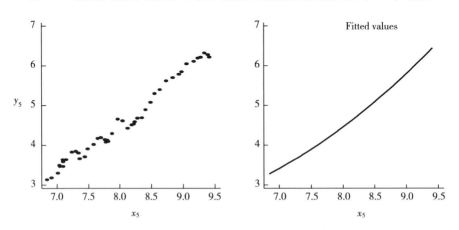

图 6-2　中国人均铁矿石消费库兹涅茨曲线（EKC）模拟

两者为正向线性关系，原材料 EKC 曲线为直线上升。整体而言，英国、美国、

德国和日本在统计期内其经济增长与矿产资源消费呈现倒"U"形的关系，中国经济增长与矿产资源消费呈现直线上升趋势。其中，英国、美国、德国和日本分别在1957年、1954年、1974年和1979年出现倒"U"形曲线，其拐点坐标分别为（9.4359，6.4482）、（9.7119，6.8010）、（10.1010，6.1778）和（9.9385，7.0359）。

（2）倒"U"形曲线拐点处的人均GDP位于1.2万~2.5万元（2011年不变价）。英国、美国、德国和日本四国的人均铁矿石消费量EKC曲线的拐点分别出现在1957年、1954年、1974年和1979年，对应拐点处人均GDP分别为12530美元、16513美元、24368美元和20714美元，基本上可以得出英国在人均GDP超过1.3万美元、美国在人均GDP超过1.7万美元、德国和日本均在人均GDP超过2万美元时，人均铁矿石消费量随着经济增长开始下降。

（3）拐点处人均铁矿石消费量还存在一定的差异，处于600~1200千克。其中英国已经经历了人均铁矿石消费完整的倒"U"形，且处于后期的尾部，顶点位置的人均铁矿石消费量为631.59千克；其次为美国，其经济增长与矿产资源消费目前处于倒"U"形下降阶段的中部，顶点位置人均铁矿石消费量为899.55千克，人均消费量大于英国；第三位为德国，其经济增长与矿产资源消费目前处于倒"U"形下降阶段的中部偏上的位置，顶点位置人均铁矿石消费量为794.63千克；日本经济增长与矿产资源消费目前也处于倒"U"形下降阶段的中部偏上的位置，顶点位置人均铁矿石消费量最高，为1136.82千克。可以看到的是，工业化时间越短的国家，顶点位置的人均铁矿石消费量可能越高；中国因为工业化尚未完成，统计周期相对发达国家较短，未形成完整的倒"U"形，且目前的人均铁矿石消费量为764.71千克。

以铜为例，由表6-3中的统计量及概率值可以看出，五国数据均通过检验，模型整体显著，通过拟合参数的结果只有英国铜金属EKC判断为倒"N"形曲线，美国铜金属EKC为倒"U"形，日本为近似"N"形，德国和中国的曲线形状无法判断（见表6-4、图6-3和图6-4）。

表6-3　金属铜库兹涅茨曲线（EKC）拟合参数及结果一

变量	英国	美国	德国	日本	中国
α	7200.0520	-518.3003	-465.5612	654.0382	-146.0223
β_1	-2269.9	151.7488	142.8194	-210.31	52.0719
β_2	238.0060	-14.7008	0.5077	-22.4683	-6.3047
β_3	-8.2988	0.4732	-465.5612	-0.7954	0.2597
F – Statistic	56.44	96.97	755.51	176.29	313.35
Adjusted R^2	0.6455	0.7220	0.9379	0.9053	0.9370

变量	英国	美国	德国	日本	中国
p	0.000	0.000	0.000	0.000	0.005
检验	通过	通过	通过	通过	通过
可能形状	倒 "N" 形	倒 "U" 形	unkown	近似 "N" 形	unkown

由表 6 - 3 发现美国三次项系数 β_3 均小于 1，德国和中国由于无法根据系数判断形状，尝试运用去掉三次项的模型，如下：

$$\ln y_t = \alpha + \beta_1 \ln x_t + \beta_2 (\ln x_t)^2 + \mu_t \tag{6-8}$$

表 6 - 4　金属铜库兹涅茨曲线（EKC）拟合参数及结果二

变量	英国	美国	德国	日本	中国
α	7200.052	-518.3003	-66.6876	-70.4875	-11.318
β_1	-2269.9	151.7488	12.5409	14.3538	1.4104
β_2	238.006	-14.7008	-0.5662	-0.7074	0
β_3	-8.2988	0.4732	0	0	0
F - Statistic	56.44	96.97	931.43	160.79	828.72
Adjusted R^2	0.6455	0.7220	0.9250	—	0.9304
p	0.000	0.000	0.000	0.000	0.000
形状	倒 "N" 形	倒 "U" 形	倒 "U" 形	倒 "U" 形	上升
拐点坐标	(9.8707, 2.2293)	(10.0226, 2.3973)	(10.4926, 2.8992)	(10.2944, 2.5717)	
拐点人均 GDP/美元	19355	22529	36047	29567	
拐点人均矿产资源消费/千克	9.2938	10.9935	18.1603	13.088	

由此可得金属铜库兹涅茨曲线如下：

$$\ln y_{Eng} = 7200.052 + 2269.6 \ln x_{Eng} - 238.006 (\ln x_{Eng})^2 - 8.2988 (\ln x_{Eng})^3 \tag{6-9}$$

$$\ln y_{Usa} = -518.3003 + 151.7488 \ln x_{Usa} - 14.7008 (\ln x_{Usa})^2 + 0.4732 (\ln x_{Usa})^3 \tag{6-10}$$

$$\ln y_{Ger} = -66.6876 + 12.5409 \ln x_{Ger} - 0.7074 (\ln x_{Ger})^2 \tag{6-11}$$

$$\ln y_{Jpa} = -70.4875 + 14.3538 \ln x_{Jpa} - 0.7074 (\ln x_{Jpa})^2 \tag{6-12}$$

$$\ln y_{Chi} = -11.318 + 1.4104 \ln x_{Chi} \tag{6-13}$$

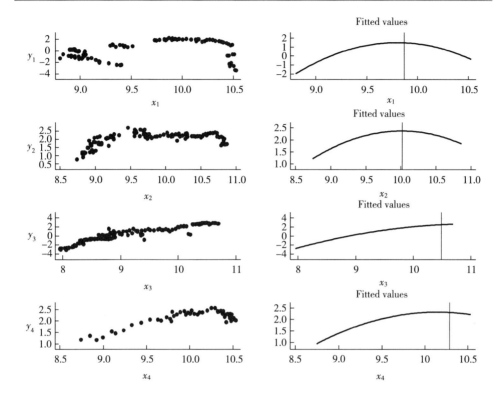

图 6 - 3 英国、美国、德国和日本人均金属铜消费库兹涅茨曲线（EKC）模拟

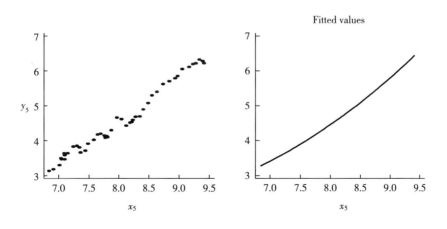

图 6 - 4 中国人均金属铜消费库兹涅茨曲线（EKC）模拟

对以上五组数据的分析结果可以总结如下：

（1）总体上参数回归的结果支持原材料 EKC 假设。在库兹涅茨曲线中，若

$\beta_1 < 0$，$\beta_2 > 0$ 且 $\beta_3 < 0$，原材料 EKC 曲线为倒"N"形；若 $\beta_1 > 0$，$\beta_2 < 0$ 且 $\beta_3 = 0$，原材料 EKC 曲线为倒"U"形；若 $\beta_1 > 0$，且 $\beta_2 = \beta_3 = 0$，两者为正向线性关系，原材料 EKC 曲线为直线上升。整体而言，英国由于 1910～1950 年的金属铜数据呈现或高或低的现象，究其原因可能与第一次世界大战和第二次世界大战对工业用铜的影响导致，故在统计期内其经济增长与矿产资源消费呈现倒"N"形的关系，从图形上看，倒"N"形的后半段部分也是先增加达到顶点后再降低的过程。修正后的数据符合 EKC 假设。美国、德国和日本在统计期内其经济增长与矿产资源消费呈现倒"U"形的关系，中国经济增长与矿产资源消费呈现直线上升趋势。德国数据由于时间跨度较长（1850 年至今），比英国（1905 年至今）多 50 年，因此模型拟合结果较好。其中，英国、美国、德国和日本分别在 1977 年、1966 年、1998 年和 1990 年出现倒"U"形曲线，其拐点坐标分别为（9.8707，2.2293）、（10.0226，2.3973）、（10.4926，2.8992）和（10.2944，2.5717）。

（2）倒"U"形曲线拐点处的人均 GDP 位于 1.9 万～3.6 万元（2011 年不变价）。英国、美国、德国和日本四国的人均金属铜消费量 EKC 曲线的拐点分别出现在 1977 年、1966 年、1998 年和 1990 年，对应拐点处人均 GDP 分别为 19355 美元、22529 美元、36047 美元和 29567 美元，基本上可以得出英国在人均 GDP 超过 1.9 万美元，美国在人均 GDP 超过 2.2 万美元，德国和日本分别在人均 GDP 超过 3.6 万美元和 2.9 万美元时，人均金属铜消费量随着经济增长开始下降。

（3）拐点处人均金属铜消费量还存在一定的差异，处于 9～18 千克。其中英国已经经历了人均铁矿石消费完整的倒"U"形，且处于后期的尾部，顶点位置的人均铁矿石消费量为 9.2938 千克；其次为美国，其经济增长与矿产资源消费目前处于倒"U"形下降阶段的中部，顶点位置人均金属铜消费量为 10.9935 千克，人均消费量大于英国；日本经济增长与矿产资源消费目前也处于倒"U"形下降阶段的中部偏上的位置，顶点位置人均金属铜消费量最高，为 13.088 千克；德国顶点位置人均金属铜消费量为 18.1603 千克，其经济增长与矿产资源消费目前处于倒"U"形下降阶段。可以看到的是，中国因为工业化尚未完成，统计周期相对发达国家较短，未形成完整的倒"U"形，目前的人均铁矿石消费量为 7.3177 千克。

以铅为例，验证经济增长与矿产资源消费之间的库兹涅茨曲线（EKC）关系，由表 6-5 发现，英国、德国拟合结果未通过检验，美国、日本三次项系数 β_3 小于 1，中国三次项系数 β_3 小于 0.1，尝试运用去掉三次项的模型重新拟合，如下：

$$\ln y_t = \alpha + \beta_1 \ln x_t + \beta_2 (\ln x_t)^2 + \mu_t \tag{6-14}$$

表6-5 金属铅库兹涅茨曲线（EKC）拟合参数及结果一

变量	英国	美国	德国	日本	中国
α	10.9484	8.0257	8.7276	8.5688	8.8122
β_1	-2.7954	0.7704	0.0063	1.6626	0.7071
β_2	1.7997	0.309	1.076	0.3522	-0.2227
β_3	-0.3509	-0.0995	-0.2880	-0.4295	-0.0721
F - Statistic	0.64	117.41	71.87	87.25	304.17
Adjusted R^2	0.0192	0.4840	0.7032	0.7505	0.9383
p	0.420	0.000	0.974	0.000	0.000
检验	未通过	通过	未通过	通过	通过
可能形状		unkown		unkown	

由此可得金属铅库兹涅茨曲线如下：

$$\ln y_{Usa} = 8.117 + 0.5782\ln x_{Usa} + 0.2139\left(\ln x_{Usa}\right)^2 \qquad (6-15)$$

$$\ln y_{Jpa} = 8.5913 + 1.1043\ln x_{Jpa} + 0.4527\left(\ln x_{Jpa}\right)^2 \qquad (6-16)$$

$$\ln y_{Chi} = 8.5404 + 0.6693\ln x_{Chi} \qquad (6-17)$$

对以上五组数据（见表6-6、图6-5和图6-6）的分析结果可以总结如下：总体上铅的参数回归结果不支持原材料EKC假设。英国和德国库兹涅茨曲线模拟未通过检验，美国和日本通过了检验，但曲线形状不符合EKC假设图形。在库兹涅茨曲线中，若$\beta_1 < 0$，$\beta_2 > 0$ 且$\beta_3 < 0$，原材料EKC曲线为倒"N"形；若$\beta_1 > 0$，$\beta_2 < 0$ 且$\beta_3 = 0$，原材料EKC曲线为倒"U"形；若$\beta_1 > 0$，且$\beta_2 = \beta_3 = 0$，两者为正向线性关系，原材料EKC曲线为直线上升。以上四国均不符合假设图形。

表6-6 金属铅库兹涅茨曲线（EKC）拟合参数及结果二

变量	英国	美国	德国	日本	中国
α	10.2684	8.1170	8.8528	8.5913	8.5404
β_1	-1.0300	0.5782	0.1463	1.1043	0.6693
β_2	0.3917	0.2139	0.4737	0.4527	0
β_3	0	0	0	0	0
F - Statistic	0.82	168.34	103.06	109.61	618.17
Adjusted R^2	0.0164	0.6368	0.6914	0.7136	0.9088
p	0.307	0.000	0.427	0.000	0.000
检验	未通过	通过	未通过	通过	通过
形状		曲线上升		曲线上升	直线上升

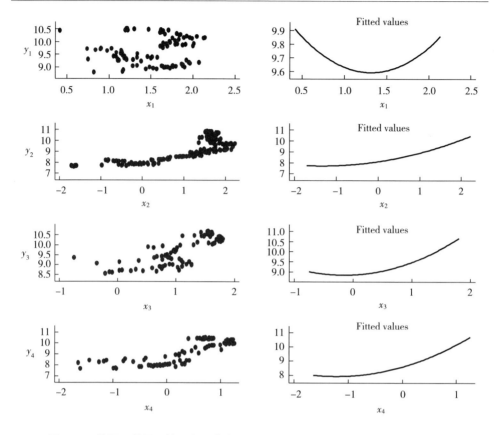

图6－5　英国、美国、德国和日本人均金属铅消费库兹涅茨曲线（EKC）模拟

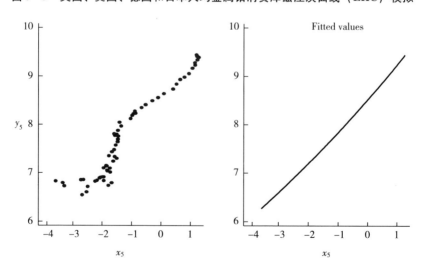

图6－6　中国人均金属铅消费库兹涅茨曲线（EKC）模拟

经拟合后发现，就整体而言，在工业化整个过程中，美国、德国和日本的人均铅消费是随着经济增长缓慢上升的，中国经济增长与矿产资源消费呈现直线上升趋势。

（二）结果分析

与已有研究相比，本部分的主要边际贡献体现在以下几个方面：

第一，在研究对象上，本部分在前文描述性分析的基础上，深入研究了在工业化不同经济增长阶段的矿产资源消费动态影响特征和路径，不仅刻画了不同国家不同经济增长水平下矿产资源消费的变化轨迹，而且刻画出不同国家之间变化轨迹的区别。

第二，在研究结论上，本部分估计出不同国家不同经济增长水平下，经济增长对矿产资源铁矿石、铜、铅消费的影响轨迹。同时发现，发达国家传统矿产（铁矿石、铜）的经济增长对矿产资源消费的影响呈倒"U"形关系，符合原材料库兹涅茨曲线假说；发达国家传统矿产（铅）的经济增长对矿产资源消费的影响不符合原材料库兹涅茨曲线假说；中国在工业化开始到现阶段的传统矿产（铁矿石、铜、铅）的经济增长对矿产资源消费的影响呈直线上升关系，处于原材料库兹涅茨曲线的上升段，尚未达峰。

第二节　基于 STIRPAT 模型的中国矿产资源消费影响因素研究

第一节的研究表明，工业化进程中中国矿产资源消费处于原材料库兹涅茨曲线的上升阶段，经济增长与人均矿产资源消费呈现正相关的关系。那么除了经济增长因素，还有哪些因素会影响到中国矿产资源的消费？本节将深入探讨影响中国矿产资源消费的影响因素。

一、IPAT 模型及扩展的 STIRPAT 模型

IPAT 模型最初由美国斯坦福大学教授埃利希（Paul R. Ehrlich）提出，用于分析人口、经济、技术与环境的关系。模型提炼出人类对自然影响的关键驱动因素，认为自然影响是由人口规模、经济增长和技术水平综合影响的结果。Ehrlich 和 Holdren（1971）、Holdren 和 Ehrlich（1974）、Commoner（1992）等学者参与贡献的传统 IPAT 模型一般恒等式如下：

$$I = P \times A \times T \tag{6-18}$$

式中，I——Impact，代表环境影响，可以用不同的环境指标表示，如大气污染、水污染、自然资源消耗（例如资源消费、能源消费等）、废物排放（例如二氧化碳排放量）等；P——Population，代表人口规模，以人数表示；A——Affluence，代表富裕程度，国际上通常以人均 GDP 表示；T——Technology，代表技术变量，以单位 GDP 形成的环境指标表示，即 T = I/GDP。

IPAT 模型阐释了经济社会发展对自然环境的影响，认为经济社会发展对自然环境的影响（Impact）与人口规模（Population）、富裕程度（Affluence）、技术水平（Technology）紧密相关。IPAT 模型各参数之间存在复杂的相互作用机制，人口数量的增长必然会导致对资源的消费增加，对环境有所破坏；富裕程度即经济发展阶段或工业化进程，影响着人类对自然资源的消费和对环境的破坏程度；技术水平同样影响着人类作用程度。由于 IPAT 模型能够简便可行地描述各因素对环境压力的影响，且设定形式简洁，自出现起就得到了资源、环境经济学领域研究的广泛认可，该模型被广泛地作为分析环境变化驱动因素的模型框架，在实际应用中得到发展（Harrison，1995；Raskin，1995；York et al.，2003）。

在 IPAT 模型框架的基础上，国内外学者提出了 IPAT 的扩展模型：IGT 模型、ImPACT 模型和 STIRPAT 模型。IGT 模型和 ImPACT 模型是在 IPAT 模型的基础上变形而来，前者令 P × A = G，选用基年与标准年之间的资源消耗或环境变化，研究经济增长对环境的积极或消极作用的大小，后者则将 T 分解为单位 GDP 的消耗量（C）和单位消耗量对环境的影响作用（T）。尽管这些变形与扩展简洁直观，但由于将资源消费或环境压力（I）和各影响因素或驱动力（P、A、C、T）之间的关系简单地处理为同比例的线性关系，不允许各影响因素非单调、不同比例地变化，因此不能反映出影响因素变化时资源消费或环境压力的变化程度，同时恒等式两边量纲统一，限制了其他可能影响环境压力或资源消费的社会因素，同时也无法进行假设检验，因此其应用受到极大限制，例如无法解释环境库兹涅茨假说（EKC）。

为了克服以上缺陷，Dietz 和 Rosa（1997）将 IPAT 以随机形式表示，建立了随机回归影响模型（Stochastic Impacts by Regression on Population，Affluence，and Technology，STIRPAT）。STIRPAT 模型是用回归的分析方法度量人口、经济增长、技术对自然环境的随机影响。STIRPAT 模型公式如下：

$$I = aP^b A^c T^d e \qquad (6-19)$$

式（6-19）中，I、P、A、T 与式（6-18）中的含义相同，a 为模型的系数；b、c、d 分别是自变量 P、A 和 T 的指数项（待估参数）；e 是模型误差项。在 *IPAT* 模型中，$a = b = c = d = e = 1$，它是 STIRPAT 模型的特殊形式。STIRPAT 模型是一个多变量的非线性模型，引入 b、c、d 参数使该模型弥补了 I 与各个驱动因素之间呈等比例变化关系的缺陷，可用于分析各个自变量对自然或环境的非比例影响。它既允许将各系数作为参数来估计，也允许对各影响因素进行适当分解（Dietz and Rosa，1997）。因此，在实际应用中，为分析各因素对自然或环境 I 的影响，可以在模型中对因素 T 进一步分解，根据自己的研究对象增加多个变量进行回归分析，增强该模型的实用性。大量文献在上式基础上根据各自研究特点进行相应的改进以开展实证研究（Dietz and Rosa，1997；York et al.，2003）。

随机回归影响模型 STIRPAT 的特点是多变量与非线性。将式（6-19）两边同时取自然对数，得到式（6-20）如下：

$$\ln I = \ln a + b \ln P + c \ln A + d \ln T + \ln e \tag{6-20}$$

以 $\ln I$ 作为因变量，$\ln P$、$\ln A$、$\ln T$ 作为自变量，$\ln a$ 作为常数项，$\ln e$ 作为误差项，对经过处理后的模型进行多元线性拟合。

标准的随机回归影响 STIRPAT 模型提供了一个简单的分解人文因素对环境影响的因果分析框架，依据此可以分析人文驱动因素对环境因素影响作用的大小，而且允许引入其他更多的影响因子用于分析自然环境压力的影响分析，解释变量与被解释变量之间的弹性系数即由方程的回归系数反映。还可以作为预测人文驱动因素等社会因素变化时的环境影响变化。

二、中国矿产资源消费 STIRPAT 模型构建

在 IPAT 模型框架的基础上，York 等（2003）提出了随机回归影响模型（Stochastic Impacts by Regression on Population，Affluence，and Technology，STIRPAT），公式如下：

$$I = a\,P^{b}A^{c}T^{d}e \tag{6-21}$$

将式（6-21）两边同时取自然对数，得到式（6-22）如下：

$$\ln I = a + b \ln P + c \ln A + d \ln T + \ln e \tag{6-22}$$

如果理论上合适，可将式（6-22）中的自变量 $\ln A$ 分解为 $\ln A$ 和 $(\ln A)^{2}$ 两项，即增加人文驱动因素（如代表富裕度的人均 GDP）对数形式的二项式等多项式来验证是否存在倒 "U" 形环境库兹涅茨曲线假说，得到式（6-23）如下：

$$\ln I = \ln a + b \ln P + c_1 \ln A + c_2 (\ln A)^{2} + d \ln T + \ln e \tag{6-23}$$

式（6-23）中，对 $\ln A$ 求一阶偏导数，可得到富裕度对环境影响的弹性系数 EE_{IA} 为：

$$EE_{IA} = c_1 + 2\,c_2 \ln A \tag{6-24}$$

在实际应用中，为分析各因素对自然环境 I 的影响，可以在模型中对因素 T 进一步分解，增加其他控制因素来分析这些因素对 I 的影响，进行回归分析，增

强模型的实用性。如果综合的 T 中有一些可以测量，例如经济结构、贸易能力、管理制度、消费强度等广义的技术因素，就可将式（6-21）中的 T 分解成 T_1，T_2，$\cdots$，T_n 等可解释的技术影响因子，由此，式（6-21）可相应扩展为：

$$I = a\, P^b A^c T_1^d T_2^f e \qquad\qquad (6-25)$$

随机形式的 STIRPAT 模型允许引入其他影响因子分析解释变量和被解释变量之间的弹性关系。本部分将该模型应用于矿产资源消费影响因素分析，由于前文的实证表明，中国矿产资源消费尚处于原材料库兹涅茨曲线的上升阶段，因此，本部分建模无须建立二项式等多项式。

本部分根据中国矿产资源消费影响因素的特殊性对 STIRPAT 模型进行相应的拓展与改进。

在 IPAT 模型中对人口规模（P）、财富指标（A）和技术进步（T）三大要素的评价基础上，进一步扩展引入工业化、城镇化、资源消费强度、技术进步等影响因素，选取 c 为矿产资源消费量；a 为经济增长变量，用人均 GDP 表示；$intr$ 为工业化率，用工业增加值占 GDP 的比重表示；cit 为城镇化率，用非农人口比重表示；$inte$ 为矿产资源消费强度，用单位 GDP 投入的矿产资源数量表示；tec 为技术进步变量，用高新技术产品出口占工业制成品出口的比例表示；$rrice$ 为矿产资源价格（见表6-7）。

可对式（6-25）进行类似式（6-22）的变换。

$$\ln c = a + b\ln a + c\ln intr + d\ln cit + f\ln inte + g\ln tec + h\ln price + \ln e \qquad (6-26)$$

表6-7 变量描述

变量	符号	计算方法	单位
矿产资源消费量	c		10^4 吨
经济增长	a	人均 GDP	元
工业化进程	$intr$	工业增加值占 GDP 比重	%
城镇化率	cit	非农人口比重	%
资源消费强度	$inte$	单位 GDP 投入的矿产资源数量	千克/美元
技术进步	tec	高新技术产品出口占工业制成品出口的比例	%
价格	$price$	SHFE（当月期货）价格计算	元/吨

三、样本选择与数据来源

（1）数据样本矿产资源种类选择铜为代表。

（2）1953～2016 年中国矿产资源消费量数据来自中国有色金属工业协会、

《新中国有色金属工业 60 年》和《中国有色金属工业年鉴 2017》。

（3）1953～2016 年中国的人口、工业增加值、城镇化率数据来自《中国统计年鉴》；人均 GDP 数据来自格罗宁根经济增长和发展中心（GCDC）。

（4）1953～2016 年中国的工业化进程数据用工业化率指标表示，由工业增加值与 GDP 比重计算而得。

（5）1953～2016 年矿产资源的消费强度由资源消费总量与 GDP 的比值计算而得。

（6）1997～2017 年工业制成品数据、2000～2017 年高新技术产品出口数据来源于《中国统计年鉴》（1999～2017），由于统计口径不同，1999 年之前的高新技术出口数据未纳入《中国统计年鉴》，来源于张婧的《我国高新技术产品出口的现状及出口建议》。1980～1996 年工业制成品数据来源于《新中国 50 年统计资料汇编》。

四、模型验证与结果分析

（一）共线性分析

依据第五章对中国矿产资源消费的总量演变分析中对工业化阶段的划分，本部分分 1953～1978 年、1979～1992 年与 1993～2016 年三个区间段对铜消费分阶段进行分析（见表 6-8 至表 6-10）。

表 6-8　相关性检验（1953～1978 年）

	lnc	lna	lnintr	lncit	lninte	lnprice
lnc	1					
lna	0.766	1				
lnintr	0.950	0.623	1			
lncit	0.672	0.115	0.791	1		
lninte	0.986	0.647	0.965	0.767	1	
lnprice	0.749	0.847	0.646	0.216	0.666	1

表 6-9　相关性检验（1979～1992 年）

	lnc	lna	lnintr	lncit	lninte	lnprice	lntec
lnc	1						
lna	0.945	1					
lnintr	-0.855	-0.914	1				

续表

	lnc	lna	lnintr	lncit	lninte	lnprice	lntec
lncit	0.924	0.995	−0.936	1			
lninte	0.784	0.537	−0.469	0.493	1		
lnprice	0.327	0.550	−0.334	0.543	−0.202	1	
lntec	0.898	0.980	−0.943	0.993	0.453	0.515	1

表 6 − 10　相关性检验（1993 ~ 2016 年）

	lnc	lna	lnintr	lncit	lninte	lntec	lnprice
lnc	1						
lna	0.992	1					
lnintr	−0.616	−0.624	1				
lncit	0.991	0.986	−0.592	1			
lninte	0.983	0.952	−0.587	0.970	1		
lntec	0.741	0.785	−0.139	0.717	0.656	1	
lnprice	0.868	0.832	−0.307	0.894	0.896	0.618	1

　　在进行变量之间相关性检验之前，首先对各个变量进行对数化处理，以消除变量之间量纲的影响。本部分模型建立后直接对变量取对数，得到各变量的相关性检验表，由相关性检验系数表可以看到：在 1953 ~ 1978 年的相关性检验表中，变量 lnc 与变量 lnintr 和 lninte，变量 lnintr 与变量 lninte 之间的相关系数较高；在 1979 ~ 1992 年的相关性检验表中，变量 lnc 与变量 lncit 和变量 lntec，变量 lna 与 lncit 和变量 lntec，变量 lncit 与变量 lntec 之间的相关系数均较高；在 1993 ~ 2016 年的相关性检验表中，变量 lnc 与变量 lna，lncit 与 lna，以及 lninte 与 lncit 之间的相关系数均较高。因此，可以判断变量之间存在着高度的相关性，且可能存在严重的多重共线性。

　　为了判断因变量 lnc 与自变量 lnintr、lninte、lncit、lnte 之间，变量 lnintr 与变量 lninte 之间，变量 lncit 与变量 lntec 之间是否存在多重共线性，首先对各个变量进行普通最小二乘法估计（OLS）。如表 6 − 11、表 6 − 12、表 6 − 13 所示，对模型进行普通最小二乘法估计（OLS），经过方差膨胀因子的检验（Variance Inflation Factor，VIF），变量的 VIF 远远高于最大容忍度 10，尤其是在 1978 ~ 2000 年和 2001 ~ 2016 年这两个阶段，说明变量之间存在着严重的多重共线性，普通最小二乘法估计（OLS）的回归系数的可信度较低，不能有效地用于中国铜消费影响因子的解释说明。

表 6 - 11　OLS 回归（1953 ~ 1978 年）

变量	非标准化系数	T 检验	显著性检验	方差膨胀因子
常数项				
C	- 9.210	- 1.4e + 09	0.000	1
经济增长 lna	1	8.9e + 08	0.000	2.281
工业化 $lninst$	0	- 0.55	0.995	28.598
城镇化 $lncit$	0	- 1.33	0.997	113.109
消费强度 $lninte$	1	4.2e + 09	0.000	154.107
价格 $lnprice$	0	- 0.009	0.993	407.336
R^2	1			
Sig.	0.000			

表 6 - 12　OLS 回归（1979 ~ 1992 年）

变量	非标准化系数	T 检验	显著性检验	方差膨胀因子
常数项				
C	- 9.210	1.85e - 07	0.000	
经济增长 lna	0	- 1.560	0.736	489.008
工业化 $lninst$	0	1.65e + 10	0.000	23.729
城镇化 $lncit$	0	1.3e + 09	0.000	1234.000
消费强度 $lninte$	1	- 0.780	0.388	8.735
价格 $lnprice$	0	1.6e + 10	0.000	10.109
技术进步 $lntec$	0	1.3e + 10	0.000	234.989
R^2	1			
Sig.	0.000			

表 6 - 13　OLS 回归（1993 ~ 2016 年）

变量	非标准化系数	T 检验	显著性检验	方差膨胀因子
常数项				
C	- 9.210	- 9.63e - 06	0.000	
经济增长 lna	1	5.85e - 06	0.000	471.654
工业化 $lninst$	0	- 0.021	0.983	6.211
城镇化 $lncit$	0	- 0.020	0.984	397.284
消费强度 $lninte$	1	1.89e + 7	0.000	21.524
价格 $lnprice$	0	- 0.001	0.999	21.368

变量	非标准化系数	T检验	显著性检验	方差膨胀因子
技术进步 lntec	0	0.048	0.962	25.649
R^2	1			
Sig.	0.000			

（二）岭回归结果分析

为了保证上述模型结果的有效性和准确性，克服多重共线性对回归结果的影响，改善传统的最小二乘估计的稳定性与可靠性，采用专门用于共线性数据分析的具有偏估计的岭回归（Ridge Regression）进行模型拟合。岭回归估计作为最小二乘估计的一种改良方法，通过显著改善传统最小二乘估计的均方误差，以损失部分信息为代价，进而增强模型估计的数值稳定性，获得更为可靠的回归系数。通过岭回归函数进行模型拟合，依据岭迹图来选择逐渐平稳时的岭回归系数，如图6-7所示。

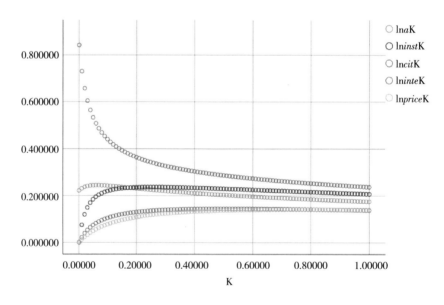

图6-7　铜消费（1953~1978年）岭回归岭迹

由第一阶段（1953~1978年）的岭迹图可以看到，分别取岭参数K从0到1，步长为0.01，选取岭回归系数为0.2时各个解释因子的模型回归系数趋于稳定。

由第二阶段（1979~1992年）的岭迹图可以看到（见图6-8），分别取岭参数 K 从 0 到 1，步长为 0.01，选取岭回归系数为 0.2 时，价格因子（lnprice）当 K 从 0 略微增加时，回归系数趋于零，剔除这一因子变量，其他解释因子的模型回归系数趋于稳定，有较好的岭回归结果。

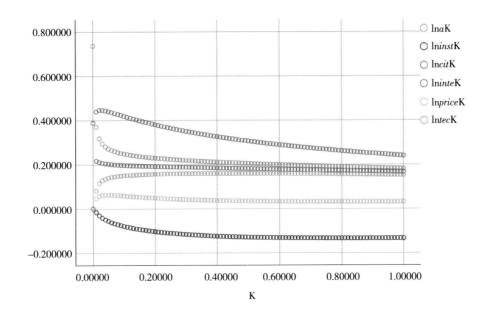

图 6 - 8　铜消费（1979 ~ 1992 年）岭回归岭迹

由第三阶段（1993 ~ 2016 年）的岭迹图可以看到（见图 6 - 9），分别取岭参数 K 从 0 到 1，步长为 0.01，选取岭回归系数为 0.2 时各个解释因子的模型回归系数趋于稳定。

按照工业化阶段划分的中国铜消费岭回归结果汇总，如表 6 - 14 所示。

（1）第一阶段（1953 ~ 1978 年）：这一阶段被认为是中国传统初步工业化阶段，从这一阶段标准化岭回归方程分析，经济增长、工业化、城镇化、消费强度是促进中国铜消费增加的主要贡献因子，作用程度大小依次是消费强度 > 工业化 > 经济增长 > 城镇化。这一阶段，价格对铜消费的影响系数虽然也为正，但它并非铜消费的增长贡献因子，而从另一个侧面反映出作为大宗矿产资源的铜金属，其价格机制对供给和需求的一般规律在这里是失灵的。

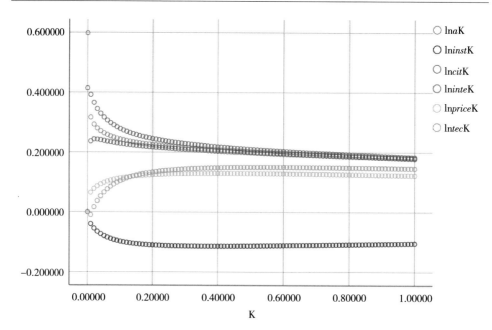

图 6 - 9　铜消费（1993 ~ 2016 年）岭回归岭迹

表 6 - 14　按照工业化阶段划分的中国铜消费岭回归结果

解释因子	1953 ~ 1978 年	1979 ~ 1992 年	1993 ~ 2016 年
经济增长（ln$a$）	0.2309	0.2297	0.2454
工业化（ln$inst$）	0.2356	- 0.1025	- 0.1098
城镇化（lncit）	0.1302	0.1919	0.2173
消费强度（ln$inte$）	0.3637	0.3804	0.2252
价格（ln$price$）	0.1088	——	0.1249
技术进步（lntec）		0.1567	0.1338
R^2	0.9781	0.9832	0.9910
F 检验	224.33	128.16	405.14
岭回归系数	0.20	0.20	0.20

这一阶段标准化岭回归方程为：

$$\ln c = 0.2309\ln a + 0.2356\ln inst + 0.1302\ln cit + 0.3637\ln inte + 0.1088\ln price$$

$$(6 - 27)$$

　　矿产资源消费强度是衡量矿产资源利用效率的一个主要指标，在工业化初级阶段，中华人民共和国成立后不久，生产力发展水平低，极低的资源利用和落后的生产工艺令资源粗放利用，使得单位产值需要投入的铜很高，资源利用效率

（铜消费强度）成为这一阶段铜消费的第一贡献因子。工业化的推动，带动经济增长，重点发展重工业，重工业产值上百倍地增长，燃料、机械和军工等部门优先发展，对冶金、煤炭、电力、机械、化学等重工业领域的投资在工业投资中的占比高达89%，使得这一阶段工业化（lninst）和经济增长（lna）对铜消费的贡献仅次于消费强度。这一阶段，城镇化发展滞后，"文化大革命"更是阻碍城镇化进程，城镇化率指标从1953年的13.31%发展到1978年，也仅为17.92%，因此，在这一阶段城镇化（lncit）对铜消费的促进作用相对较弱。

（2）第二阶段（1979~1992年）：这一阶段被认为是中国特色的工业化结构调整阶段，从这一阶段的标准岭回归结果分析，经济增长、城镇化、消费强度、技术进步是促进铜消费增长的主要贡献因子，正向影响因子的作用程度大小依次是消费强度>经济增长>城镇化>技术进步。这一阶段，经济结构的调整使重工业产值比重由56.9%下降为51.1%，轻工业产值比重由43.1%增加为48.9%，工业化率由1978年的44.09%降为1992年的38.20%，因此这一阶段铜的消费量虽逐年增加，但与工业化率的变化方向却是相反的，表现为回归系数为负，工业化因子（lninst）在这一阶段对铜消费是具有负向影响的。价格因子在这一阶段的岭回归中被剔除。

这一阶段的标准岭回归方程为：

$$\ln c = 0.2297\ln a - 0.1025\ln inst + 0.1919\ln cit + 0.3804\ln inte + 0.1567\ln tec$$

$$(6-28)$$

改革开放以来，中国特色的工业化结构调整，以经济建设为中心的发展战略需要矿产资源作工业发展的基础，这一阶段中国生产力发展仍然不高，资源利用较低令资源粗放利用，使得单位产值资源投入较高，导致代表资源利用消费效率的铜消费强度（lninte）因素成为这一阶段铜消费的第一贡献因子。经济增长（lna）促进铜消费增长，作用与贡献仅次于消费强度。城镇化（lncit）作为铜消费增长的主要贡献因子，在这一阶段的正向效应略微大于工业化第一阶段。这一阶段的重要转变是技术进步（lntec），在这一阶段成为铜消费增长的主要贡献因子，随着生产工艺的进步，技术进步对铜消费有正向影响，对铜的消费增长起到促进作用。

（3）第三阶段（1993~2016年）：随着中国开始着力构建社会主义市场经济的基本框架，从计划走向市场，从封闭走向开放，逐步融入世界工业化的全球经济体系，中国铜消费逐年增长，这一阶段经济规模的巨大扩张，呈现出急速"压缩式"的演进趋势。标准岭回归结果表显示，经济增长、城镇化、消费强度、技术进步是促进铜消费增长的主要贡献因子，正向影响因子的作用程度大小依次是经济增长>消费强度>城镇化>技术进步。

这一阶段的标准岭回归方程为：

$lnc = 0.2252lna - 0.1098lninst + 0.2173lncit + 0.2454lninte + 0.1338lntec + 0.1249lnprice$ 　　　　　　　　　　　　　　　　　　　　　　　　　　　　　　$(6-29)$

经济增长(lna)是促进铜消费增长的第一贡献因子，作用程度超过消费强度（$lninte$）。消费强度（$lninte$）因子促进作用弱化，其影响程度相比前两个阶段已经显著降低，回归系数由 0.38 降低为 0.24。相比较而言，城镇化因子（$lncit$）的贡献相对增强，技术进步（$lntec$）促进铜消费产业链下游产品的附加值增加，进一步促进铜消费量的增加。这一阶段，工业化率在 1993~2010 年在 40% 左右徘徊，之后逐年下降至 2016 年的 33%，因此这一阶段铜的消费量虽逐年增加，但与工业化率的变化方向却是相反的，表现为回归系数为负，工业化因子（$lninst$）在这一阶段对铜消费是负向影响的。价格对铜消费的影响系数在这一阶段为正，但它并非铜消费的增长贡献因子，而从另一个侧面反映出作为大宗矿产资源的铜金属，其价格机制对供给和需求的一般规律在这里是失灵的。

通过本部分以经典的 IPAT 模型为基础，采用扩展的 STIRPAT 模型对中国铜资源消费的主要驱动因素进行时间序列分析。主要结论如下：各个影响因素对中国铜消费增长的作用机理与影响机制在三个发展阶段各不相同。总体来看，工业化和经济增长是 1953~1978 年中国铜消费增长的最主要贡献因子；1979~1992年，消费强度、经济增长和城镇化是中国铜消费增长的最主要贡献因子；1993~2016 年，经济增长、消费强度和城镇化是中国铜消费增长的最主要贡献因子。这与前文对工业化中后期的铜金属消费的 Divisia 因素分解的结论一致。可以看到的是，通过对比三个阶段影响因子的变化，经济增长在这三个阶段的促进作用一直比较强，消费强度对铜消费的增长促进作用逐步减弱，城镇化对铜消费的增长促进作用逐步增强。

本章小结

本章首先建立了经济增长与矿产资源消费库兹涅茨曲线（EKC）理论模型，选取了英国、美国、德国、日本、中国的铁矿石、铜、铅三种矿产资源相关数据，验证了各国所选矿产资源库兹涅茨曲线（EKC）的形状、拐点坐标、拐点人均 GDP 以及拐点人均矿产资源消费量。结果表明，发达国家传统矿产（铁矿石、铜）的经济增长对矿产资源消费的影响呈标准的库兹涅茨曲线倒"U"形关系，符合原材料库兹涅茨曲线假说；发达国家传统矿产（铅）的经济增长对矿产资源消费的影响不符合原材料库兹涅茨曲线假说；中国在工业化开始到现阶段的传统矿产（铁矿石、铜、铅）的经济增长对矿产资源消费的影响呈直线上升关系，仍处于原材料库兹涅茨曲线的上升段，尚未达峰。

通过对发达国家与中国详细的分析与实证，可以看到，中国与典型发达国家在工业化演进与矿产资源消费总量与结构的特征方面并无太大差异。一方面，工业化进程均呈现出"上升—到达峰值—缓慢下降"的库兹涅茨倒"U"形规律。与发达国家不同的是，中国表现为上升阶段幅度快、典型的压缩型工业化特点，且工业化率峰值出现时对应的人均 GDP 水平明显低于发达国家。另一方面，与典型工业化国家一致，中国人均 GDP 与钢铁消费量已经呈现出"缓慢增长—快速增长—到达顶点—趋于下降"的规律性演变趋势，铁矿石和钢铁的矿产资源消费强度已经呈现出库兹涅茨倒"U"形曲线形状的前半段，已经在 2013 年达到峰值；其他金属矿产资源仍旧处于库兹涅茨倒"U"形曲线的爬坡阶段，可以预计在未来的某一时间会逐步达峰。未来中国，矿产资源消费仍将为工业化持续推进提供源源不断的内在动力。然而，中国的工业化道路将面临新旧动能转换的挑战，中国政府做出的到 2030 年碳排放总量达峰的国际承诺，以及不断深化供给侧结构性改革，对国内钢铁、有色、建材、石化等高排放部门的技术进步和"去产能"形成了强有力的"倒逼效应"，将会延缓大宗矿产资源到达峰值的时间，相反，战略性矿产资源消费预计会增加。

其次，在验证工业化进程中中国矿产资源消费处于原材料库兹涅茨曲线上升阶段的基础上，本部分深入探讨影响中国矿产资源消费的影响因素。根据中国矿产资源消费影响因素的特点，以 STIRPAT 模型为基础构建经济增长、工业化、城镇化、资源消费强度、技术进步、价格等影响因素的模型，依据前文对工业化阶段的划分，以铜资源消费为例，按照 1953～1978 年、1979～1992 年与 1993～2016 年三个区间段分阶段分析影响中国矿产资源消费的因素。结果表明，各个影响因素对中国铜消费增长的作用机理与影响机制在三个发展阶段各不相同。总体来看，工业化和经济增长在 1953～1978 年对中国铜消费的影响最大；而在 1979～1992 年这一阶段，消费强度、经济增长和城镇化是对中国铜消费增长的最主要贡献因子；1993～2016 年，经济增长、消费强度和城镇化对中国铜消费增长影响较大。经济增长在这三个阶段的促进作用一直比较强，消费强度对铜消费的增长促进作用逐步减弱，城镇化对铜消费的增长促进作用逐步增强。

从影响因素层面来看，实证结果表明，中国与典型发达国家矿产资源消费最重要的影响因素都是工业化进程。价格机制对发达国家矿产资源消费的影响虽然是长期性的，但价格变化对矿产资源消费的影响并不大，对中国而言，价格机制对矿产资源供给和需求的一般规律在这里是失灵的，通过检验在影响因素中被剔除。可见，从长期而言，价格对矿产资源消费的影响是微乎其微的。

第七章 面向新时代中国矿产资源消费政策调整

在对中国工业化不同阶段的矿产资源消费总量、结构、影响因素分析的基础上，本章通过梳理时代特征，简要回顾中国矿产资源消费政策的内容，指出现行政策存在的问题；梳理新时代矿产资源外部环境和内部条件的变化，在大国竞争的压力下，以新科技、新产业、新模式推动发展动能转换及其对矿产消费结构的影响，加快智能化、绿色化、服务化转型，构建适应大国竞争，建立现代经济体系，提出实现高质量发展、面向工业化中后期的中国矿产资源消费战略总体思路和具体政策建议。

第一节 中国矿产资源消费政策演进

一、中国矿产资源政策回顾

本节从政策工具理论维度梳理中国矿产资源配置政策，从整体的配置工具使用方面，对矿产资源消费政策进行历史回顾。

自20世纪80年代开始，欧美国家有对矿产资源配置政策的研究，以豪利特、拉米什对政策工具的三分法理论最为经典。他们依据公共物品和公共服务中政府介入与提供的程度，依次分为自愿型工具、混合型工具和强制型工具三类。国内学者在进入21世纪后才开始关注矿产资源政策工具领域，目前系统性地研究矿产资源政策的理论框架、体系、分类、评价与选择在国内才刚刚起步。中国矿产资源开发管理经历了中华人民共和国成立后传统计划经济体制下初步工业化阶段、改革开放初期中国特色的工业结构调整阶段以及中国特色的工业化中后期阶段，对中国矿产资源各阶段的政策梳理如下：

（一）传统计划经济体制下初步工业化阶段政策

1953～1957 年，中国在传统计划经济体制下的矿产资源政策是按照国家的计划制定和实施的，矿产资源的供给与消费由国家计划，自给自足，以产定销。这段时期的大型建设项目对矿产资源的需求量大，矿产资源消费表现为无度开采和低效利用，资源浪费现象与生态环境破坏现象严重，无可持续发展理念。由表 7－1 可看到，地质部统一计划领导矿产资源普查、勘探、开发，于 1950 年颁布《中华人民共和国矿业暂行条例》，该条例明确规定中央人民政府燃料工业部主管煤、石油、油页岩和天然气等矿产资源，中央人民政府重工业部主管其他矿产资源。这一矿产资源暂行条例的颁布，完善了前期中国矿产资源管理制度和政策。1958～1965 年，矿产资源消费受到"大跃进""全党、全民办地质"浮夸口号的影响，严重浪费盛行。为促进矿产资源的合理消费，1965 年，国务院颁布了《中华人民共和国矿产资源保护试行条例》，对矿产资源在各个环节特别是消费环节（如加工和利用等）提出具体明确而详细的要求。

表 7－1　中国矿产资源管理制度与政策演进（1949～2018 年）

阶段	管理制度/政策
1949～1957 年	成立地质部，统一计划领导矿产资源普查、勘探、开发；矿产资源的具体开发隶属于各工业部门；《中华人民共和国矿业暂行条例》；《地质勘查工作统一登记暂行办法》
1958～1965 年	建立地质普查勘探队，"大跃进"对初步建立的矿产资源管理制度有所破坏；颁布《中华人民共和国矿产资源保护试行条例》《主要矿种矿产储量分类规范试行草案》《全国地质资料汇交办法》，目的是减少矿产资源的粗放利用和浪费
1966～1978 年	撤销地质部，改为国家计委地质局；矿产资源各项规章制度被废除，地质部门工作受重创
1978～1986 年	改地质部为地质矿产部；职能：地质找矿＋保护矿产资源；煤炭工业部、冶金工业部、石油工业部等分别管理各自矿产资源，负责各自的地质勘查和矿山企业；沿用以前实行的矿产资源规章制度，鼓励乡镇集体和个体找矿
1986～1998 年	成立全国矿产资源委员会，强调对矿产资源的宏观管理；1986 年颁布《中华人民共和国矿产资源法》，1996 年修订；1996 年印发《关于"九五"资源节约综合利用工作纲要》的通知；促进矿产资源勘查、开发、利用和保护，突出增强矿产资源对国民经济的支撑与保障；强化监督矿产资源开采工艺流程与回采率
1998～2017 年	组建国土资源部，将矿产资源纳入国土资源部管理；统一集中管理矿产资源；出台《矿产资源勘查区块登记办法》《矿产资源开采登记管理办法》《探矿权采矿权转让管理办法》《矿产资源综合利用技术指标及其计算方法》等一系列配套的法律法规；编制《全国矿产资源规划（2016－2020 年）》
2018 年	组建自然资源部，内设自然资源开发利用司、矿业权管理司、矿产资源保护监督司等；目标是建立现代化的矿产资源治理能力

资料来源：笔者整理。

中华人民共和国成立后，在相当长一段时期内实施政府统一管理矿产资源的政策，政府唯一掌握矿产资源产权，实行特色鲜明的"公有、公用、公管"的资源管理原则，市场交易不被允许，政府运用强制性政策工具强力干预，如通过法律法规、颁发许可证、监督检查、体制设计等管制矿产资源，矿产资源依附于有关产业，政府直接提供矿产资源的交易等相关服务，强制性政策工具直接强有力，在一定程度上不确定性小，财政成本较低，可用来克服市场失灵，但资源配置浪费和经济无效率的缺点也暴露无遗：矿产资源不合理利用、浪费现象大量普遍存在。在矿产资源的管理方式上，矿产资源的勘查由地质部门负责，开采与消费均由国家以行政命令统一组织、统一领导、统一计划，矿产资源使用消费是无偿的。

（二）改革开放初期中国特色的工业结构调整阶段政策

1978 年改革开放以后，中国特色工业结构处在调整时期，这段时期的矿产资源管理开始向市场化迈进。1978~1986 年是"文化大革命"之后中国矿产资源工作的恢复期，国家鼓励乡镇集体和个体找矿，结果导致小煤矿乱采滥挖，破坏与浪费严重。这段时期中国政府采取了一系列改革机构与调整职能的措施，初步建立与社会主义市场经济体制要求基本适应的矿产资源政策，中国矿产资源管理体制由原来的分散管理转向相对集中，体现相对集中的管理特点。1979 年，地质总局紧扣国家紧缺的战略性矿种开展勘探，1982 年地质部改为地质矿产部，地质矿产部负责地质勘探、消费及综合利用管理，成为矿产资源地质工作综合管理的机构，这一改革标志着中国矿产资源统一管理的起步。1986 年《中华人民共和国矿产资源法》被审议颁布，明确了矿产资源从勘探到开放利用环节的要求，制定了法律法规，标志着中国矿产资源工作步入有法可依的正式轨道。1986 年中共中央制定的"七五"计划，把保护和节约利用矿产资源作为一项基本国策。

这段时期，中国矿产资源配置政策仍以强制性政策工具为主，但自愿型和混合型政策工具也在逐渐使用和增加。国家的多次矿产资源机构改革，不仅使各部门职能更加明确，而且矿产资源的优化配置也得到了明显加强。1982 年地质部改为地质矿产部后，新增了监督管理矿产资源消费、利用、协调地质勘查的职能。1988 年明确对地质矿产资源消费及合理利用进行监督管理是其四项基本职能之一。

（三）中国特色的工业化中后期阶段政策

在中国特色的工业化中后期阶段，国家对矿产资源行业内部多次下发整顿通知，分别在 1995 年、1996 年、1998 年相继发布并颁发《矿产资源勘查区块登记管理办法》、《矿产资源开采登记管理办法》和《探矿权采矿权转让管理办法》

等，初步创立了矿产资源各个环节如勘探、开发、合理利用等的宏观管理调控体系，同时在矿产资源消费方面确立了节约综合利用的指导思想，提出从"走出去、引进来"到"利用两个市场、两种资源"的全球性矿产资源战略。这一时期的矿产资源管理体系逐步完善，矿产资源管理体制由分散管理走向相对集中统一的管理，矿产资源管理迈入法制化阶段。

1999 年，《矿产资源规划管理暂行办法》、《全国矿产资源总体规划》（2008~2015）的发布，使矿产资源规划、开发利用得到高度重视，对矿产资源合理消费，促进产品技术研发、综合利用。由于处于经济的快速发展阶段，再加上西部大开发等国家战略的实施，矿产资源消费区域从以东、中部为主转向西部和海洋区域，矿产资源消费量快速增加，消耗量过大、环境污染、资源浪费耗竭等问题趋于严重。在"十一五"规划中，从市场准入、开采管理、资源利用、储备等方面出台了很多措施，力图转变资源消费方式，从粗放式向集约式转变，更加注重对矿产资源的保护和对环境的考量。"十二五"期间继续推动矿产资源税费制度、行政审批等改革，制定了《矿产资源综合利用技术指标及其计算方法》以进一步加强对矿产资源的综合利用，主要矿产的综合利用率等指标评估系统逐步构建，出台《全国矿产资源规划（2016-2020 年）》。2018 年自然资源部的组建成立，使中国矿产资源现代化的治理能力迈上新的台阶。

尤其是 2016 年《全国矿产资源规划（2016-2020 年）》的发布，在内容上具体系统地阐述了提高资源保障能力，消费环节利用方式转变，深化矿产资源管理改革的目标、思路、任务和政策举措。规划坚持以"创新、协调、绿色、开放、共享"的发展理念为指导，充分发挥市场在矿产资源配置中的决定性作用，使矿产资源的高效消费利用迈上新台阶，被称为这五年我国矿产资源发展的总体蓝图和行动纲领。陈晓春和苏美权（2017）从政策工具维度梳理了规划的264 条政策工具，其中关于矿产资源消费及产业链利用环节的政策工具最多，占据了政策工具总量的71%。由此可看到，矿产资源消费环节的政策和规划已经受到前所未有的重视。

综上，这段时期，命令性和权威性政策工具仍然是主要手段，但明显的政策倾向是在建立和调整规则，对矿产资源的强制性保护政策频出，同时，党的十八届三中全会对市场在资源配置中的"决定性"作用确立之后，中国矿产资源配置中市场化手段明显加强，加强市场化政策工具在资源配置中的地位和作用，厘清中央和地方的利益关系，重塑政府和市场的角色，广泛吸纳企业、行业协会的意见诉求，从顶层设计对完善矿产资源开发管理体制、建立重要矿产资源储备体系、对重要矿产资源实行强制性保护等方面促进资源的优化配置，在矿产资源消费机制的完善等方面针对不同的矿产资源精准管控。

二、现行中国矿产资源政策评价

中国矿产资源消费政策的政策目标从早期以满足国内资源消费需求为主，转变为当代旨在构建稳定、多元、经济、安全、开放、全球化的矿产资源供给与消费系统；矿产资源的供给区域，从早期以东部和中部为主转到如今向西部、海洋、深部推进，消费方式从大规模、大范围粗放式的利用转向集约开发利用，从侧重于矿产资源的开发利用到重视对矿产资源的保护，又转到实行既保护又开发，两者并重。矿产资源供给与消费政策的逐步完善，使矿产资源的高效消费利用取得重大进展。

在工业化的不同阶段，中国矿产资源配置政策工具的选择和应用也因此而不同，但整体上以强制性矿产资源政策工具为主。强制性工具一直在我国矿产资源的政策工具中被频繁使用，规制性、命令性和权威性政策工具广泛应用的结果，使中华人民共和国成立后政府的直接管理手段向间接管理转变，法制化手段不断完善和加强。随着市场经济的逐步建立，中国矿产资源政策逐步提升市场化工具在矿产资源政策中的地位和作用。

总的来看，中国矿产资源的资源配置政策工具仍然存在很多问题。首先是缺乏长远规划，在政策制定上急功近利，产业整合与产业组织结构的优化是矿产资源产业政策的主要目标，中国矿产资源产业政策在执行过程中很容易偏离政策制定的初衷，例如稀有矿产资源配额管理、行业兼并重组等，"并陷入'强化、失效以及再强化'的恶性循环"（杨丹辉等，2015）。

其次是不能很好地引导企业等主体参与到矿产资源的优化配置中。以稀有矿产资源为例，稀土产业调控过度依靠直接行政干预，导致稀土产业的市场化进程屡屡受阻，致使稀土企业尤其是部分国有企业产生了严重的政策依赖性心理，扭曲了企业发展目标，将稀土产品价格和利润简单地依附于国内政策，不再将提升产品消费端的核心竞争力作为主要目标，同时矿产资源企业寻租成本递增，官僚主义横行。

再次是政策操作性不强，相关细则制定不到位。政府虽然制定、出台了一系列促进矿产资源应用技术研发和应用市场推广的政策措施，但是，却仍旧缺乏相应的政策实施细则，与此同时，相关的支持力度不够。作为大宗矿产资源消费量最大的国家，中国非常有必要进一步加强和发展矿产资源消费环节的技术、资源与市场合作的政策支持，助力中国矿产资源企业跨国经营的深入，逐渐为国内矿产资源市场的有效竞争提供支撑。

最后是新政策不够灵活，制度创新不足，导致资源配置内部的协同作用不能很好地发挥，政策优化组合不能理想实现。由于中国矿产资源经济成分复杂，企业所有制类型不同以及企业之间、企业与地方之间存在的利益矛盾难以调和，导致政府的政策难以成功。

第二节　发达国家矿产资源政策的比较借鉴

发达国家在工业化的过程中，依据所处工业化的不同发展阶段、自身矿产资源赋存条件的不同，以及本国法律体系、经济制度等的差异，有着适应本国特点的矿产资源政策。美国、日本等发达国家的重要矿产供给主要依赖进口，其矿产资源政策旨在降低消费、优化本土资源使用、拓宽供给渠道、技术创新等，而澳大利亚等矿产资源丰富的工业化国家，矿产资源政策的核心目标是最优化使用本国矿产资源，即可持续勘探、优化开发与消费、重视环境保护。如图 7 - 1 所示，美国、日本和澳大利亚根据各自所处工业化阶段以及矿产资源分布情况的不同在本国实施特定的产业政策。

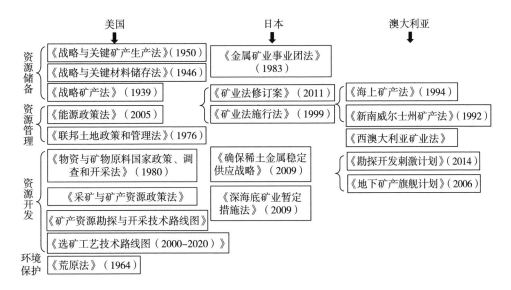

图 7 - 1　主要发达国家矿产资源消费政策与立法

梳理各国政策经验，有以下几个方面值得我们借鉴和学习：

一、构建与工业化发展阶段相适应的矿产资源战略

日本工业化的发展受到自然地理条件的限制，且日本的工业化具有明显的后发性，由于工业化进程需要矿产资源的大量消耗，为保障日本矿产资源安全稳定的供应，日本在工业化的不同阶段建立了不同的矿产资源消费战略，形成了强有力的矿产资源保障机制。因此，虽然日本本土矿产资源匮乏，但强大的矿产资源经略能力已使日本资源"虽贫却强"，并陆续掌握诸多重要矿产的定价权，当今的日本已成为全球矿产资源强国，在矿产资源投资、管理、利用及战略制定方面的能力和经验非常值得借鉴。

首先，日本建立系统高效的矿产资源管理机构 JOGMEC，日本政府高度重视资源立法，从政府角度制定"资源战略"，制定相关专业机构的法律，涉及政策、储备、开发供应、利用等方面，通过制度安排内化企业行为（见图 7-2）。战后日本的工业化注重质量与效率，讲求结构效益，1962~1970 年快速工业化时期的日本，大力引进先进技术，提高工业自动化水平，降低材料消耗，产业结构向高度化转变，向深加工化、高附加值方向调整。国家宏观层面，以产业规划为核心的社会经济发展规划为降低全社会的矿产资源消耗提供了宏观条件，成为宏观层面的重要管理措施；微观企业层面重视工业、产品的质量因素，在矿产资源消费方面，所有企业都有十分严格的管理制度。日本在矿产资源消费方面提出了一系列政策计划，如 1974 年日本资源能源厅"阳光计划"、1991 年日本政府颁布的《再生资源利用促进法》大力推进矿产资源技术的研发和资源的循环利用，1993 年颁布《环境基本法》、2000 年颁布《推进建立循环型社会基本法》等大力提升了日本循环经济的发展和环境效益，这些法律完善了日本的矿产资源与环境政策法律体系。

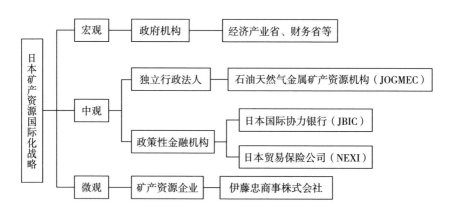

图 7-2　日本矿产资源国际化战略一体化合作机制

其次，日本较早建立国家战略资源储备，1974 年通产省矿业审议会对 23 种金属讨论后，确定储备矿种铜、镍、铬、钨；1976 年民间储备协会成立，开始日本民间储备的运作；1981 年对 43 种矿种研讨，确立 14 种金属为政府储备矿种，1982 年，由于镍、铬、钼、锰、钒、钨、钴等矿种供给结构脆弱，确立为国家战略储备，1983 年实施国家储备制度，储备由国家储备、共同储备和民间储备三部分组成，其中国家储备主要应对长期矿产资源对策，共同储备负责中期对策，民间储备负责短期对策，确立镍、铬、钼、锰、钒、钨、钴为国家储备对象。2004 年设立石油天然气、金属矿物资源机构，下设金属资源开发本部、资源储备本部、金属矿害防止支援等，保证国家储备制度的专业管理，其中稀有金属储备部在资源储备本部下设，负责稀有金属的储备制度的日常运转。2006 年为确保稀有矿产资源稳定供应，日本将钒、铬、锰、钴、镍、钼、铂、银、铜、钨、铟以及稀土等 31 种稀有矿产资源纳入"国家能源资源战略规划"，继续修改国家储备制度。

最后，日本拥有目标明确的海外战略。第一次石油危机使日本由于油气供应严重不足而受到严重打击，之后日本政府拉开资源外交序幕。日本通过建立海外矿产资源基地，广泛开展"资源外交"，大力推行"技术/经济援助及合作计划"，建立全球矿产资源信息网络，形成了政府和民间企业之间的利益共同体及完善的一站式支援机制。日本始终坚持矿产资源供应地多元化原则，与资源丰裕的多个国家建立合作关系，进行矿产资源的国际贸易对外投资，以长期的矿产资源贸易合同和向资源丰裕国新矿提供大量债务融资抵押为特点，这样的模式让矿产资源的产量有效保证日本本国的供应，又确保矿山的收益以偿付债务本息的形式有效回报于日本资本。在这样的市场地位优势下，日本企业获取充分的供给方信息，组成采购卡特尔，在矿产资源的贸易谈判中主导贸易规则和定价规则，实现了能源、钢铁等行业原材料的成本优势逆转，保障国内矿产资源的有效供给。

如图 7-3 所示，日本政府对制定矿产资源战略高度重视，在不同的工业化发展阶段，依据本国国情制定了资源战略的明确目标，配以相关法律。从战略目标来看，20 世纪 70 年代日本资源整体战略以保障资源的稳定供应为主。20 世纪 80 年代以后，日本在"稳定性"目标供应基础上与资源丰裕型国家建立"多层次经济关系"和"新型合作伙伴关系"，陆续增加了经济性、环境及强化资源保障等目标。2002 年 7 月《独立行政法人——石油天然气金属矿产资源机构法》在日本被颁布，2004 年日本设立"资源能源厅"和 JOGMEC，前者负责制定能源与矿产资源稳定供应政策及节能与新能源政策，后者全面负责矿产资源稳定供应政策及节能与新能源政策。近年来，日本逐步整合矿产资源战略，以安全性、稳定供给、经济性、环境、国际性及经济成长为目标的资源战略已全方位建立，宏观、中观、微观层面环环相扣，全方位保障日本矿产资源安全稳定的供应，目前日本已成为全球矿产资源强国之一。

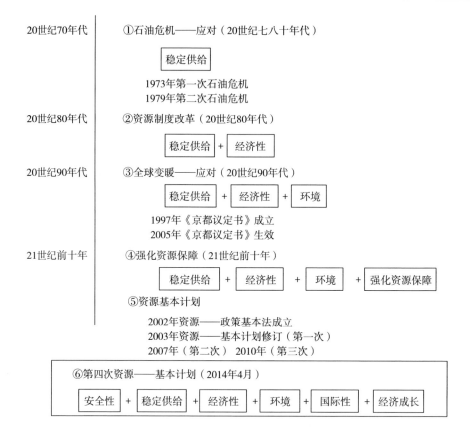

图 7-3 日本资源战略调整历史脉络图

资料来源：陈其慎，张艳飞，等. 日本矿产资源经略强国战略分析 [J] . 中国矿业，2017 （12）：10.

二、推动矿产资源投资全球化

美国矿产资源管理政策经历了由最早的 1872 年单纯鼓励开发的"自由进入"政策，到政府集中管理控制，现阶段鼓励资源保护，控制开发速度，大量进口矿产资源原料来保证稳定供应，实施矿产资源全球战略。工业化初期，美国重工业发展迅速，对矿产资源的需求急速膨胀，美国西部矿产资源亟待开发，此时美国联邦政府鼓励"自由进入"的矿产资源开发政策，工业化中后期美国矿产资源政策以鼓励资源保护、控制开发速度的租借政策为主，政府开始结合环境因素全面考虑土地利用及矿产资源的综合价值。为避免供应短缺引起的价格上涨等风险，此时美国通过外交、军事等手段，为矿产资源的全球化市场做各种努力，扩大矿产资源的多种供应渠道。同时美国对矿产资源开发实行分类分区管理，高效综合利用。朝鲜战争爆发时，美国矿产资源消费急剧增加，《战略与关键矿产生产法》于 1950 年在国会通过，目的是做好矿产资源的战略储备，以便在紧急情况下保证矿产资源的正常供给。从此开始，保障美国矿产资源消费的政策开始转变，由原来的本国资源自给战略变为"以可能的最低成本从过往获取矿产资源（品）"。

1973 年，美国国家物资委员会提倡避免美国本土针对短缺矿产资源过分依赖少数国家。1980 年《物资和矿物原料国家政策、调查和开采法》通过国会，保障矿产资源安全，为国民福利和工业化提供足够矿产资源原料。1991 年，国家层面发布美国国家能源新战略，从国家层面高度重视矿产资源安全，战略计划一方面将矿产资源投资与供给放眼至全世界，秘密监测重要战略和紧要矿产资源的分布与存在情况，另一方面加强与矿产资源丰富的国家（如加拿大、澳大利亚以及南非等）的联系，以充分满足美国相应矿产资源的全球供应。

在矿产资源开发领域，美国在冷战后继续奉行全球投资的矿产资源战略和政策，利用本国的国际地位和政治、经济、军事、科技等优势，试图实现美国国家利益最大化和主宰全球经济发展的目的。之后的近 30 年，美国矿产资源投资政策始终以国家利益和全球化为根本战略目标，以科技创新为主导确保矿产资源全球化供给。

日本基于本土资源的贫乏，也是很早就实施全球化矿产资源战略，包括政府、企业、团体等之间建立良性互动，建立矿产资源全球供应系统，形成海外矿产资源基地等。为了保证矿产资源供应安全，欧洲国家也极力推进矿产资源进口多元化和投资多元化战略，重点加强与独联体国家的长期合作关系，特别是里海地区。此外，日本采用政府与民间储备相结合的战略储备方法，通过制定完善法律、法规，在财政、金融等方面为储备提供有力支持，使战略管理规范化、法制化。日本矿产资源战略储备与庞大的海外权益矿体系相结合，使日本在国际矿产资源价格剧烈变化时应对自如，从中渔利。

三、重视矿产资源开发消费环节的科技创新

以美国为例，美国历届政府重视科学技术的发展。重视科技创新和发展，是美国的基本国策，也是冷战后美国矿产资源管理的基本国策。具体表现在：矿产资源的战略规划中反复提到科学与技术的重要性，把科技创新放在最基础最重要的地位；矿产资源产业链的基础研究经费安排中，美国始终保证研发创新的高投入，对能源矿产资源的基础研究和战略性矿产资源的经费投入每年都在增加；与此同时美国政府为深入研究矿产资源消费利用中的复杂科技与技术问题，专门成立关于各类矿产资源的专门委员会；美国成立矿产资源技术管理机构，目的是确

保对科技创新工作的规范指导；此外，从立法角度，美国严格规范企业，鼓励和保护企业层面的科学技术发明，建立了一套由上至下维护创新的无形网络。

首先，从组织和法律角度保障实施促进矿产资源科学与技术创新和发展的国家政策。促进科学与技术创新和发展的美国矿产资源管理政策是美国国家政策在矿产资源领域的延续和发展，与美国一贯的国家政策鼓励科学技术发展的政策相一致。1976 年，《国家科学技术政策、组织和优先课题法》在美国国会通过，并在总统执行办公厅下建立了科学技术政策办公室，职能任务是：向总统和总统执行办公室人员就科学和技术（包括矿产资源领域）对国内国际事务的影响提出建议和忠告；制定坚实的科学和技术政策和预算；确保联邦的科技创新投资对经济增长、环境质量和国家安全的相互作用；建立横向层面的联邦、州、地方政府的合作创新。

其次，从政府层面，美国实施促进科学与技术创新和发展的国家政策。总统科学技术顾问理事会由美国时任总统老布什于 1990 年设立，目的是从国家层面加强美国科学与技术的发展和创新工作，使国家层面能更容易倾听到来自企业、部门和学术界就创新、科学技术、教育等方面的意见和建议。该机构专门负责科学与技术信息，包括矿产资源国家战略层面的沟通与计划工作。1993 年克林顿下令成立内阁级国家科学与技术理事会，使联邦科学和技术投资的国家目标明确，确定矿产资源开发利用研究计划和范围，制定跨联邦层面机构的研究与开发战略，实施的结果使美国形成"一揽子"研究计划，多重国家（战略）目标得以实现。

美国以外的其他发达国家也重视矿产勘查和科技创新，澳大利亚在资源研发方面投入巨额经费，于 2016 年建立国家能源资源发展中心（NERA），旨在利用澳大利亚矿产资源的竞争力促进创新推动研究工作。加拿大建立了超深采矿网络（UDMN），矿产资源部门、中小型矿业公司、行业协会、研究中心和大学科研机构都积极参与其中，旨在开发和推动矿产资源研发项目，使加拿大在全球深部采矿知识方面处于领导地位，确保国家矿产资源的战略地位。

四、强调资源可持续开发利用和环境保护

美国矿产资源消费的基本国策是保护本国资源，大力利用国外资源，从而有效和可持续地发展本国经济。资源与环境保护是美国可持续战略的核心，也是矿产资源管理的重要原则之一。美国矿产资源开采与消费决策是否和环境保护理念一致是非常重要的，因此环境影响评价对矿产资源的供给与消费具有一票否决权。在环境保护方面，美国政府制定法律严格相关标准，大力倡导和发展新技术和创新技术，唤起全民对环境保护的意识和自觉性。美国在历届总统执政时期，

成立并延续了总统可持续发展理事会的发展宗旨，理事会成员由工业产业界、政府部门、非营利组织和土著美国人共同组成，倾听来自各方的代表利益诉求、观点意见，主要目标是保持该理事会研究和讨论美国国家层面的可持续发展政策和战略核心问题不改变，并围绕矿产资源可持续发展的重大问题向总统和国家层面提出切实可行的国家行动战略和计划。

经济繁荣、保护环境和社会均等是美国可持续发展战略的核心要点。美国可持续发展理事会通过将工业产业界、政府部门、非营利组织和土著美国人等不同利益集团的利益整合，目的是制定更加创新有活力的经济、可持续发展环境和可持续的社会政策和国家战略，打造社会各层对各类相关政策的共识。为贯彻总统可持续发展倡议，美国与矿产资源和矿业管理有关的联邦机构和政府部门从国家战略层面首先制订相应的可持续发展行动计划。美国联邦地质调查局致力于矿产资源可持续发展目标，了解美国矿产资源的地质背景和成因，锁定全球市场信息，确保国家未来各类矿产资源分层次、有计划、可持续供应，认为矿产资源是经济发展和社会福利的基本组成要素之一。

第三节　构建面向新时代的矿产资源消费政策体系

一、工业化中后期中国矿产资源消费面临的风险和挑战

作为工业化中后期的大国，中国矿产资源消费的时代特征已明显不同于发达国家。中国将面临更加复杂的全球地缘政治风险，错综复杂的国际形势，持续发酵的逆全球化和贸易保护主义，以及增长乏力的全球经济和转速下行的全球矿业市场。综观来看，全球矿产资源市场的外部环境及供给格局已经较前发生了深刻变化，发达国家对新兴矿产资源的争夺竞争更加激烈，全球低碳行动及中国矿产资源消费的绿色发展趋势，促使我国必须重新审视新时代中国矿产资源消费的时代特征。

（一）全球矿产资源供给格局发生深刻变化

进入 21 世纪以来，发展中国家转而成为全球大宗矿产资源消费的主体，进入工业化快速发展阶段的中国、印度等国，对各类矿产资源的消费快速增长。发达国家对大宗矿产资源的消费需求趋缓，却加紧对战略矿产资源如有色矿产资源的勘探与研发步伐，近十年来，从美国道琼斯发布的全球矿业指数（Global Mining Index）图来看，全球矿业指数下行明显，投资者对矿业市场的信心减少，

2010 年以后受到全球经济下行、贸易保护主义政策、地缘政治等因素的影响，投资者对矿业市场预期悲观。受到贸易争端的影响，世界经济强劲复苏的势头戛然而止，全球矿产资源资本市场受挫明显，矿产资源价格虽然在 2016 年逐步回升，但从 2018 年 5 月开始铜、铝、锌等大宗金属价格大幅下跌，锂、钴、镍等小金属价格迅速增长，重要矿产资源市场虽大体上供需平衡，但区域性不平衡现象明显，发达国家对新兴矿产资源的争夺竞争激烈。

世界重要矿产市场供应趋于紧张，美国、欧盟和日本高度重视战略矿产资源，美国将本国关键矿产目录扩大到 35 种①，欧盟委员会列出了 14 种"至关重要"的金属原料②。世界其他国家和地区政治、社会因素和突发事件加大世界矿产资源供应的不确定性，例如巴西大刀阔斧改革矿业管理体制，撤销原有矿产开发管理机构，成立巴西国家矿产局；同时改变矿业权益金的计征基础；建立涉及矿产包括稀土、锂和硅等战略矿产名录；开放亚马孙流域等更多地区勘探。非洲国家经济一体化发展迅速，刚果（金）在 2018 年 12 月宣布钴为战略性矿产，刚果和赞比亚都宣布上调钴、钽和锗矿的权益金比率，赞比亚新增贵重矿产黄金和宝石等 15% 的出口税。OPEC 成员国如沙特阿拉伯、厄瓜多尔和尼日利亚等为摆脱国家经济对矿产资源的过度依赖，摆脱资源"诅咒"，实现本国经济的多元化，纷纷出台开发优势矿产资源的国家政策。

世界矿业产业集中度明显加强，形成寡头垄断的市场格局。随着全球矿产资源领域的跨国并购浪潮的涌起，全球矿产资源的供给格局正在发生深刻变化，矿业企业产业集中度进一步提高，跨国矿业巨头控制全球矿业市场，美国、澳大利亚、加拿大和英国的矿业公司数量占据了世界矿业巨头的 72%，其中，矿业市场排名前十位的企业市值占全球矿业公司总市值超过 55%，并且控制了全球铁矿石的 75%、锡矿的 82%、铜矿的 78%、金的 60% 和锌的 60% 等。寡头垄断的格局依然形成，以美国为主的发达国家在全球矿产资源配置中处于主导地位，具有绝对竞争优势。因此，未来海外矿业市场博弈激烈，并购投资的争夺点主要在于在建矿山和在产矿山项目。2018 年美国发布的《2018 年全球勘查投入预算趋势》数据显示，由于收购在建矿山和在产矿山成本更低，初级矿业公司预算分配给在建矿山和在产矿山比例比新建项目比例分别高 13% 和 9%。

中国经济进入新时代，社会主要矛盾改变，经济增长速度明显放缓，矿产资

---

① 2018 年 5 月，美国将本国关键矿产目录扩大到 35 种，包括能源矿产 1 种（铀），黑色金属矿产 4 种（铬、锰、钒、钛），有色金属 7 种（铝、镁、钴、钨、锡、锑、铋），贵金属 1 种（铂族金属），"三稀"（稀有、稀土和稀散）矿产 17 种（铌、钽、铍、锂、锶、铷、铯、锆、铪、稀土元素、钪、锗、镓、铟、铼、碲、砷），非金属矿产 4 种（萤石、钾盐、重晶石、石墨），气体矿产 1 种（氦）。

② 2017 年，欧盟委员会列出了 14 种"至关重要"的金属原料，包括锑、铍、钴、氟矿石、镓、锗、石墨、铟、镁、铌、铂族金属、稀土、钽、钨。

源行业局部性产能结构性过剩现象明显，矿产资源的结构性改革迫在眉睫。因此，未来中国矿产资源安全面临的基本形势是能源矿产资源供给侧压力趋缓，矿产资源消费侧增速换挡，结构性问题突出以及矿产资源供给安全风险加剧。为实现矿产资源领域的可持续发展，结合当前中国资源供给与消费形势，在世界经济贸易格局大背景下，坚持绿色可持续发展，加强推进突破资源领域关键技术障碍，不断深入推进矿产资源供给结构的多样化，优化供应来源以实现内外联动，提高未来中国矿产资源外部供给来源的多元化水平。

（二）中国矿产资源安全供应风险日益增大

随着工业化进程的不断推进，一方面，如前文所述，中国正处于工业化中后期，经济的高速发展、城镇化进程加快等多种因素使中国加大了对矿产资源的消费，成为世界上最大的大宗矿产资源消费国家，然而多数矿产资源如铁矿石、铜、铝等人均可采储量远低于世界平均水平，主要金属矿产对外依存度较大，没有定价权，资源基础非常薄弱，安全供应风险日益增大。随着中国步入工业化中后期，基础设施高速建设时代接近尾声，中国经济产业结构转型加速，但消费总量仍将维持高位运行，受到全球矿产资源供给格局变化的影响，国内勘探投入趋于下行，进一步增大了中国矿产资源安全供应风险。

另一方面，发达国家推行"重振制造业"和"再工业化"战略，稀有金属矿产资源因其特殊的功能和用途，成为战略性新兴产业的关键原材料，会加剧下一步关键战略性金属矿产资源原材料领域的国际竞争。这轮国际竞争本质上是一国对稀有金属矿产资源战略能力的体现。美国、欧盟、日本、澳大利亚等国家和地区分别确定了关键原材料金属的矿产资源，对稀土、铟、镓、铌、钽、铂族金属各国都高度关注，中国也于2016年确定将钨、锡、钼、锑、钴、锂、稀土列为战略性矿产资源，在金属资源的国际定价权方面，中国在钽、铌等稀有金属进口市场的"贵买"与出口市场对钨、铟、稀土等的"贱卖"价格形成了鲜明的对比，中国在稀有金属矿产资源所遭遇的"中国困境"，源于稀有金属矿产资源的定价机制已经远远超出了矿产资源供求均衡的范畴，国际产品贸易规则的制定权与定价权牢牢掌握在发达国家垄断集团手中，它们的一举一动成为市场风向标，垄断企业集团的合成议价能力左右着国际金属矿产资源市场价格的风云变幻。

（三）中国矿产资源消费产业链高端应用亟待提升

中国的工业化历程与发展阶段决定了中国工业的总体水平，决定了国家的产业体系和技术装备水平，进而决定了中国矿产资源消费的产业链高端环节发育不足、产品附加值偏低的现状。在当今工业化阶段，中国矿产资源消费的产业链低价值与产业结构优化升级的矛盾，国内高技术产业发展的整体水平以及原材料的需求结构制约了中国矿产资源高端应用和矿产资源产业链高附加值环节发育。

一国的工业技术水平决定着原材料资源开发利用的综合能力，中国优势矿产资源的深加工和高端应用受制于中国工业化发展阶段及原材料工业的总体水平。如图5-45和图5-46所示，以钨为例，2017年中国、美国和日本在第一消费领域（硬质合金）占比的差异（中国占比为49%，日本为72%，美国为60%），实质上却是钨产业竞争力及钨产业链的下游应用的差距。与世界主要发达国家相比，中国在钨的应用领域产业链构成尚不合理，与发达国家差距较大。

此外，中国具有资源环保优势的再生资源利用水平不高，例如，2017年中国再生铅产量占的比重只有32.7%，远低于美国61.6%和日本52.6%的水平。还有，采矿废石的利用率较低，铁矿、铜矿、钨矿、金矿等矿产资源的综合利用率虽然都高于50%，但废石利用率均低于全国17.8%的平均水平。

（四）中国矿产资源消费亟须向绿色安全趋势转变

保护生态环境是全人类的共同呼吁与要求。怎样尽量避免在矿产资源消费环节对环境的损害，实现矿产资源的综合、高效、清洁利用，已成为全球需要迫切解决的重大科技与社会经济问题。发达国家政府与国际机构共同发起绿色矿业战略计划，欧盟在2005年实施自然资源可持续利用主题战略，联合国教科文组织于2008年将矿产资源的可持续开发利用作为国际行星地球年（IYPE）的主题，美国能源部实施《矿物工艺技术路线图（2000-2020）》。中国加快矿产资源绿色高质量发展，推动矿产资源消费过程资源开发利用的全流程管理与治理，是新时代中国矿业持续健康发展的必然选择。

党的十九大报告把生态文明建设与绿色发展提到了前所未有的高度。随着工业化中后期传统产业转型升级以及精准扶贫等国家重大战略和"一带一路"国际产能合作的实施，都需要大量的矿产资源消费作为支撑和基础。另外，新科技新产业新模式对新材料与稀有矿产资源的消费需求将提高。中国矿产资源消费产业链条上高排放、高耗能、开采回收率和循环利用率较低等问题与地表环境破坏、土壤污染、地下水污染等依然存在。但更加注重矿产资源的综合、高效和清洁利用是工业化中后期中国矿产资源消费的另一时代特征。

随着矿产资源绿色发展步伐明显加快，中国在政府主导下，采取以企业为主体，协会为支撑，政策为保障，市场运作发展的转型升级模式。2016年12月，《中华人民共和国环境保护税法》公布，《中华人民共和国环境保护税法实施条例》（2018年1月1日）施行。这是中国第一部专门体现"绿色税制"，推进生态文明建设的单行税法。自2018年1月1日起，中国开征环保税，停止征收排污费（见表7-2）。

表7-2 中国环境保护税涉矿税目税额

税目		计税单位	税额
大气污染物		每污染当量	1.2~12 元
水污染物		每污染当量	1.4~14 元
固体废弃物	煤矸石	每吨	5 元
	尾矿	每吨	15 元
	危险废物	每吨	1000 元
	冶炼渣、粉煤灰、炉渣、其他固体废物（含半固态、液态废物）	每吨	25 元
噪声	工业噪声	超标1~3分贝	每月 350 元
		超标4~6分贝	每月 700 元
		超标7~9分贝	每月 1400 元
		超标10~12分贝	每月 2800 元
		超标13~15分贝	每月 5600 元
		超标16分贝及以上	每月 11200 元

资料来源：中华人民共和国自然资源部.中国矿产资源报告2018［M］.北京：地质出版社，2018.

目前，中国在矿场资源消费过程中涉及的税主要有增值税、资源税、企业所得税、出口关税、出口退税等。由于矿产资源企业承担的税是非利润税，企业较难将非利润税收的成本转嫁给消费者，影响矿产资源企业的竞争力。

二、面向新时代的中国矿产资源消费政策

在世界矿产资源供给和消费格局发生深刻变化的全球化背景下，中国为承担气候变化新责任，展现负责大国的形象，加快矿业供给侧结构性改革的步伐，调整矿产资源结构也刻不容缓，从而保证矿产资源的总体安全，特别是国家对战略性新兴矿产资源的调控，已经成为国家发展"十三五"规划的重要组成部分，因此将绿色发展理念深入改革内部，推进资源领域供给侧革命，才能使矿产资源生产率和利用率的提高更加深入推进，切实构建适应大国竞争、面向新时代的矿产资源消费战略。

中国要做好关键矿产资源的战略定位与布局，加强勘查布局夯实资源基础与战略储备，做好整体规划、统筹联合发展产业链、开展科技创新的工作，加强综合利用技术，以保障和支撑国家资源安全和可持续发展，捕捉新技术发展和随之而来的物质需求。

2016年《全国矿产资源规划（2016-2020年）》发布，树立了中国矿产资

源的总体目标，为保障国家经济安全和战略性新兴产业发展的需求，将金属矿产（铁、铬、铜、铝、金、镍、钨、锡、钼、锑、钴、锂、稀土、锆）和非金属矿产（磷、钾盐、晶质石墨、萤石）等24种矿产资源列入战略性矿产目录，作为中国矿产资源宏观调控和监督管理重点，在资源配置、财政投入、重大项目、矿业用地等方面加强引导和差别化管理，提高资源安全供应能力和开发消费利用水平。

（一）加大矿产资源开发力度，增强全球资源整合能力

进入中国工业化中后期，中国矿产资源开发要有"国家全球战略"。这一阶段的矿产资源开发，要"立足国内，放眼全球"，充分利用国内国际两种资源，两个市场。

作为矿产资源的消费大国，矿产资源的开发要有大国的经略，首先是立足国内，不断增强本国矿产资源的保障能力，全面建立保护性矿产资源名录，增加保护性矿种，如稀有金属矿产。依托国家找矿突破战略，运用世界找矿先进技术，加大勘探开发投入力度，织密侦查网络。顺应全球矿业投资全球化战略，因地制宜采取多种方式进行海外投资开发，如全球海洋资源勘探开发等新趋势，拓展矿产资源勘查的新领域、新空间。

其次是放眼全球。在过去的十多年里，中国加快了在全球范围内收购大宗矿产资源的步伐，海外矿业投资目前的主要方式是矿产项目的收购，要面临境内外不同的国家安全审查、境外政治法律制度风险、工会和劳工问题以及法律变化风险等。在全球矿业经济政策不断变化调整的大形势下，进一步加强资源外交，保障矿产品进口的稳定供应，争取持久稳定的地缘政治环境，建立有效的企业联盟贸易谈判机制，提升中国在海外的议价能力，通过跨国公司或国际财团与大的矿产品出口国建立长期供货合同，建立稳定的国外供矿基地。

在"一带一路"倡议下，通过"基础设施换资源"等方式，促进相关利益方实现优势互补，将资源丰裕国的资源和市场优势与中国的产业、技术和人才优势相结合，通过跨国公司与资源丰裕的矿产品出口国建立长期供货合同，建立稳定的国外供矿基地，获得相对稳定的金属矿产资源海外供给渠道，借力海外矿产资源开发，更加广泛、深入地参与地区资源整合，重塑地缘经济、政治、外交格局，不断提升全球治理能力。

（二）发挥资源储备功能，建立完善战略储备机制

矿产资源战略储备机制作为宏观的、间接的市场调节政策，是稳定矿产资源市场价格、调节矿产资源需求的重要手段，通过储备商品的吞吐、相机抉择、反周期运作，直接影响供求价格，稳定国内市场，间接调控和影响国际资源市场价格。战略储备指由政府直接通知，用以实现其调控市场供需或者应对供给终端等

紧急情形的大宗商品储备问题。广义储备包括由政府、民间组织和企业所持有的某大宗商品库存总量。按照国际惯例，矿产资源的战略储备通常有矿产地封存储备和矿产品收储储备。矿产地封存储备是建立战略保留基地（探明储量的矿），基地内禁止商业性勘察开发，仅供国家非常时期使用，目的是保障中长期需求和经济社会的可持续发展；矿产品收储储备是根据矿资源市场行情的变化，实施动态储备。矿产资源战略储备的战略意义，一是维护国家安全和经济安全（陆书玉，1997；王玉平，1998），二是增强国家的宏观调控能力及国际话语权（杨子健，2008），三是对"WTO 规则"的有效规避，从源头上保护资源，降低国家外汇储备风险（任忠宝等，2012）。

世界主要发达国家如美国、日本、德国等均有着完善的战略储备体系，其中美国是世界上最早将矿产资源战略储备制度化的国家，从能源矿产资源到战略性矿产资源，储备主体主要由专门的政府机构负责，是典型的集中管理、单一主体制。日本则奉行官民共举的共同主体模式，政府机构（通产省）与各公团与企业全面合作进行矿产资源储备。尽管资源的储备模式有区别，但两国都从主体权限、具体操作程序、储备目标、储备购入与动用的时期和条件等方面对矿产资源战略储备的高效运转作了极其详细的规定，通过多样化渠道的筹措资金，财政筹资、政策性筹资、债券筹资、国际金融机构筹资和自筹资金等多种方式，为战略储备提供资金保障；通过制定储备法律，为各国实施战略储备提供强大的制度约束，如美国《战略物资储备法》《国防生产法》《能源政策和保护法》，日本《金属矿业事业团法》以及德国《石油储备法》等，为矿产资源战略储备的顺利实施奠定了坚实的资金与法律基础。

从经济学角度分析，国家战略储备对金属矿产资源的影响主要有以下两个方面：

一是短期的国家收储与放储行为能调节稀有金属矿产资源市场供给、平抑价格。中国国家高层曾经一度忽视对矿产资源战略储备，在稀有金属矿产资源方面的战略储备须从保障程度、管理体制等方面完善。以稀土为例，中国对稀土的储备一直停留在企业层面，直到 2011 年，国务院发布《国务院关于促进稀土行业持续健康发展的若干意见》（国发〔2011〕12 号）明确建立稀土战略储备体系，稀土储备才上升到国家战略层面。以钨金属为例，国储局近三年已经实施了五次钨精矿收储行为，对市场信心提振作用明显。从经济学角度分析纳入战略储备的钨精矿供需模型，如图 7-4 所示。战略储备行为改变需求和供给，在收储阶段，国家的收储行为增加了市场最终需求之外的需求，需求增加以及短期需求量的增加使钨精矿价格上升；在放储阶段，增加了真实生产之外的额外冲击，供给增加仅仅从一个静态的供需模型是无法判定的，所以短期的收储与放储行为更多地改变的是短期内的矿产品价格。

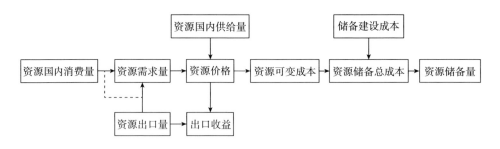

图7－4　矿产资源战略储备原理

二是长期战略储备增强国家对稀有矿产资源的宏观调控能力，控制稀有矿产资源的国际定价权。美国、日本等发达国家很早将稀有金属矿产资源视为重要的战略资源，通过加强矿产资源储备，削弱其他资源储量大国的地位，控制稀有矿产资源的国际定价话语权，实施"一揽子"的战略储备计划，对矿产资源战略储备制定了完善的储备法律。以稀土为例，美国看到中国稀土资源储量大、价格低廉的现状，在 20 世纪 90 年代封闭国内最大的稀土矿即芒廷帕斯矿，停止生产本国稀土产品，用进口替代的战略保存本国稀土资源，大量进口中国稀土，从而使本国稀土储备力度进一步加大。芒廷帕斯矿稀土矿山是在中国以外地区已发现的最大稀土矿山，稀土氧化物现有蕴藏量估计约 96 万吨，边界品位 5%，若按年产量 19090 吨计算，可开采期将超过 30 年。日本在 1983 年就拥有明确的稀土战略储备，据早在 2008 年"稀有金属"数据库的统计，日本已成功完成近 50 年稀土储备，中国的出口调控政策并未造成美国、日本等国家原材料上的缺口。与此相反，近年来发达国家的"脱稀土化""去中国化"的战略调整思路已经非常明确，政策措施逐步到位，发达国家已经开始影响稀土等战略性矿产资源的国际供求格局。

面向发达国家的大国竞争，中国矿产资源消费战略构建之一即从制度设计层面建立完善战略储备体系，包括以下几个方面：

第一，要加快适合中国国情的矿产资源储备立法。目前，中国尚未建立本国矿产资源储备的法律，缺乏立法保障及相关配套制度是完善战略储备体系所面临的首要问题。目前，仅针对石油制定了相应的储备制度，建立了镇海、舟山、大连、黄岛四个国家级战略储备油库，预计 2020 年将达到近 90 天的石油储备量，但与美国 150 天和日本 180 天的石油储备量相比，还需要进一步扩大品种和规模。中国对金属矿产资源的战略储备才刚刚起步，近年来尽管加大了产业政策规制、净出口规制，但在一些矿产资源如优势矿产资源的矿产安全的国际规制仍旧处于混乱无效或失效的状态。面对复杂而严峻的国际形势，为使中国矿产资源的消费利用更加合理有效，国家也出台了一些储备意见，如稀土管理的《国务院关于促进稀土行业持续健康发展的若干意见》（2011年），意见中提出"按照国家储备与企业（商业储备）、实物储备和资源（地）储备相结合的方式，建立稀土战略储备"。稀土储备工作启动已八年，但因为没有相应的法律制度的建立，对紧缺矿产资源法律规定不足，使现有的储备政策作用受限。自然资源部（原国土资源部）制定的《全国矿产资源规划（2016－2020年）》，也提出要健全矿产地储备机制，完善矿产储备体系，保障资源供应的国家安全与代际公平，但仍未出台相关的法律法规。因此，中国亟须快速建立矿产资源尤其是战略性矿产资源的资源储备制度。

第二，加快建立高效的储备管理体制。中国的矿产资源储备制度起步晚，储备管理体制机制不健全，政企不分，定位不明确，因此在法律制度确立保障之下，借鉴发达国家战略储备的成熟的管理体制经验，并结合中国实际，设立战略性矿产资源的宏观、中观、微观层面的三级管理体制。首先在宏观层面，由国务院及其下设的自然资源部负责实施战略性矿产资源储备事宜的国家战略资源储备局，提出资源储备的指导思想，制定法律、法规、政策，并对中观和微观层面的机构和部门指导监督。其次在中观层面，设立非营利目的的国家战略性矿产资源经营管理机构，在上一级指导下具体负责日常运作管理及具体实施储备进出库问题。最后在微观层面，成立具体承担矿产资源储备任务的基层单位，以各个战略性矿产资源储备基地公司为主。

第三，建立以国家为主、企业为辅，适合优势资源与稀缺资源的战略储备方式。作为矿产资源战略储备的主体之一，国家凭借政府财政筹资实现全国范围内矿产资源战略储备的宏观调控，并同时建立民间储备制度以协调国家储备；企业采用债券筹资、自筹资金等形式对优势资源采用民间储备方式，通过行业组织建立民间储备基地，辅以相应的产业政策和贸易政策，国家根据国际国内市场供求波动和资源开发状况来决定调控步伐，通过预期规定民间矿产资源储备的最低限额，并辅有相应的惩戒措施。

第四，制定战略储备的长期规划与目标。以资源可持续利用为原则对储备品种选择具有战略意义的资源和国内稀缺的资源，鼓励矿产资源企业"走出去"，为国内矿产资源储备寻求海外市场，改变诸如出口创汇目标等短期经济行为，以可持续发展的理念进行优势矿产资源的战略跨期储备，为未来大国竞争提供足够必要的资源物质基础。此外，要注意收储和放储的规模额度。

矿产资源储备方式储备机制运行成本低，对资源调控效果显著，在短时期内可发挥作用，同时具有较大的政策弹性，对市场相关利益主体的影响也较为温和。通过矿产资源储备政策，可以提高我国控制资源危机准备的能力，有效保护资源，完善国内资源市场环境。

（三）提高综合利用效率，加强资源高端应用能力

从工业化进程来看，中国对矿产资源利用的整体水平是由其所处的工业化阶段的特征决定的，即对矿产资源性能的认识和开发利用，归根结底取决于一个国家和地区的产业体系和技术装备水平（中国社会科学院工业经济研究所未来产业研究组，2017）。长期以来，中国在矿产资源开发利用环节技术加工粗放，设备工艺落后，深加工与高端利用水平不够，把初加工资源型产品大量输出国外，具有优势的金属矿产资源长期以来并未真正形成产业链终端环节的优势。

中国进入工业化中后期，金属矿产资源低端过剩、短板突出，产业结构深层次问题凸显。部分中低端加工领域存在产能过剩风险，因此严控这些产能过剩行业新增产能任务依然十分艰巨，如电解铝行业。此外，在新兴领域，锂盐、三元材料前驱体在 2018 年也出现阶段性产能快速扩张。同时，高端材料及绿色冶炼短板明显，航空航天、集成电路用关键有色材料仍依赖进口，部分冶炼行业实现特排限值要求，还缺乏产业化技术支撑，资源的高端应用水平成为资源发展的重要瓶颈。

作为矿产资源的消费大国，中国要想成为矿产资源的消费强国，必须有强大的战略能力作支撑，认清各类矿产资源在国际国内各产业原材料的地位和作用，矿产资源开发利用的国家战略要始终把提升高端应用水平作为出发点和落脚点，全面评估中国矿产资源的开采条件和应用潜力，把握政策重点，为"工业强基"提供有力的原材料保障。随着供给侧结构性改革深入推进，大宗有色金属行业要以去产能为抓手，控产能、调结构和去杠杆仍需同时不断推进，通过退出、转型转产、兼并重组等方式，分情况、分类别进行大宗矿产资源化解过剩产能的工作，对具有传统优势的矿产资源，从全产业链分环节化解过程产能，对短缺金属矿产资源，从冶炼环节化解过剩产能，对替代性较强且污染较强的矿产资源，重点化解生态脆弱地区和冶炼环节产能，促进绿色矿山建设，着力从应用端引导产业转型升级、提质增效。对战略性关键原材料金属要牢牢把握、统筹兼顾"开放利用"和"合理管控"两方面的政策需求，切实减少政府直接干预以国际视野和规范不断优化出口政策工具，转变资源消费方式，促进消费观念的转变，从低成本消费资源向全成本消费资源转变，挖掘企业技术潜力，从资源驱动型向创新驱动型转换。

在资源产业链上游开采环节，优化存量，依靠技术创新，开发先进技术，提升产业链智能化、绿色化发展水平，大力提高资源综合开发和回收利用率。紧跟全球矿业发展新潮流，制定有色金属智能矿山、工厂建设指南，建设"智慧矿

山"。通过更加智能化的设备和软件控制开采冶炼工艺流程和规模，实现"精准开采"，使矿产品的品质和供给方式能够更好地对接智能制造对原材料日益多样化的需求，而且在综合要素成本攀升的情况下，资源企业对劳动生产率提升的诉求为"机器代人"提供了广阔空间（中国社会科学院工业经济研究所未来产业研究组，2017）。

在资源产业链下游应用环节，对优势矿产资源，须以资源上游优势为基，从产品的产业价值链改进，运用产业政策扶持和政策优惠施行，大力增加产品深加工领域的科技创新投入，使产业链不断向下游延伸，推动具有国际竞争力的大型企业集团发展，极大助推企业产业结构升级，推动专业化、特色化发展下游高精尖高附加值产业，逐步推进与国内、国际一流企业的战略合作，真正形成集矿山、冶炼及深加工于一体的完整资源产业链，切实打造世界范围内具备独特综合优势的矿业集团，从而改变中国资源产业"大而不强"的局面。

（四）优化资源消费结构，加快绿色转型实现高质量发展

矿产资源消费结构包括资源消费途径、消费过程中的影响因素，资源在不同消费领域消费强度的变化以及消费方式等方面。本书以铜矿产资源为例，对其消费结构进行分析可得铜消费结构及影响因素如图7-5所示。依据前文分析的结构，铜资源消费主要在电力电子业、空调制造业、交通运输业、建筑业等。影响铜资源消费的因素主要有经济增长、工业化、城镇化、消费强度、技术进步及价格。这些因素的综合作用，使铜资源消费在工业化三个阶段：1953～1978年、1979～1992年、1993～2016年的影响因素大小并不相同。

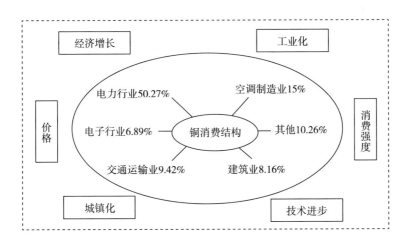

图7-5　中国铜消费结构及影响因素

从第六章的研究结果可知，国内铜消费仍处在增长阶段，有一定的消费增长空间，随着行业政策调整，铜上游资源的扩张力度加大，主要表现在企业海外收购资源的力度有所加大。与此同时，闪速炉、诺兰达工业在国内已被普遍采用，尤其是湿法炼铜工艺以低成本、环保的优势，引导铜的下游消费向规模化、低成本、高新技术发展转化。由于铜冶炼行业是重能耗与重污染行业，继续降低铜等资源冶炼能耗，加快传统冶炼在绿色、低排、无害、综合利用等方面技术创新，补齐绿色制造短板，提高"三率"的采矿与开放利用技术，鼓励产业集聚区开展供需对接。

针对矿产资源消费过程中的浪费与环境破坏等外部不经济性，首先出台与发展绿色矿业相关的扶持政策，从财政、税收政策角度促进市场主体参与，完善绿色财政税收服务配套机制，绿色矿产提供融资平台，从而形成激励与约束机制相结合的绿色财税体制。具体的税收支持可以从增加矿产资源消费流通环节中矿产品税负水平，减轻资源节约利用行为的税收负担两个方面做起。将税收减免、"免二减三"、即征即退等政策实施到具体的对象企业，形成有利于绿色矿业经济发展的税收政策体系，促进中国矿产资源绿色与高质量发展转型。

针对再生资源环节，增加二次资源回收和循环利用，减少金属矿产原矿消耗。进入工业化中后期，须显著提升铁、铜、铝等大宗金属矿产二次资源的地位和作用，提高全社会对二次资源地位和潜力的认识，通过政府引导和企业积极参与，发展矿产资源回收利用产业，提高废金属加工配送能力，减少原矿石的开采和消耗，一定程度上降低矿石供应风险。

第八章 结论与展望

第一节 研究结论

本书从史实资料到现实分析，从理论分析到实证检验，从多国比较到聚焦中国，紧紧围绕工业化演进视角下，矿产资源消费的总量、结构、战略这一主题展开探讨与论证。本书的主要结论如下：

一是勾勒出发达国家矿产资源消费总量与结构的一般规律。通过对英国、美国、德国、日本四国工业化演进中矿产资源消费总量和结构的分析，基于国际经验的比较结果表明，不同国家虽然工业化的基础条件、历史进程不同，但在消费总量和结构方面呈现出相同的规律特点。其中，人均 GDP 与人均矿产资源消费量大致都呈现出"缓慢增长—快速增长—到达顶点—趋于下降"的规律性演变趋势，矿产资源消费强度大致呈现出库兹涅茨曲线规律，产业演进的规律呈现协同与一致的特点。但基于不同国家、不同发展阶段，这种演变趋势会有差异与独特性，同一种矿产资源，由于各国工业化时代的不同，人均矿产资源消费的峰值顶点、矿产资源消费强度顶点会有分异现象。

二是验证了工业化国家原材料库兹涅茨曲线（EKC）的存在性。在对英国、美国、德国、日本四国工业化史实比较总结的基础上，运用计量经济学分析工具进行了实证，验证了各国所选矿产资源库兹涅茨曲线（EKC）的形状、拐点坐标、拐点人均 GDP 以及拐点人均矿产资源消费量。

其中，英国、美国、德国和日本分别在 1957 年、1954 年、1974 年和 1979 年出现铁矿石 EKC 曲线，其拐点坐标分别为（9.4359，6.4482）、（9.7119，6.801）、（10.101，6.1778）和（9.9385，7.0359），曲线拐点处的人均 GDP 位于 1.2 万 ~2.5 万元（2011 年不变价），拐点处人均铁矿石消费量还存在一定的差异，处于 600 ~ 1200 千克；四国分别在 1977 年、1966 年、1998 年和 1990 年出现铜 EKC 曲线，其拐点坐标分别为（9.8707，2.2293）、（10.0226，2.3973）、（10.4926，2.8992）和（10.2944，2.5717），曲线拐点处的人均 GDP 位于 1.9 万 ~ 3.6 万元（2011 年不变价），拐点处人均金属铜消费量还存在一定的差异，处于 9 ~ 18 千克；出人意料的是，铅的参数回归结果不支持原材料 EKC 假设，其中英国和德国库兹涅茨曲线模拟未通过检验，美国和日本通过了检验，但曲线形状不符合 EKC 图形，究其原因，是与铅金属的特性以及产业链下端消费引起数据的不平稳导致的。

三是验证了发达国家工业化进程中经济增长和价格对人均矿产资源消费量的短期影响和长期影响。以铁矿石、铅、铜三种金属矿产资源为代表，以英国、美国、德国、日本四国历史数据为基础，构建非平衡跨国动态面板，研究结果显示，每个国家短期影响是各有差异的，但长期影响趋于一致，即尽管每个国家初始禀赋不同，制度、文化、环境等外生因素不同，经济在发展过程中所走的路径和速度也不同，但最终收敛到的终点是相同的。实证结果表明：人均 GDP 的提高会引起矿产资源消费量的增加，人均 GDP 增加 1% 会引起铁矿石的消费增加 2.1245%、铜的消费增加 0.723%、铅的消费增加 0.524%，铁矿石作为工业化进程中重要的大宗矿产，铁矿石消费随人均 GDP 的增长的幅度最大，其次为铜，再次为铅；价格机制对矿产资源消费的影响短期不显著，长期影响不大。

四是回顾了中国自 1920 年开始的工业化演进特点，详细阐述了不同工业化阶段下中国矿产资源消费的特点，以时间和人均 GDP 为维度，考察了人均 GDP 与人均矿产资源消费量、人均 GDP 与矿产资源消费强度、产业发展与矿产资源消费之间的关系。采用 Divisia 因素分解的 LMDI 实证方法，以铜资源为例，阐释了工业化中后期中国矿产资源增长的内因，对矿产资源消费量从规模效应、结构效应、效率效应三个维度进行因素分解，以探求中国矿产资源消费增长过程中各效应的作用强度。结果发现，中国工业化中后期阶段，导致铜消费量变化的主要原因为规模效应变化，人均 GDP 增加是铜消费量增加的主要拉动因素，产业结构变化在这一时期对铜消费的影响主要为负向调节作用，且这种负向调节的力度自 2014 年逐年增大。

五是建立中国矿产资源消费影响因素的 STIRPAT 模型，在不同工业化阶段探讨各因素对矿产资源消费的影响。根据中国矿产资源消费影响因素的特点，以 STIRPAT 模型为基础构建经济增长、工业化、城镇化、资源消费强度、技术进步、价格等影响因素，依据前文对工业化阶段的划分，以铜资源消费为例，按照 1953 ~ 1978 年、1979 ~ 1992 年与 1993 ~ 2016 年三个区间段分阶段分析影响中国矿产资源消费的因素。结果表明，各个影响因素对中国铜消费增长的作用机理与影响机制在三个发展阶段各不相同。总体来看，工业化和经济增长在 1953～1978 年对中国铜消费的影响最大；而在 1979～1992 年这一阶段，消费强度、经济增长和城镇化是中国铜消费增长的最主要贡献因子；1993～2016 年，经济增长、消费强度和城镇化对中国铜消费增长影响较大。经济增长在这三个阶段的促进作用一直比较强，消费强度对铜消费的增长促进作用逐步减弱，城镇化对铜消费的增长促进作用逐步增强。

六是结合理论分析和实证结果，重点考察了面向新时代的中国矿产资源消费政策。本书主张面临新时代矿产资源外部环境和内部条件的变化，大国竞争的压力，以新科技新产业新模式推动发展动能转换及其对矿产消费结构的影响，提出构建适应大国竞争，建立现代经济体系，提出实现高质量发展、面向工业化中后期的中国矿产资源消费战略总体思路和具体政策建议，通过完善矿产资源开发，增强全球资源整合能力；发挥资源储备功能，建立完善战略储备体系；提供综合利用效率，加强资源高端应用能力；优化资源消费结构，实现绿色与高质量发展转型。

第二节 研究展望

进入新发展阶段，中国经济由高速增长转为中高速平稳增长，中国工业化和城镇化提速、相对偏低的生产要素利用率和产出效率、高昂的资源与环境代价并存的局面进一步加剧了新发展阶段的主要矛盾，促使中国重新审视矿产资源高消耗及粗放型增长方式带来的影响和后果，进而反思如何在工业化中后期体现出中国矿产资源消费总量和结构发展的一般性和独特性。

未来中国的工业化道路，一方面，产业结构日趋高级化，新工业革命兴起及绿色化智能化发展，新产业新模式新业态推动经济增长的新旧动能转换；另一方面，中国政府做出的到 2030 年碳排放总量达峰的国际承诺和 2060 年前实现碳中和的战略目标，为中国下一阶段的能源转型和绿色发展指明了方向，以新发展理念构建新发展格局的战略调整，对国内钢铁、有色、建材、石化等高排放部门的技术进步和"去产能"形成了强有力的"倒逼效应"。面对国内外发展环境的重大变化，矿产资源消费无论是总量、结构还是消费方式都将经历深刻变革，在很多领域无法照搬发达国家工业化的经验。

可以预见，新一轮科技革命和工业革命下，主要工业大国之间围绕战略性矿产资源的竞争加剧。同时，世界百年未有之大变局加剧了世界经济"去全球化"、全球供应体系"去中国化"的风险。而从国内的情况来看，中国对铜、镍、铅等资源的需求将伴随着汽车、机械、电子等制造业的进一步扩张而缓慢增加，并逐步达峰。未来将推动新能源、智能电子、高端制造、军工及航空航天等新兴行业进入快速发展期，与之对应的锂、铍、铌、钽、铟、锗、镓等矿产资源的需求将会不断上升。中国矿产资源所面临的供给和需求的现实使中国矿产资源、消费的研究更加有必要、有意义、有难度。由于笔者理论水平和实践经验有限，再加上数据收集的困难，本书研究仍存在一些局限，今后应从以下方面拓展相关研究：

一是在选择数据样本时仅选择了英国、美国、德国、日本和中国，受数据可得性的限制，没有把更多其他发达国家和发展中国家纳入工业化史实研究与实证研究，是本书的一大不足。今后将继续收集相关数据，钻研统计方法，引入更多发达国家和发展中国家数据样本，选取多种矿产资源，设计更为科学、合理、周到的指标与模型加以研究，探寻不同工业化水平下国家之间矿产资源消费总量和结构的区别，对矿产资源消费总量变化的影响因素做出更精确的测度。

二是在实证分析和检验部分，未加入绿色发展相关变量。引入绿色发展相关变量，对矿产资源消费总量变化做出更为精准的测度，用以指导国家矿产勘查战略布局、绿色矿山建设、城市矿产开发及产业链构建、深化"一带一路"沿线国家能源矿产合作以及气候变化谈判和"碳中和"目标下"绿色规则"的制定等重要工作成为下一步研究的重点。

三是今后应强化工业化中后期稀有矿产资源消费规律的探索，构建全面、系统、可动态调整的中国关键原材料保障能力的评价指标体系，更好地满足新能源、新材料、智能制造等新产业新模式的发展。同时，运用产品空间分析法（Product Space Analysis）、博弈论等方法和工具，分析评价中国矿产资源各产业链环节的国际竞争力，运用不完全信息动态博弈模型研究后发国家突破矿产资源国际竞争格局的路径，从而有效应对战略性矿产资源的国际竞争。

参考文献

［1］ Ang B. W. , Zhang F. Q. , Choi Ki – Kong. Factorizing Changes in Energy and Environmental Indicators Through Decomposition ［J］. Energy, 1998, 23 （6）: 489 – 495.

［2］ Ang B. W. . Decomposition Analysis for Policymaking in Energy: Which is the Preferred Method ［J］. Energy Policy, 2004 （32）: 1131 – 1139.

［3］ Ang B. W. . The LMDI Approach to Decomposition Analysis: A Practical Guide ［J］. Energy Policy, 2005, 33 （7）: 867 – 871.

［4］ Auty R. M. . Industrial Policy Reform in Six Large Newly Industrializing Countries: The Resource Curse Thesis ［J］. World Development, 1994, 22 （1）: 11 – 26.

［5］ Auty R. M. . Natural Resources & Civil Strife: A Two – stage Process ［J］. Geopolitics, 2004, 9 （1）: 29 – 49.

［6］ Barro R. J. , Sala – i – Martin X. . Convergence ［J］. Journal of Political Economy, 1992, 100 （2）: 223 – 251.

［7］ Berndt E. R. , Wood D. O. . Technology, Price, and the Derived Demand for Energy ［J］. Review of Economics and Statistics, 1975, 57 （3）: 259 – 268.

［8］ British Geological Survey. Statistical Summary of the Mineral Industry: World Production, Exports and Imports （1913 – 1952） ［M］. London: Her Majesty's Stationery Office, 1913 ~ 1952.

［9］ Chen Z. . Global Rare Earth Resources and Scenarios of Future Rare Earth Industry ［J］. Rare Earth, 2011, 29 （1）: 1 – 6.

［10］ Clark A. L. , Jeon G. J. . Metal Consumption Trends in Asia – Pacific Region: 1960 – 2015 ［R］. Manila: Pacific Economic Cooperation Conference, 1990.

［11］ Commoner B. . Making Peace with the Planet ［M］. New York: New Press, 1992.

［12］ Dasgupta P. S. , Heal G. M. . Economic Theory and Exhaustible Resources

[M]. London: Cambridge University Press, 1979.

[13] Davis G. A.. Learning to Love the Dutch Disease: Evidence from the Mineral Economies [J]. World Development, 1995, 23 (10): 1765 – 1779.

[14] Denison E. F., Felderer B.. Why Growth Rates Differ [J]. Southern Economic Journal, 1969, 35 (3): 281.

[15] Dietz T., Rosa E. A.. Effects of Population and Affluence on CO_2 Emissions [J]. Proceeding of the National Academy of Sciences of the USA, 1997 (94): 175 – 179.

[16] Dietz T., Rosa E. A.. Rethinking the Environmental Impacts of Population, Affluence and Technology [J]. Human Ecology Review, 1994 (1): 277 – 300.

[17] Ehrlich P., Holdren J.. One – dimensional Economy [J]. Bulletin of the Atomic Scientists, 1972 (28): 16 – 27.

[18] Fei J. C. H., Ranis G.. Development of the Labor Surplus Economy: Theory and Policy [M]. Illinois: Irwin Homewood, 1964.

[19] Galli R.. The Relationship between Energy Intensity and Income Levels: Forecasting Long Term Energy Demand in Asian Emerging Countries [J]. The Energy Journal, 1998, 19 (4): 85 – 105.

[20] Gelb A. H.. Oil Windfalls: Blessing or Curse? [M]. New York: Oxford University Press, 1988.

[21] Griffin J. M., Gregory P. R.. An Inter – country Translog Model of Energy Substitution Responses [J]. American Economic Review, 1976, 66 (5): 845 – 857.

[22] Gylfason T.. Natural Resources, Education, and Economic Development [J]. European Economic Reviews, 2001 (45): 847 – 859.

[23] Harvey S. P., Lowdon W. J.. Natural Resources Endowment and Regional Economic Growth [R]. Baltimore: Natural Resources and Economic Growth, 1961.

[24] Hossain M. S.. Panel Estimation for CO_2 Emissions, Energy Consumption, Economic Growth, Trade Openness and Urbanization of Newly Industrialized Countries [J]. Energy Policy, 2011, 39 (11): 6991 – 6999.

[25] Hotelling H.. The Economics of Exhaustible Resource [J]. Journal of Political Economy, 1931, 39 (2): 137 – 175.

[26] Hubbert M. K.. Techniques of Prediction with Application to the Petroleum Industry [A]. 44th Annual Meeting of the American Association of Petroleum Geologists [C]. Dallas: Shell Development Company, 1959.

[27] Jorgenson D. W., Griliches Z.. The Explanation of Productivity Change

［J］. Review of Economic Studies, 1967, 34 (1): 249 – 280.

［28］ Kaya Y.. Impact of Carbon Dioxide Emission Control on GNP Growth: Interpretation of Proposed Scenarios ［R］. Paper Presented to Energy and Industry Subgroup, Response Strategies Working Growp, Intergovernmental Panel on Climate Change, Paris, France, 1989.

［29］ Kingsnotth D. J.. Rare Earths: Facing New Challenges in the New Decade ［C］. Phoenix: SME Annual Meeting, MCOA (Industrial Minerals Company of Australia Pty Ltd.) Presentation, 2010.

［30］ Malenbaum W.. Laws of Demand for Minerals ［C］. New York: Proceeding for the Council of Economics, 1975.

［31］ Malenbaum W.. World Demand for Raw Materials in 1985 and 2000 ［M］. New York: McGraw – Hill, 1978.

［32］ Mitchener K. J., Mclean I. W.. The Productivity of US States Since 1880 ［J］. Journal of Economic Growth, 2003, 8 (1): 73 – 114.

［33］ Mohammadi H., Parvaresh S.. Energy Consumption and Output: Evidence Form a Panel of 14 Oil – exporting Countries ［J］. Energy Economics, 2017, 41 (6): 41 – 46.

［34］ Papyrakis E., Gerlagh R.. Resource – abundance & Economic Growth in the United States ［J］. European Economic Review, 2007, 51 (4): 1011 – 1039.

［35］ Papyrakis E., Gerlagh R.. The Resource Curse Hypothesis and Its Transmission Channels ［J］. Journal of Comparative Economics, 2004, 32 (1): 181 – 193.

［36］ Phillip L.. Economic Considerations in the Framework of Sustainable Development Initiatives in Africa ［R］. Center for Economic Research on Africa Working Paper, 1998.

［37］ Pindyck R. S., Rotemberg J. J.. Dynamic Factor Demands and the Effects of Energy Price Shocks ［J］. American Economic Review, 1983, 73 (5): 1066 – 1079.

［38］ Raskin P. D.. Methods for Estimating the Population Contribution to Environmental Change ［J］. Ecological Economics, 1995 (15): 225 – 233.

［39］ Rosenstein R. P.. Problems of Industrialization of Eastern & South Eastern Europe ［J］. The Economic Journal, 1943 (53): 201 – 211.

［40］ Sachs J. D., Warner A. M.. Natural Resources Abundance and Economic Growth ［R］. Cambridge: National Bureau of Economic Research, 1995.

［41］ Sohn I.. Reflections on Long – term Projections of Minerals and Suggestions for a Way Forward［J］. Journal of Applied Business and Economics，2000（7）：1－14.

［42］Solow R. M.. Technical Change and the Aggregate Production Function ［J］. Review of Economics and Statistics，1957，39（3）：554－562.

［43］Stuermer M.. Industrialization and the Demand for Mineral Commodities ［R］. Bonn：Bonn Econ Discussion Paper，2013.

［44］Ting M. H.，Seaman J.. Rare Earths：Future Elements of Conflict in Asia？ ［J］. Asian Studies Review，2013，37（2）：234－252.

［45］Valero A.. A Prediction of the Exergy Loss of the World's Mineral Reserves in the 21st Century［J］. Energy，2011，36（4）：1848－1954.

［46］Valero A.. Physical Geonomics：Combining the Exergy and Hubbert Peak Analysis for Predicting Mineral Resources Depletion［J］. Resources，Conservation and Recycling，2010，54（12）：1074－1083.

［47］Watkins M. H.. A Staple Theory of Economic Growth［J］. Canadian Journal of Economics & Political Science，1963，29（2）：141－158.

［48］Wrigley E. A.. Energy and the English Industrial Revolution［R］. 2010.

［49］Wubbeke J.. Rare Earth Elements in China：Policies and Narratives of Re-inventing an Industry［J］. Resources Policy，2013，38（3）：384－394.

［50］Yandle B.. The Environmental Kuznets Curve：A Primer［R］. PERC Research Study，2002：1－24.

［51］York R.，Rosa E. A.，Dietz T.. Stirpat，Ipat and Impact：Analytic Tools for Unpacking the Driving Forces of Environmental Impacts［J］. Ecological Econonics，2003（46）：351－365.

［52］A. 科林·卡梅伦，普拉温·K. 特里维迪. 用 Stata 学微观计量经济学（修订版）［M］. 肖光恩，等译. 重庆：重庆大学出版社，2018.

［53］阿兰·V. 尼斯，詹姆斯·L. 斯维尼. 自然资源与能源经济学手册（第3卷）［M］. 李晓西，史培军，等译. 北京：经济科学出版社，2010：161.

［54］埃里克·霍布斯鲍姆. 工业与帝国——英国的现代化进程（第二版）［M］. 梅俊杰，译. 北京：中央编译出版社，2017：67.

［55］B. R. 米切尔. 帕尔格雷夫世界历史统计（美洲卷 1750－1993）（第四版）［M］. 贺力平，译. 北京：经济科学出版社，2002.

［56］B. R. 米切尔. 帕尔格雷夫世界历史统计（欧洲卷 1750－1993 年）（第四版）［M］. 贺力平，译. 北京：经济科学出版社，2002.

［57］B. R. 米切尔. 帕尔格雷夫世界历史统计（亚洲、非洲和大洋洲卷

1750 – 1993）（第三版）［M］.贺力平，译.北京：经济科学出版社，2002.

［58］滨野洁，井奥成彦，等.日本经济史：1600 – 2015［M］.彭曦，刘姝含，韩秋落，唐帅，译.南京：南京大学出版社，2018.

［59］柴建，梁婷，周友洪，等.不同区制工业化水平下的石油消费分析——基于 Path – STR 模型的实证研究［J］.中国管理科学，2017（11）：47 – 57.

［60］陈佳贵，黄群慧，吕铁，等.中国工业化进程报告（1995 – 2010）［M］.北京：社会科学文献出版社，2012.

［61］陈建宏，永学艳，刘浪，等.国家工业化与矿产资源消费强度的相关性研究［J］.中国矿业，2009（10）：48 – 63.

［62］陈其慎，王安建，王高尚，等.矿产资源需求驱动因素及全球矿业走势分析［J］.中国矿业，2011，20（1）：6 – 9.

［63］陈其慎，王安建，王高尚，等.美国矿产资源消费图谱初探［J］.中国矿业，2013，22（5）：8 – 14.

［64］陈其慎，于汶加，张艳飞，等.矿业发展周期理论与中国矿业发展趋势［J］.资源科学，2015，37（5）：891 – 899.

［65］陈其慎，于汶加，张艳飞，等.资源 – 产业"雁行式"演进规律［J］.资源科学，2015，37（5）：871 – 882.

［66］陈其慎，张艳飞，等.日本矿产资源经略强国战略分析［J］.中国矿业，2017（12）：10.

［67］陈强.高级计量经济学及 Stata 应用（第二版）［M］.北京：高等教育出版社，2016.

［68］陈晓春，苏美权.政策工具视角下的我国矿业政策分析［J］.国土资源情报，2017（12）：13.

［69］成金华，汪小英.工业化与矿产资源消耗：国际经验与中国政策调整［J］.中国地质大学学报（社会科学版），2011，11（2）：23 – 27.

［70］成金华，吴巧生，陈军.矿产经济学［M］.武汉：中国地质大学出版社，2012.

［71］成金华.中国工业化进程中矿产资源消耗现状与反思［J］.中国地质大学学报（社会科学版），2010，10（4）：45 – 48.

［72］代涛，陈其慎，于汶加.全球锌消费及需求预测与中国锌产业发展［J］.资源科学，2015，37（5）：951 – 960.

［73］邓光君.国家矿产资源经济安全的经济学思考［J］.中国国土资源经济，2009（1）：26 – 28.

［74］董志凯.中国工业化 60 年——路径与建树（1949 – 2009）［J］.中国

经济史研究，2009.

[75] 付保宗．工业化的阶段性变化规律与启示[J].宏观经济管理，2014（6）：8.

[76] 高芯蕊．基于"S"规律的中国钢需求预测[J].地球学报，2010，31（5）：645 - 652.

[77] 龚婷，郑明贵．基于 BP 神经网络的我国铜矿产资源需求情景分析[J].有色金属科学与工程，2014，43（1）：99 - 106.

[78] 韩毅．美国工业现代化的历史进程[M].北京：经济科学出版社，2007.

[79] 侯力，秦熠群．日本工业化的特点及启示[J].现代日本经济，2005（4）：35 - 40.

[80] 黄群慧，贺俊，等．新工业革命：理论逻辑和战略视野[M].北京：社会科学文献出版社，2016.

[81] 黄群慧．中国的工业化进程：阶段、特征与前景[J].经济与管理，2013（7）：5 - 11.

[82] 霍夫曼．工业化的阶段和类型[M].北京：中国对外翻译出版公司，1980.

[83] 霍利斯·钱纳里，谢尔曼·鲁宾逊，摩西·塞尔奎因．工业化和经济增长的比较研究[M].吴奇，王松宝，等译．上海：格致出版社，2015.

[84] 姜巍，张雷．矿产资源消费周期理论与中国能源消费的时空效应分析[J].矿业研究与开发，2004，24（6）：1 - 5.

[85] 杰弗里·M.伍德里奇．计量经济学导论现代观点（第六版）[M].张成思，译．北京：中国人民大学出版社，2018.

[86] 杰拉尔德·冈德森．美国经济史新编[M].杨宇光，译．北京：商务印书馆，1994：221.

[87] 杰里米·阿塔克．新美国经济史[M].罗涛，译．北京：中国社会科学出版社，2000：513.

[88] 金碚．中国工业化的道路：奋进与包容[M].北京：中国社会科学出版社，2017.

[89] 金碚．中国工业化的资源路线与资源供求[J].中国工业经济，2008（2）：5 - 19.

[90] 克劳斯·施瓦布．第四次工业革命——转型的力量[M].世界经济论坛北京代表处，李菁，译．北京：中信出版社，2017.

[91] 李鹏飞，杨丹辉，渠慎宁，等．稀有矿产资源的全球供应风险分

析——基于战略性新兴产业发展的视角[J].世界经济研究，2015（2）：96－104.

［92］李强，丁春林．资源禀赋、市场分割与经济增长[J].经济经纬，2017（3）：129－134.

［93］李强，徐康宁．资源禀赋、资源消费与经济增长[J].产业经济研究，2013（4）：81－90.

［94］李新慧，张璞，李文龙．稀土产业可持续发展影响因素的实证研究：基于 DEMATEL 法[J].硅酸盐通报，2017（2）：712－717.

［95］厉以宁．工业化和制度调整[M].北京：商务印书馆，2015：1.

［96］梁姗姗，杨丹辉．矿产资源消费与产业结构演进的研究综述[J].资源科学，2018，40（3）：535－546.

［97］林伯强．电力消费与中国经济增长：基于生产函数的研究[J].管理世界，2003（11）：18－27.

［98］刘东霖，张俊瑞．我国能源消费需求的时变弹性分析[J].中国人口·资源与环境，2010（2）：92－97.

［99］刘固望，王安建．工业部门的终端能源消费"S"形模型研究[J].地球学报，2017，38（1）：30－36.

［100］鲁道夫·吕贝尔特．工业化史（中译本）[M].戴鸣钟，译．上海：上海译文出版社，1983：1.

［101］罗浩．自然资源与经济增长：资源瓶颈及其解决途径[J].经济研究，2007（6）：142－153.

［102］罗斯托．经济增长的阶段[M].郭熙保，王松茂，译．北京：中国社会科学出版社，2001.

［103］马亚华．美国工业化阶段的历史评估[J].世界地理研究，2010（3）：82.

［104］摩西·塞尔奎因，霍利斯·钱纳里．发展型式（1950－1970）［M].李新华，译．北京：经济科学出版社，1988.

［105］那丹妮，王高尚．全球镍需求趋势预测[J].资源与产业，2010，12（6）：53－57.

［106］乔晓楠，何自力．马克思主义工业化理论与中国的工业化道路[J].经济学动态，2016（9）：17－28.

［107］秦鹏，代霞．中国能源消费总量：时序演变、影响因素与管控路径[J].求索，2015（1）：111－115.

［108］任忠宝，王世虎，唐宇，等．矿产资源需求拐点理论与峰值预测[J].自然资源学报，2012，27（9）：1480－1489.

［109］芮夕捷，白华．矿产资源规划中供需形势分析的方法论［J］.长安大学学报（社会科学版），2010（4）：117-122.

［110］史丹，张京隆．产业结构变动对能源消费的影响［J］.经济理论与经济管理，2003（8）：30-32.

［111］史丹．经济增长和能源消费正逐渐脱钩［N］.人民日报，2017-07-03（07）.

［112］宋正．中国工业化历史经验研究［C］.大连：东北财经大学出版社，2013.

［113］王安建，王高尚，陈其慎，等．矿产资源需求理论与模型预测［J］.地球学报，2010，31（2）：137-147.

［114］王安建，王高尚，等．能源和矿产资源消费增长的极限与周期［J］.地球学报，2017（1）：3-10.

［115］王安建，王高尚，周凤英．能源和矿产资源消费增长的极限与周期［J］.地球学报，2017，38（1）：3-10.

［116］王安建，王高尚．矿产资源与国家经济发展［M］.北京：地质出版社，2002.

［117］王安建．世界资源格局与展望［J］.地球学报，2010，31（5）：621-627.

［118］王高尚，代涛，柳群义．全球矿产资源需求周期与趋势［J］.地球学报，2017（1）：11-16.

［119］王少平，杨继生．中国工业能源调整的长期战略与短期措施——基于12个主要工业行业能源需求的综列协整分析［J］.中国社会科学，2006（4）：88-96.

［120］王展祥．发达国家去工业化比较及其对当前中国的启示——以英国和美国为例［J］.当代财经，2015，3（11）：13.

［121］吴尚昆．矿产资源经济学基本理论的发展与展望［J］.吉林大学学报（地球科学版），2004，34（2）：211-215.

［122］武力，温锐．1949年以来中国工业化的"轻、重"之辨［J］.经济研究，2006（9）：39-49.

［123］西蒙·库兹涅茨．各国的经济增长［M］.常勋，等译，石景云，校．北京：商务印书馆，2005.

［124］西蒙·库兹涅茨．现代经济增长［M］.戴睿，易诚，译．北京：北京经济学院出版社，1989：1.

［125］谢雄标．区域矿产资源产业演化机理及可持续发展研究［M］.北京：

中国地质大学出版社，2013：7.

[126] 邢来顺. 德国正确的产业发展战略与高速工业化[J]. 世界历史，2001（5）：41.

[127] 徐铭辰. 典型国家矿业发展历程及矿业产业周期分析［D］. 北京：中国地质大学（北京）博士学位论文，2012.

[128] 徐强. 矿产资源需求管理几个问题的讨论[J]. 自然资源，1997（4）：76－80.

[129] 杨斌清，张贤平. 世界稀土生产与消费结构分析[J]. 稀土，2014（1）：110－118.

[130] 杨丹辉，张艳芳，李鹏飞. 供给侧结构性改革与资源型产业转型发展[J]. 中国人口·资源与环境，2017，27（7）：18－24.

[131] 杨丹辉，等. 中国稀土产业发展与政策研究[M]. 北京：中国社会科学出版社，2015.

[132] 杨丹辉. 资源安全、大国竞争与稀有矿产资源开发利用的国家战略[J]. 学习与探索，2018，7（276）：100.

[133] 野口悠纪雄. 战后日本经济史[M]. 张玲，译. 北京：民主与建设出版社，2018.

[134] 伊特韦尔约. 新帕尔格雷夫大辞典（第二卷）［M］. 北京：经济科学出版社，1992：861.

[135] 殷桐生. 德国经济通论[M]. 北京：社会科学文献出版社，2017.

[136] 余敬，张京，武剑，王小琴. 重要矿产资源可持续供给评价与战略研究[M]. 北京：经济日报出版社，2015.

[137] 袁鹏. 中国能源需求增长的因素分解[J]. 数量经济技术研究，2014（11）：70－85.

[138] 约翰·科迪. 发展中国家的工业发展政策[M]. 张虹，译. 北京：经济科学出版社，1990.

[139] 曾胜，李仁清. 能源消费结构的影响因素研究[J]. 世界科技研究与发展，2014（1）：10－14.

[140] 张传平，周倩倩. 我国能源消费影响因素研究——基于长期均衡和短期波动的协整分析[J]. 中国能源，2013，35（3）：35－38.

[141] 张景华. 经济增长中的自然资源效应研究[M]. 北京：中国社会科学出版社，2014.

[142] 张抗私，于晗. 产业结构变动影响因素的测度与评价——基于31省市的因子分析[J]. 产业组织评论，2013（3）：75－87.

[143] 张雷．现代区域开发的矿产资源需求生命周期研究及意义[J]．地理学报，1997，52（6）：500－506.

[144] 张培刚．发展经济学通论（第1卷）：农业国工业化问题[M]．长沙：湖南出版社，1991：190－192.

[145] 张同斌，宫婷．中国工业化阶段变迁、技术进步与能源效率提升——基于时变参数状态空间模型的实证分析[J]．资源科学，2013（9）：1772－1787.

[146] 张艳，于汶加，陈其慎，等．化肥需求规律及中国化肥矿产需求趋势预测[J]．资源科学，2015（5）：977－987.

[147] 张艳飞，陈其慎，于汶加，等．2015～2040年全球铁矿石供需趋势分析[J]．资源科学，2015（5）：921－932.

[148] 郑明贵，陈艳红．世界稀土资源供需现状与中国产业政策研究[J]．有色金属科学与工程，2012（4）：70－74.

[149] 中村隆英，等．日本经济史6：双重结构[M]．许向东，等译．北京：生活·读书·新知三联书店，1997.

[150] 中国科学院经济研究所世界经济研究室编．主要资本主义国家经济统计集（1848－1960）[J]．北京：世界知识出版社，1962.

[151] 中国社会科学院工业经济研究所未来产业研究组．影响未来的新科技新产业[M]．北京：中信出版社，2017.

[152] 中国有色金属工业协会．新中国有色金属工业60年[M]．长沙：中南大学出版社，2009.

[153] 中国有色金属工业协会．中国有色金属工业年鉴（2017）[M]．北京：中国有色金属工业年鉴出版社，2018.

[154] 中华人民共和国国家统计局．中国统计年鉴[M]．北京：中国统计出版社，1961－2017.

[155] 中华人民共和国自然资源部．中国矿产资源报告2018[M]．北京：地质出版社，2018.

[156] 周彦楠，何则，马丽，等．中国能源消费结构地域分布的时空分异及影响因素[J]．资源科学，2017，39（12）：2247－2257.

[157] 朱迪·丽丝．自然资源分配、经济学与政策[M]．蔡运龙，等译．北京：商务印书馆，2005.

附　录

附表1　美国主要矿产人均消费量和矿产资源强度

年份	GDP（1990 Int. GK＄）	GDP（in 2011US＄）	人均消费量（千克）			资源消费强度（千克/美元）		
			铅	铜	铁矿石	铅	铜	铁矿石
1821	1382.382	2113	0.191166	—	—	9.05E－05	—	—
1822	1420.467	2171	0.185041	—	—	8.52E－05	—	—
1823	1405.027	2147	0.195168	—	—	9.09E－05	—	—
1824	1443.112	2205	0.181893	—	—	8.25E－05	—	—
1825	1475.021	2254	0.198365	—	—	8.8E－05	—	—
1826	1485.314	2270	0.205440	—	—	9.05E－05	—	—
1827	1491.490	2279	0.377026	—	—	0.000165	—	—
1828	1491.490	2279	0.608973	—	—	0.000267	—	—
1829	1442.082	2204	0.682133	—	—	0.000309	—	—
1830	1547.073	2364	0.620107	—	—	0.000262	—	—
1831	1641.771	2509	0.563021	—	—	0.000224	—	—
1832	1701.472	2600	0.727696	—	—	0.000280	—	—
1833	1761.173	2691	0.776726	—	—	0.000289	—	—
1834	1676.768	2562	0.822932	—	—	0.000321	—	—
1835	1740.586	2660	0.866493	—	—	0.000326	—	—
1836	1766.319	2699	0.972573	—	—	0.000360	—	—
1837	1710.736	2614	0.852111	—	—	0.000326	—	—
1838	1695.296	2591	0.922282	—	—	0.000356	—	—
1839	1777.642	2717	1.048909	—	—	0.000386	—	—
1840	1690.149	2583	0.987798	—	—	0.000382	—	—

续表

年份	GDP（1990 Int. GK $）	GDP（in 2011US $）	人均消费量（千克）			资源消费强度（千克/美元）		
			铅	铜	铁矿石	铅	铜	铁矿石
1841	1655.152	2529	1.156037	—	—	0.000457	—	—
1842	1640.742	2507	1.308258	—	—	0.000522	—	—
1843	1666.475	2547	1.318774	—	—	0.000518	—	—
1844	1757.055	2685	1.328632	—	—	0.000495	—	—
1845	1784.847	2728	1.486473	—	—	0.000545	—	—
1846	1795.140	2743	1.346542	—	—	0.000491	—	—
1847	1842.489	2816	1.308044	—	—	0.000465	—	—
1848	1889.838	2888	1.135435	—	—	0.000393	—	—
1849	1841.460	2814	1.038399	—	—	0.000369	—	—
1850	1848.665	2825	0.945789	—	—	0.000335	—	—
1851	1923.806	2940	0.768081	—	—	0.000261	—	—
1852	2021.592	3089	0.630244	—	—	0.000204	—	—
1853	2159.521	3300	0.652782	—	—	0.000198	—	—
1854	2165.697	3310	0.621212	—	—	0.000188	—	—
1855	2118.348	3237	0.567610	—	—	0.000175	—	—
1856	2162.609	3305	0.567135	—	—	0.000172	—	—
1857	2115.260	3233	0.544133	—	—	0.000168	—	—
1858	2125.553	3248	0.512357	—	—	0.000158	—	—
1859	2183.195	3336	0.534428	—	—	0.000160	—	—
1860	2240.838	3425	0.495034	—	92.63	0.000145	—	0.027045
1861	2194.518	3354	0.435844	—	—	0.000130	—	—
1862	2263.483	3459	0.427865	—	—	0.000124	—	—
1863	2409.647	3683	0.434962	—	—	0.000118	—	—
1864	2488.905	3804	0.438861	—	—	0.000115	—	—
1865	2360.239	3607	0.411753	—	—	0.000114	—	—
1866	2341.711	3579	0.440637	—	—	0.000123	—	—
1867	2418.911	3697	1.279190	—	—	0.000346	—	—
1868	2450.820	3745	1.251093	—	—	0.000334	—	—
1869	2515.667	3845	1.573148	—	—	0.000409	—	—

续表

年份	GDP（1990 Int. GK＄）	GDP（in 2011US＄）	人均消费量（千克）			资源消费强度（千克/美元）		
			铅	铜	铁矿石	铅	铜	铁矿石
1870	2444.644	3736	1.523067	—	97.5600	0.000408	—	0.026115
1871	2502.847	3825	1.605306	—	—	0.000420	—	—
1872	2540.939	3883	1.483441	—	—	0.000382	—	—
1873	2604.253	3980	1.817235	—	—	0.000457	—	—
1874	2527.255	3862	1.687829	—	—	0.000437	—	—
1875	2598.585	3971	1.663413	—	91.8600	0.000419	—	0.023132
1876	2570.355	3928	1.520485	—	—	0.000387	—	—
1877	2595.394	3966	1.859782	—	—	0.000469	—	—
1878	2645.962	4044	1.919895	—	—	0.000475	—	—
1879	2909.433	4446	1.858397	—	—	0.000418	—	—
1880	3183.955	4866	1.971410	—	153.8898	0.000405	—	0.031626
1881	3215.449	4914	2.263319	—	155.7846	0.000461	—	0.031702
1882	3337.960	5101	2.514530	—	184.4615	0.000493	—	0.036162
1883	3338.587	5102	2.630610	—	166.9733	0.000516	—	0.032727
1884	3320.281	5074	2.488904	—	159.3927	0.000491	—	0.031414
1885	3269.959	4997	2.278990	—	143.2958	0.000456	—	0.028676
1886	3294.065	5034	2.433291	—	193.5798	0.000483	—	0.038454
1887	3368.255	5147	2.710168	—	214.3625	0.000527	—	0.041648
1888	3281.664	5015	2.600271	—	212.4504	0.000518	—	0.042363
1889	3413.280	5216	2.909656	—	252.8199	0.000558	—	0.048470
1890	3391.898	5184	2.656559	—	278.4751	0.000512	—	0.053718
1891	3467.264	5299	3.108389	—	244.7455	0.000587	—	0.046187
1892	3727.996	5697	3.182743	—	264.6372	0.000559	—	0.046452
1893	3478.412	5316	3.379125	—	183.7963	0.000636	—	0.034574
1894	3313.800	5064	3.416097	—	179.2714	0.000675	—	0.035401
1895	3644.220	5569	4.164271	—	240.6685	0.000748	—	0.043216
1896	3504.428	5356	3.591493	—	239.1904	0.000671	—	0.044658
1897	3769.483	5761	3.966408	—	253.4476	0.000688	—	0.043994
1898	3779.692	5776	4.112513	—	271.2458	0.000712	—	0.046961

续表

年份	GDP（1990 Int. GK＄）	GDP（in 2011US＄）	人均消费量（千克）			资源消费强度（千克/美元）		
			铅	铜	铁矿石	铅	铜	铁矿石
1899	4051.367	6191	4.007233	—	343.2985	0.000647	—	0.055451
1900	4090.787	6252	3.324835	2.181512	379.7934	0.000532	0.000349	0.060748
1901	4463.863	6822	3.351163	2.500483	382.806	0.000491	0.000367	0.056113
1902	4420.630	6756	3.284487	3.335018	459.8282	0.000486	0.000494	0.068062
1903	4550.894	6955	3.584185	2.988888	430.3502	0.000515	0.000430	0.061876
1904	4409.532	6739	3.809408	3.030487	373.6384	0.000565	0.000450	0.055444
1905	4642.164	7094	3.710332	3.173467	526.1274	0.000523	0.000447	0.074165
1906	5079.124	7762	4.529653	3.780563	579.3743	0.000584	0.000487	0.074642
1907	5064.890	7740	4.482759	3.701149	610.3448	0.000579	0.000478	0.078856
1908	4560.616	6970	3.821484	3.336753	370.8756	0.000548	0.000479	0.053210
1909	5017.496	7668	4.177165	5.061221	581.2669	0.000545	0.000660	0.075804
1910	4963.736	7586	4.718257	5.529884	603.8504	0.000622	0.000729	0.079601
1911	5045.684	7711	4.527635	5.315976	462.3514	0.000587	0.000689	0.059960
1912	5200.698	7948	4.605008	6.157493	606.3085	0.000579	0.000775	0.076284
1913	5300.729	8101	4.895759	6.047703	645.9111	0.000604	0.000747	0.079732
1914	4799.201	7334	5.004136	4.429064	431.8086	0.000682	0.000604	0.058878
1915	4864.193	7434	4.893137	6.713145	562.9096	0.000658	0.000903	0.075721
1916	5458.693	8342	4.893788	8.306690	766.9223	0.000587	0.000996	0.091935
1917	5247.737	8020	5.868340	7.921291	836.6742	0.000732	0.000988	0.104323
1918	5658.984	8648	5.920371	8.769125	705.4059	0.000685	0.001014	0.081569
1919	5680.406	8681	4.879822	5.473056	543.4783	0.000562	0.000630	0.062605
1920	5552.327	8485	5.879811	6.030094	662.1832	0.000693	0.000711	0.078042
1921	5322.734	8134	4.624980	3.657604	251.5179	0.000569	0.000450	0.030922
1922	5539.844	8466	5.569942	5.588115	470.6738	0.000658	0.000660	0.055596
1923	6164.199	9420	6.525462	7.697161	572.3299	0.000693	0.000817	0.060757
1924	6232.551	9525	7.361124	7.790523	482.8547	0.000773	0.000818	0.050693
1925	6282.419	9601	7.156917	7.977070	572.3807	0.000745	0.000831	0.059617
1926	6602.442	10090	8.517960	8.858679	613.2931	0.000844	0.000878	0.060782
1927	6576.499	10050	7.367395	8.274669	521.6822	0.000733	0.000823	0.051909

续表

年份	GDP（1990 Int. GK $）	GDP（in 2011US $）	人均消费量（千克）			资源消费强度（千克/美元）		
			铅	铜	铁矿石	铅	铜	铁矿石
1928	6569.345	10040	7.502012	9.128555	546.0536	0.000747	0.000909	0.054388
1929	6898.722	10543	7.711259	9.936766	642.1943	0.000731	0.000942	0.060912
1930	6212.713	9490	6.426871	7.458745	472.0622	0.000677	0.000786	0.049743
1931	5691.367	8864	4.498549	5.425669	245.0822	0.000508	0.000612	0.027649
1932	4908.366	7525	3.172060	3.300224	50.86511	0.000422	0.000439	0.006759
1933	4776.915	7270	3.320619	4.379713	200.6705	0.000457	0.000602	0.027603
1934	5113.608	7876	3.655815	3.220599	210.4863	0.000464	0.000409	0.026725
1935	5466.838	8850	4.298625	5.862475	270.3340	0.000486	0.000662	0.030546
1936	6203.884	9718	5.107260	7.785839	421.7004	0.000526	0.000801	0.043394
1937	6430.121	10450	5.534640	7.762468	568.2127	0.000530	0.000743	0.054374
1938	6126.466	9797	4.067013	4.937416	224.9182	0.000415	0.000504	0.022958
1939	6560.753	10459	4.408619	7.281479	434.7494	0.000422	0.000696	0.041567
1940	7009.637	11307	5.789896	9.472998	587.3259	0.000512	0.000838	0.051944
1941	8205.683	12844	8.788996	14.79857	387.6173	0.000684	0.001152	0.030179
1942	9741.105	14175	8.736559	13.14217	729.5400	0.000616	0.000927	0.051467
1943	11518.170	15392	7.247942	13.03587	752.3558	0.000471	0.000847	0.048880
1944	12333.450	16401	8.097227	13.09403	820.2581	0.000494	0.000798	0.050013
1945	11708.650	15992	6.906651	12.45462	660.4721	0.000432	0.000779	0.041300
1946	9196.543	14471	5.826324	12.20958	522.6555	0.000403	0.000844	0.036117
1947	8885.994	14057	7.598678	11.22374	672.0299	0.000541	0.000798	0.047807
1948	9064.562	14559	7.187203	11.02038	691.3404	0.000494	0.000757	0.047485
1949	8943.744	14112	7.197390	8.946289	613.4598	0.000510	0.000634	0.043471
1950	9561.348	15241	8.794319	8.860441	727.3497	0.000577	0.000581	0.047723
1951	10116.250	16126	6.845564	10.10536	756.2718	0.000425	0.000627	0.046898
1952	10315.540	16443	8.281919	10.40055	654.8494	0.000504	0.000633	0.039825
1953	10612.610	16917	9.222237	9.853897	776.9419	0.000545	0.000582	0.045927
1954	10359.110	16513	5.589642	8.189043	899.5539	0.000338	0.000496	0.054476
1955	10896.850	17370	8.459979	9.920695	466.8204	0.000487	0.000571	0.026875
1956	10914.280	17398	6.337477	9.805152	723.4289	0.000364	0.000564	0.041581

续表

年份	GDP（1990 Int. GK $ ）	GDP（in 2011US $ ）	人均消费量（千克）			资源消费强度（千克/美元）		
			铅	铜	铁矿石	铅	铜	铁矿石
1957	10919.99	17407	7.514692	8.512737	757.3400	0.000432	0.000489	0.043508
1958	10630.53	16945	5.628290	7.562113	531.6570	0.000332	0.000446	0.031375
1959	11230.17	17901	5.110351	8.453622	505.0357	0.000285	0.000472	0.028213
1960	11328.48	18058	3.863451	7.780561	574.1517	0.000214	0.000431	0.031795
1961	11401.73	18175	5.283286	8.030594	523.5736	0.000291	0.000442	0.028807
1962	11904.98	18977	5.362430	8.538239	512.8149	0.000283	0.000450	0.027023
1963	12242.34	19515	5.340162	8.780458	554.5553	0.000274	0.000450	0.028417
1964	12772.57	20360	5.053525	9.022341	638.6601	0.000248	0.000443	0.031368
1965	13418.70	21390	5.007858	9.915558	635.9979	0.000234	0.000464	0.029733
1966	14133.53	22529	5.447242	10.993520	643.7649	0.000242	0.000488	0.028575
1967	14330.03	22842	5.537938	9.017528	602.8021	0.000242	0.000395	0.026390
1968	14862.94	23692	5.823888	9.269689	606.6550	0.000246	0.000391	0.025606
1969	15179.41	24196	6.346645	9.904613	629.8565	0.000262	0.000409	0.026031
1970	15029.85	23958	6.479543	8.671153	605.0750	0.000270	0.000362	0.025256
1971	15304.30	24395	5.713434	8.924290	528.8468	0.000234	0.000366	0.021678
1972	15943.87	25415	5.897238	10.015940	575.6827	0.000232	0.000394	0.022651
1973	16689.34	26603	6.587897	10.299390	640.2322	0.000248	0.000387	0.024066
1974	16491.27	26287	6.575697	9.886538	616.1842	0.000250	0.000376	0.023441
1975	16283.63	25956	4.739357	6.698899	519.5065	0.000183	0.000258	0.020015
1976	16975.09	27059	5.779432	8.669148	528.2762	0.000214	0.000320	0.019523
1977	17566.50	28001	5.277808	9.258527	483.0536	0.000188	0.000331	0.017251
1978	18372.97	29287	5.404483	10.498870	522.7287	0.000185	0.000358	0.017848
1979	18789.39	29951	4.957404	10.660610	508.9017	0.000166	0.000356	0.016991
1980	18577.37	29613	3.936112	9.470999	406.6447	0.000133	0.000320	0.013732
1981	18855.55	30056	4.203208	9.765898	410.8561	0.000140	0.000325	0.013670
1982	18325.12	29211	4.728585	7.497576	235.5773	0.000162	0.000257	0.008065
1983	18920.16	30159	4.808501	8.478147	257.2970	0.000159	0.000281	0.008531
1984	20122.67	32076	4.760799	8.853415	271.8667	0.000148	0.000276	0.008476
1985	20717.32	33024	4.671931	8.847728	262.1243	0.000141	0.000268	0.007937
1986	21236.09	33851	4.706771	8.758687	242.2964	0.000139	0.000259	0.007158
1987	21787.69	34730	4.861595	8.912925	247.1311	0.000140	0.000257	0.007116

续表

年份	GDP（1990 Int. GK＄）	GDP（in 2011US＄）	人均消费量（千克）			资源消费强度（千克/美元）		
			铅	铜	铁矿石	铅	铜	铁矿石
1988	22499.44	35865	4.932404	8.862288	280.3049	0.000138	0.000247	0.007816
1989	23059.28	36757	5.279214	8.653148	297.70000	0.000144	0.000235	0.008099
1990	23200.56	36982	5.107922	8.526300	280.5428	0.000138	0.000231	0.007586
1991	22832.79	36464	4.784559	8.129860	246.6187	0.000131	0.000223	0.006763
1992	23284.98	37241	4.891157	8.896513	252.6456	0.000131	0.000239	0.006784
1993	23640.11	37762	5.108842	9.569547	252.3920	0.000135	0.000253	0.006684
1994	24312.79	38808	5.621155	10.110530	267.85370	0.000145	0.000261	0.006902
1995	24637.33	39391	5.857342	9.476210	271.22850	0.000149	0.000241	0.006886
1996	25263.10	40414	6.009625	10.433890	265.45580	0.000149	0.000258	0.006568
1997	26074.24	41723	5.862935	10.706230	265.83500	0.000141	0.000257	0.006371
1998	26893.45	43073	6.077965	10.897180	255.70610	0.000141	0.000253	0.005937
1999	27869.81	44576	6.254017	11.122200	249.09470	0.000140	0.000250	0.005588
2000	28701.93	45887	6.113964	10.857560	246.66680	0.000133	0.000237	0.005376
2001	28726.09	45878	5.877594	8.729444	215.62770	0.000128	0.000190	0.004700
2002	28976.93	46267	5.270951	8.922721	196.36880	0.000114	0.000193	0.004244
2003	29458.92	47158	5.087356	8.296828	188.47120	0.000108	0.000176	0.003997
2004	30199.80	48493	4.974834	8.629813	195.94750	0.000103	0.000178	0.004041
2005	30841.65	49655	4.963681	8.116290	189.82730	1E－04	0.000163	0.003823
2006	31357.54	50490	5.250165	7.310356	189.73700	0.000104	0.000145	0.003758
2007	31654.93	50902	5.069345	7.472347	168.8685	9.96E－05	0.000147	0.003318
2008	31251.27	50276	4.858846	6.521941	162.0702	9.66E－05	0.000130	0.003224
2009	29898.64	48453	4.523543	5.105142	83.03933	9.34E－05	0.000105	0.001714
2010	30491.34	49267	4.611732	5.636561	153.7244	9.36E－05	0.000114	0.003120
2011	—	49675	4.890259	5.493603	150.8359	9.84E－05	0.000111	0.003036
2012	—	50394	4.535358	5.543215	148.3440	9E－05	0.000110	0.002944
2013	—	50863	4.967963	5.467883	148.7264	9.77E－05	0.000108	0.002924
2014	—	51664	4.835965	5.477660	123.3791	9.36E－05	0.000106	0.002388
2015	—	52591	4.736601	5.523984	131.6406	9.01E－05	0.000105	0.002503
2016	—	53015	4.562240	5.105430	109.8551	8.61E－05	9.63E－05	0.0020722
2017	—	—	5.259130	5.157817	116.0509			

附表2 美国部分黑色金属和有色金属表观消费量 单位：公吨

年份	锌	锡	锰	镍	铬	铝	钨	钼	钴	锑
1900	90200	31700	202000	23600	5580	2300	—	0	20	5490
1901	129000	33800	104000	50700	6510	2600	77.3	7	20	4060
1902	139000	38600	158000	14100	12600	2620	79.4	7	30	5650
1903	140000	34300	173000	15600	7280	3010	126	110	20	4970
1904	164000	41000	99800	5800	7680	3670	319	7	10	4320
1905	182000	40100	178000	10000	17100	4900	347	4	20	6530
1906	200000	45800	209000	10900	13700	6410	401	7	10	7520
1907	206000	37400	235000	4690	13300	7410	708	0	20	7700
1908	194000	37400	193000	3470	8910	4840	290	15	70	7480
1909	246000	43200	175000	4940	12700	13200	699	0	5	8700
1910	223000	47700	256000	8110	12300	16100	1630	0	5	6790
1911	254000	48600	225000	2500	12000	19300	694	7.7	200	7020
1912	309000	52600	191000	9600	17400	29300	1270	3.2	260	8830
1913	268000	47500	337000	8520	20800	32000	1590	7.1	70	10200
1914	272000	43100	261000	3780	25700	33700	779	0.59	110	10500
1915	331000	52100	237000	14400	25100	44900	1840	82	70	13000
1916	417000	64200	481000	19400	51300	55200	4230	94	110	13200
1917	375000	70700	660000	25500	36400	54400	3820	160	170	18100
1918	334000	73700	716000	26900	57400	46400	7140	450	240	15900
1919	294000	51500	440000	17600	21200	62300	4830	210	70	9980
1920	293000	72100	552000	23800	49300	76200	2000	58	120	14300
1921	185000	33700	223000	2750	26200	38500	1020	15	70	14800
1922	338000	68300	396000	5430	28700	51200	1320	100	120	15300
1923	405000	75700	382000	19400	40800	75100	138	18	193	12000
1924	407000	65600	455000	18200	37600	79800	307	140	128	10000
1925	454000	77000	578000	20800	47600	76900	1280	520	185	14000
1926	505000	76400	564000	20000	68200	93900	1890	660	291	17500
1927	468000	70000	534000	19300	70100	94800	1490	1000	308	14700
1928	568000	77600	452000	31300	67500	105000	1860	1500	371	15700

年份	锌	锡	锰	镍	铬	铝	钨	钼	钴	锑
1929	575000	86500	542000	40900	99700	117000	3240	1800	550	16800
1930	409000	79700	386000	24800	102000	108000	2110	1800	360	9860
1931	336000	65400	233000	15300	70900	85600	308	1500	186	9430
1932	235000	34300	79800	9330	29700	48700	168	1100	137	3880
1933	318000	63600	206000	20600	36000	42900	249	2600	349	5460
1934	326000	39400	238000	19400	57900	38300	1060	4300	454	6590
1935	429000	61800	310000	31700	81100	62000	1080	5300	529	7580
1936	528000	68200	578000	42800	98400	113000	2790	7800	717	13600
1937	553000	83500	644000	43600	173000	151000	4090	13000	787	16400
1938	382000	55000	310000	22500	114000	132000	1400	15000	567	10500
1939	568000	74300	504000	51900	95000	163000	2400	3600	1210	10500
1940	655000	1E + 05	816000	76600	211000	220000	2400	13000	1940	16300
1941	751000	80300	961000	94400	309000	325000	6880	15000	2250	27200
1942	661000	96400	990000	103000	248000	577000	9170	23300	2100	21600
1943	741000	60500	948000	109000	278000	881000	8660	19800	2140	17700
1944	806000	51300	864000	120000	231000	646000	9160	16100	1710	21600
1945	773000	1E + 05	836000	109000	251000	772000	3060	12200	2470	26100
1946	735000	29100	870000	82600	169000	478000	5390	7720	1710	15900
1947	713000	82400	790000	70300	194000	639000	3990	8610	3920	15100
1948	742000	87000	890000	87000	275000	753000	3490	12500	3330	14000
1949	646000	1E + 05	797000	83400	204000	667000	4120	6900	3810	10200
1950	877000	1E + 05	960000	86400	314000	871000	6280	20600	4990	13800
1951	847000	1E + 05	1100000	78600	293000	876000	6640	14400	4870	15800
1952	774000	1E + 05	971000	92000	339000	1020000	11800	15500	7620	13600
1953	894000	1E + 05	1120000	95900	452000	1360000	16400	20300	9020	15500
1954	802000	1E + 05	720000	85900	268000	987000	17300	23300	8610	13500
1955	1020000	1E + 05	1120000	99900	472000	1460000	16900	22700	9300	14400
1956	915000	98700	807000	116000	515000	1740000	15900	15800	8330	14500
1957	849000	72400	1150000	111000	470000	1460000	7500	13900	9590	11200
1958	788000	55300	865000	71700	327000	1260000	6720	12200	8820	10800

年份	锌	锡	锰	镍	铬	铝	钨	钼	钴	锑
1959	867000	49900	963000	102000	325000	1930000	5410	16100	10500	12100
1960	796000	52900	977000	98100	311000	1590000	2020	16600	5340	12000
1961	845000	49300	764000	108000	329000	1720000	5100	15300	4770	11500
1962	936000	60300	887000	108000	402000	2050000	6150	16400	5790	14000
1963	1000000	55900	994000	113000	488000	2280000	4120	17100	4970	15000
1964	1100000	82800	1100000	133000	650000	2240000	7860	16900	6340	14400
1965	1230000	64900	1250000	156000	893000	2850000	6700	23300	6520	15300
1966	1290000	77400	1230000	170000	708000	3430000	9640	24000	8140	17900
1967	1130000	72400	1090000	158000	547000	3200000	6570	24000	6960	15700
1968	1230000	76200	1040000	145000	577000	3480000	7130	24200	6620	16800
1969	1260000	74200	1190000	129000	619000	3710000	9390	21500	8850	16200
1970	1080000	66900	1200000	141000	593000	3380000	8190	19900	7380	32100
1971	1140000	64200	1060000	117000	505000	3770000	6720	18000	6140	31400
1972	1290000	67500	1240000	145000	623000	4410000	7120	23500	8830	42300
1973	1360000	74200	1410000	239000	694000	5250000	9930	30900	9990	43500
1974	1170000	82900	1350000	257000	747000	4860000	10700	16300	10700	41500
1975	839000	57300	1030000	199000	535000	3500000	6330	23000	6380	32600
1976	1030000	65900	1240000	221000	642000	4530000	7770	26600	9000	35600
1977	1000000	59600	1380000	231000	651000	4900000	8400	28700	8310	41900
1978	1050000	66000	1280000	247000	617000	5400000	10100	30000	9240	36800
1979	1000000	66400	1130000	205000	644000	5270000	10100	30400	8530	20700
1980	811000	64600	933000	187000	727000	4540000	9940	25000	7740	29900
1981	841000	62900	932000	187000	570000	4530000	10300	25100	5680	31900
1982	795000	41000	610000	164000	374000	4320000	6050	13200	5070	28100
1983	933000	49300	606000	175000	377000	4940000	6480	16800	6980	27000
1984	980000	57500	569000	186000	527000	5100000	10200	16900	8060	30200
1985	961000	46900	633000	197000	433000	5080000	8210	17200	7060	31800
1986	999000	52800	662000	163000	474000	4970000	7770	18100	7740	35200
1987	1050000	60100	634000	172000	512000	5290000	7950	15400	7990	38000
1988	1090000	57500	682000	181000	649000	5170000	11000	25000	7830	42800

年份	锌	锡	锰	镍	铬	铝	钨	钼	钴	锑
1989	1060000	48800	723000	178000	486000	4740000	10300	9780	6800	41500
1990	991000	45900	630000	185000	515000	5050000	8440	20300	7640	39000
1991	931000	46600	598000	179000	491000	4830000	11800	18700	7790	42000
1992	1050000	43700	596000	175000	462000	5450000	7080	12300	6590	44600
1993	1110000	43900	696000	176000	564000	6310000	7120	15200	7350	38900
1994	1180000	43300	694000	196000	460000	6480000	7930	23900	8730	46100
1995	1230000	48300	676000	219000	643000	5880000	10100	20900	8970	43300
1996	1210000	46800	776000	211000	545000	6210000	10900	22000	9380	45000
1997	1260000	55200	643000	226000	563000	6260000	12200	9700	11200	46600
1998	1290000	59700	776000	215000	597000	6590000	12300	16100	11500	42700
1999	1430000	49000	719000	225000	632000	7160000	12900	27900	10700	36500
2000	1330000	57200	768000	241000	657000	6890000	14400	28600	11700	39000
2001	1150000	52600	692000	215000	344000	5720000	14500	19900	11800	42000
2002	1170000	52500	696000	219000	670000	5850000	11900	20860	9830	34500
2003	1120000	48700	643000	217000	514000	5680000	10100	26200	10000	29400
2004	1190000	58800	1030000	228000	591000	6060000	12600	24100	9950	36800
2005	1080000	54700	773000	233000	548000	5990000	11700	14100	11800	31400
2006	1190000	57100	1060000	228000	589000	5690000	13200	27700	11000	24300
2007	1140000	43700	979000	205000	512000	5170000	13300	25800	9630	23700
2008	1010000	38800	844000	206000	432000	3940000	13800	21800	10100	30400
2009	886000	42400	451000	172000	160000	3320000	11600	17400	7580	21200
2010	916000	41400	721000	190000	384000	3460000	15500	28200	10300	26100
2011	946000	39900	699000	215000	514000	3530000	18000	26100	9300	22300
2012	902000	41900	843000	215000	543000	4130000	14900	33100	9540	20600
2013	935000	40000	794000	199000	477000	4530000	14600	29800	8650	24700
2014	965000	39600	838000	238000	598000	5070000	—	27900	8710	24900
2015	931000	40200	707000	210000	438000	5220000	—	24400	10300	23300
2016	1000000	68630	765000	70700	445000	5120000	6497	27300	11500	25300
2017	974000	95420	961000	127200	510000	5980000	10100	40200	9830	25000

附表3　美国部分稀有矿产资源表观消费量　　　　单位：公吨

年份	稀土	锂	锆	钒	铂	铋	钛	钽	锶
1900	227	10.40	0.91	6.80	2.56	82	—	—	—
1901	187	35.00	1.40	1.10	2.65	75	—	—	—
1902	200	24.90	0.45	4.70	2.74	87	—	—	—
1903	215	23.10	3.60	8.30	2.89	67	—	—	—
1904	186	11.50	0.45	12	2.91	84	—	—	—
1905	335	1.58	0.093	15	2.93	67	—	—	—
1906	211	7.66	0.50	19	4.33	120	—	—	—
1907	137	10.60	0.91	270	2.32	120	—	—	—
1908	105	4.06	1.20	200	1.60	75	—	—	—
1909	135	3.78	1.50	130	3.72	83	—	—	—
1910	25	4.76	—	61	3.83	90	—	—	—
1911	22	10.00	—	230	3.90	78	—	—	—
1912	19	7.20	—	260	3.44	83	—	—	—
1913	15	10.60	—	250	4.97	53	—	—	—
1914	12	10.50	—	390	3.74	41	—	—	—
1915	9	9.72	—	310	3.56	20	—	—	—
1916	9	12.40	1500	240	3.57	35	—	—	100
1917	25	41.20	5.00	270	3.69	136	—	—	2290
1918	20	118.00	32.00	300	3.42	136	—	—	1250
1919	15	126.00	59.00	570	5.20	26	—	—	885
1920	9.99	234.00	39.00	260	4.54	33	—	—	447
1921	5	36.70	140.00	290	4.00	43	—	—	326
1922	0.017	43.80	540.00	64	4.64	55	—	—	196
1923	13.6	46.20	570.00	120	5.06	28	—	—	1030
1924	37.2	59.90	1200.00	330	5.05	8.4	—	—	950
1925	7.24	62.80	3300.00	1200	4.89	45	—	—	877
1926	3.53	74.00	390.00	740	4.76	31	—	—	877
1927	26.4	83.50	1200.00	59	5.97	22	—	—	877
1928	31.4	92.00	1400.00	1000	5.82	19	—	—	877

年份	稀土	锂	锆	钒	铂	铋	钛	钽	锶
1929	41.70	64.00	510	110	5.96	17	—	—	877
1930	27.10	35.90	12	180	3.70	11	—	—	412
1931	0.12	35.20	260	250	3.70	3.50	—	—	331
1932	0.069	34.60	770	1.1	2.59	14	—	—	92
1933	0.018	33.90	2600	110	3.35	13	—	—	586
1934	0.015	14.40	5300	66	2.98	8.80	—	—	551
1935	0.012	23.10	8100	220	3.89	47	—	—	590
1936	0.009	24.80	1900	1100	5.13	540	—	—	916
1937	652	27.10	3100	1700	5.35	540	—	—	1250
1938	377	22.30	15000	1900	3.96	540	—	—	200
1939	471	49.80	25000	2200	11.20	540	—	—	1200
1940	0.20	52.50	31000	2100	6.40	540	—	—	2030
1941	8.13	97.10	25800	3200	10.10	540	—	—	3590
1942	6.19	139	25000	3500	10.60	1130	—	—	5730
1943	4.25	215	25000	2200	15.80	909	—	—	9730
1944	2.31	394	17000	2900	15.80	665	—	—	3510
1945	0.365	127	23000	940	15.70	742	—	—	2580
1946	83.20	150	22700	1700	13.30	603	—	—	1890
1947	200	93	18100	1300	12.7	700	—	—	5620
1948	200	135	26000	3400	11	710	9	—	8670
1949	300	221	25000	2800	9.14	720	23	—	3740
1950	400	347	22700	3300	15.60	730	68	—	3440
1951	900	444	36300	3600	17.60	788	450	—	5590
1952	1000	505	40800	4500	17.30	805	980	—	3790
1953	600	821	38100	3200	21.80	711	2000	—	2770
1954	2270	1140	61000	1540	21.50	653	2270	—	1320
1955	2450	1250	77100	1800	25.60	702	3610	—	2510
1956	2720	1350	49000	1620	32.90	686	9920	—	5370
1957	2720	1460	73900	1140	25	733	7460	—	2600

年份	稀土	锂	锆	钒	铂	铋	钛	钽	锶
1958	2450	1560	80700	1720	22.9	564	3760	—	2670
1959	2270	1670	83600	1830	51.3	725	3590	—	3240
1960	2040	1770	80700	1830	45.4	693	4980	—	2460
1961	2460	1880	34000	2100	51.7	671	6340	—	3950
1962	2110	1980	26800	2640	50.7	866	6470	—	2980
1963	2810	2090	32200	3220	57.2	987	8040	—	6460
1964	2770	2190	120000	1550	62.9	980	10100	231	8610
1965	5050	2300	122000	4970	66.0	1330	11000	352	3880
1966	6620	2400	130000	4760	81.1	1450	17900	632	4590
1967	5530	2510	145000	4990	112.0	1140	18200	785	4640
1968	7800	2610	132000	5580	116.0	1070	12900	472	6060
1969	10100	2720	151000	5200	89.3	1150	18300	586	14400
1970	10500	2820	152000	4360	94.3	1000	14900	410	17400
1971	9340	2860	159000	4740	76.3	748	11000	536	18100
1972	12200	2980	152000	5800	84.7	1050	11900	690	13400
1973	14800	3490	111000	6530	95.2	1320	18300	682	14100
1974	14100	4130	141000	4990	116.0	1040	24400	906	13600
1975	11500	2620	147000	4280	89.6	638	16000	100	12200
1976	12200	2540	149000	4770	93.3	1090	12100	602	15200
1977	16800	3720	152000	6020	105.0	1080	14700	670	18000
1978	16800	3080	127000	6100	114.0	1140	18000	505	18500
1979	16100	2900	136000	5570	127.0	1240	21700	653	20700
1980	18100	2720	84400	6230	123.0	1040	24400	538	16400
1981	20000	2900	90700	3170	113.0	1090	28700	572	17400
1982	17100	1810	118000	2970	82.8	851	15700	481	15200
1983	19600	2000	118000	4320	108.0	1040	14600	536	20600
1984	21400	2900	143000	4430	138.0	1200	22400	762	21800
1985	12100	2300	133000	3920	143.0	1200	19600	363	18600
1986	10900	2400	177000	4220	158.0	1320	17700	372	17600
1987	11100	2400	146000	4830	151.0	1600	18000	381	21900

年份	稀土	锂	锆	钒	铂	铋	钛	钽	锶
1988	16800	2700	103000	4650	154	1530	21000	422	25900
1989	27800	2700	111000	4080	134	1350	24900	376	21000
1990	28700	2700	121000	3290	151	1120	23200	390	31500
1991	22100	2600	150000	3980	172	1260	13400	370	23100
1992	21400	2300	150000	3930	144	1300	14200	375	32200
1993	17000	2300	160000	4460	156	1300	15100	410	26700
1994	17800	2500	160000	4650	165	1490	18800	430	34600
1995	24000	2600	160000	4630	243	2150	21600	515	32600
1996	24900	2700	160000	4710	275	1520	28400	524	31900
1997	19400	2800	160000	4380	188	1530	31300	570	38300
1998	11500	2800	170000	3840	257	1990	28200	738	35200
1999	11500	2800	170000	6170	279	2050	18100	555	38200
2000	12100	2800	170000	5600	238	2130	18200	650	33700
2001	10100	1400	170000	4060	216	1700	26200	550	31800
2002	5990	1100	—	4160	170	1780	17300	500	26500
2003	9390	1400	—	5410	197	2040	17100	674	24100
2004	5500	1900	—	1850	213	2130	21200	679	17100
2005	6060	2500	—	3300	253	2460	26100	852	12500
2006	9350	2500	—	4800	203	2120	28400	498	9440
2007	10200	2400	—	6660	299	2740	33700	644	9020
2008	7410	2300	—	1000	301	1560	—	629	11400
2009	7000	1300	—	5920	252	1010	—	473	12200
2010	15000	1100	—	7570	96	581	34900	1160	10900
2011	11000	2000	—	8530	148	1120	48400	1200	17300
2012	15000	2000	—	10100	122	940	35100	434	16700
2013	15000	1800	—	12400	127	978	26500	261	29000
2014	17000	2000	—	14100	140	1420	26400	508	31700
2015	16000	2000	—	—	122	1370	31200	560	31500
2016	10500	3000	—	8600	—	1670	—	458	10800
2017	11000	3000	50000	7900	—	2080	—	660	17200

附表4　英国主要矿产资源人均消费量和矿产资源强度

年份	GDP（1990 Int. GK＄）	GDP（in 2011US＄）	人均消费量（千克）			消费强度（千克/美元）		
			铁矿石	铜	铅	铁矿石	铜	铅
1800	2096.93	3277	31.95	—	—	0.0152	—	—
1820	2073.85	3241	48.63	—	—	0.0234	—	—
1830	2227.31	3481	71.87	—	—	0.0323	—	—
1840	2521.02	3940	133.03	—	—	0.0528	—	—
1850	2330.00	4248	203.35	—	—	0.0873	—	—
1860	2830.24	3113	282.03	—	—	0.0996	—	—
1870	3190.43	3086	467.80	—	—	0.1466	—	—
1875	3433.67	3651	488.90	—	—	0.1424	—	—
1880	3477.32	3488	605.43	—	—	0.1741	0.003848	—
1885	3573.68	3631	510.24	—	—	0.1428	0.000523	—
1890	4008.79	3909	492.38	—	—	0.1228	0.000467	—
1895	4117.70	4227	439.84	—	—	0.1068	0.000382	—
1900	4491.81	4731	499.17	—	—	0.1111	0.000333	—
1905	4520.48	7456	515.58	1.2419	—	0.1141	0.000275	—
1906	4631.09	7631	362.88	1.2949	—	0.0784	0.000280	—
1907	4678.58	7702	365.85	1.2909	—	0.0782	0.000276	—
1908	4449.19	7316	346.46	1.2636	—	0.0779	0.000284	—
1909	4510.52	7410	338.10	1.2340	—	0.0750	0.000274	—
1910	4610.78	7567	496.88	1.2178	—	0.1078	0.000264	—
1911	4708.90	7721	483.71	1.1332	—	0.1027	0.000241	—
1912	4761.75	7800	449.92	1.0252	—	0.0945	0.000215	—
1913	4920.55	8052	514.09	0.9304	4.4231	0.1045	0.000189	0.000899
1914	4926.58	7973	447.86	0.8938	5.2383	0.0909	0.000181	0.001063
1915	5288.27	8471	462.27	0.7839	5.8060	0.0874	0.000148	0.001098
1916	5384.38	8532	469.68	0.9022	3.8056	0.0872	0.000168	0.000707
1917	5421.02	8496	487.43	0.6757	3.6159	0.0899	0.000125	0.000667
1918	5459.31	8462	493.01	0.5971	5.0906	0.0903	0.000109	0.000932
1919	4870.41	7456	391.91	0.3377	4.8022	0.0805	0.000069	0.000986
1920	4547.91	6881	414.82	0.5666	3.2014	0.0912	0.000125	0.000704
1921	4439.15	6660	113.53	0.2560	2.2791	0.0256	0.000058	0.000513
1922	4636.94	7247	218.29	0.3915	3.2333	0.0471	0.000084	0.000697

续表

年份	GDP（1990 Int. GK $）	GDP（in 2011US $）	人均消费量（千克）			消费强度（千克/美元）		
			铁矿石	铜	铅	铁矿石	铜	铅
1923	4759.71	7439	377.24	0.4172	4.2300	0.0793	0.000088	0.000889
1924	4920.94	7691	379.47	0.3852	4.6024	0.0771	0.000078	0.000935
1925	5144.49	8041	323.93	0.2375	5.4685	0.0630	0.000046	0.001063
1926	4936.11	7715	137.47	0.2940	5.6186	0.0278	0.000060	0.001138
1927	5314.94	8307	363.29	0.2886	6.0404	0.0684	0.000054	0.001136
1928	5356.97	8373	347.46	0.4695	5.1631	0.0649	0.000088	0.000964
1929	5503.32	8601	417.12	0.4883	5.8283	0.0758	0.000089	0.001059
1930	5440.86	8504	346.68	0.3990	6.5575	0.0637	0.000073	0.001205
1931	5138.42	8031	213.92	0.3538	6.7230	0.0416	0.000069	0.001308
1932	5148.25	8047	198.81	0.2849	5.3692	0.0386	0.000055	0.001043
1933	5277.46	8248	220.98	0.2429	5.8564	0.0419	0.000046	0.001110
1934	5607.51	8764	322.93	0.2443	6.5481	0.0576	0.000044	0.001168
1935	5799.01	9064	330.15	0.2688	6.4743	0.0569	0.000046	0.001116
1936	6035.17	9433	388.78	0.1997	7.1381	0.0644	0.000033	0.001183
1937	6217.62	9718	432.62	0.1586	7.0341	0.0696	0.000026	0.001131
1938	6266.45	9794	349.71	0.1516	7.9280	0.0558	0.000024	0.001265
1939	6262.40	9788	445.33	0.1298	7.0637	0.0711	0.000021	0.001128
1940	6856.00	10716	436.51	0.1120	6.8558	0.0637	0.000016	0.001000
1941	7481.68	11694	—	—	—	—	—	—
1942	7638.87	11939	435.87	0.0847	4.8340	0.0571	0.000011	0.000633
1943	7743.70	12103	395.70	0.0881	4.5560	0.0511	0.000011	0.000588
1944	7405.39	11574	359.45	0.0857	4.4940	0.0485	0.000012	0.000607
1945	7056.13	11028	365.48	—	3.0120	0.0518	—	0.000427
1946	6745.34	10543	374.44	—	3.0200	0.0555	—	0.000448
1947	6604.41	10322	362.07	—	3.9846	0.0548	—	0.000603
1948	6745.64	10543	420.91	—	3.0576	0.0624	—	0.000453
1949	6955.69	10871	420.79	—	3.6203	0.0605	—	0.000520
1950	6939.37	10846	422.93	2.4083	3.3604	0.0609	0.000347	0.000484
1951	7123.36	11134	444.50	2.6679	3.3425	0.0624	0.000375	0.000469
1952	7090.72	11083	508.86	2.9478	2.1205	0.0718	0.000416	0.000299
1953	7345.80	11481	527.85	1.9462	3.2681	0.0719	0.000265	0.000445

年份	GDP（1990 Int. GK $）	GDP（in 2011US $）	人均消费量（千克）			消费强度（千克/美元）		
			铁矿石	铜	铅	铁矿石	铜	铅
1954	7619.21	11909	541.26	2.7311	3.8071	0.0710	0.000358	0.000500
1955	7868.13	12298	560.35	2.4604	4.3139	0.0712	0.000313	0.000548
1956	7928.75	12392	588.74	2.2555	3.2685	0.0743	0.000284	0.000412
1957	8017.01	12530	631.59	2.2174	2.9528	0.0788	0.000277	0.000368
1958	7965.81	12450	553.72	1.9330	2.8662	0.0695	0.000243	0.000360
1959	8239.80	12878	527.75	1.8698	3.1984	0.0640	0.000227	0.000388
1960	8645.23	13512	——	2.1305	3.8243	——	0.000246	0.000442
1961	8856.67	13843	609.73	——	3.1914	0.0688	——	0.000360
1962	8865.38	13856	525.20	——	3.1274	0.0592	——	0.000353
1963	9149.18	14300	498.96	——	2.9706	0.0545	——	0.000325
1964	9567.97	14954	559.45	——	3.1740	0.0585	——	0.000332
1965	9751.54	15241	438.71	——	2.6564	0.0450	——	0.000272
1966	9885.31	15450	376.32	——	3.1476	0.0381	——	0.000318
1967	10048.89	15706	424.88	——	2.3164	0.0423	——	0.000231
1968	10409.95	16270	353.16	——	2.4612	0.0339	——	0.000236
1969	10551.68	16492	359.23	——	2.0970	0.0340	——	0.000199
1970	10767.47	16829	401.17	6.4532	2.7975	0.0373	0.000599	0.000260
1971	10941.47	17101	173.36	5.9397	2.4749	0.0158	0.000543	0.000226
1972	11293.92	17652	277.76	6.8381	5.1591	0.0246	0.000605	0.000457
1973	12025.28	18795	200.24	6.3645	5.1505	0.0167	0.000529	0.000428
1974	11858.90	18535	245.03	7.0867	5.4368	0.0207	0.000598	0.000458
1975	11847.09	18517	263.45	7.2827	5.0139	0.0222	0.000615	0.000423
1976	12114.95	18935	283.27	7.1611	7.4024	0.0234	0.000591	0.000611
1977	12383.61	19355	268.63	9.2939	6.5440	0.0217	0.000750	0.000528
1978	12827.83	20049	328.44	8.7392	6.7675	0.0256	0.000681	0.000528
1979	13167.28	20580	322.80	8.0257	7.4624	0.0245	0.000610	0.000567
1980	12931.49	20211	346.20	7.9447	6.1412	0.0268	0.000614	0.000475
1981	12747.43	19924	266.07	6.6709	5.9882	0.0209	0.000523	0.000470
1982	12954.65	20248	277.69	7.5829	5.3844	0.0214	0.000585	0.000416
1983	13404.47	20951	281.87	7.0295	5.1708	0.0210	0.000524	0.000386
1984	13720.06	21444	282.20	7.7079	5.6201	0.0206	0.000562	0.000410

续表

年份	GDP（1990 Int. GK＄）	GDP（in 2011US＄）	人均消费量（千克）			消费强度（千克/美元）		
			铁矿石	铜	铅	铁矿石	铜	铅
1985	14164.55	22139	344.23	7.2254	5.5909	0.0243	0.000510	0.000395
1986	14741.82	23041	365.45	7.7695	5.9811	0.0248	0.000527	0.000406
1987	15393.44	24059	357.53	7.0765	6.2524	0.0232	0.000460	0.000406
1988	16110.00	25179	369.80	7.0927	7.3166	0.0230	0.000440	0.000454
1989	16413.72	25654	364.27	7.2793	7.0960	0.0222	0.000443	0.000432
1990	16429.91	25679	297.87	7.1254	6.6298	0.0181	0.000434	0.000404
1991	16155.29	25314	292.71	5.3775	5.8023	0.0181	0.000333	0.000359
1992	16133.49	25336	266.83	5.5707	8.3566	0.0165	0.000345	0.000518
1993	16458.30	25909	230.71	7.5046	8.4822	0.0140	0.000456	0.000515
1994	17117.94	26847	278.93	4.7738	7.7282	0.0163	0.000279	0.000451
1995	17585.53	27447	263.73	5.4819	6.8610	0.0150	0.000312	0.000390
1996	18044.00	28075	278.59	6.5571	6.3084	0.0154	0.000363	0.000350
1997	19115.07	28879	280.66	7.2057	6.3798	0.0147	0.000377	0.000334
1998	19724.09	29714	300.26	6.6406	5.3002	0.0152	0.000337	0.000269
1999	20269.48	30587	260.31	5.8263	6.1021	0.0128	0.000287	0.000301
2000	21045.72	31619	155.43	5.3416	4.9922	0.0074	0.000254	0.000237
2001	21567.35	32356	179.16	4.8091	5.0458	0.0083	0.000223	0.000234
2002	22008.01	32992	151.53	4.4333	5.1491	0.0069	0.000201	0.000234
2003	22762.77	33977	166.88	3.7601	5.1687	0.0073	0.000165	0.000227
2004	23306.56	34638	234.47	3.2150	5.5078	—	0.000138	0.000236
2005	23810.43	35424	—	2.5380	5.0416	—	0.000107	0.000212
2006	24285.28	36045	—	2.7449	4.3653	—	0.000113	0.000180
2007	25002.12	36679	—	0.5382	3.3881	—	0.000022	0.000136
2008	24602.13	36163	—	0.5376	3.6718	—	0.000022	0.000149
2009	23489.36	34338	—	0.4214	1.5102	—	0.000018	0.000064
2010	23777.16	34722	—	0.4239	3.4095	—	0.000018	0.000143
2011	—	34971	—	0.1008	3.3039	—	—	—
2012	—	35185	—	0.0658	3.3438	—	—	—
2013	—	35618	—	0.1208	3.3527	—	—	—
2014	—	36436	—	0.0694	3.3430	—	—	—
2015	—	36941	—	0.0353	3.3472	—	—	—
2016	—	37334	—	0.0334	—	—	—	—

附表5 德国主要矿产资源人均消费量和矿产资源强度

年份	GDP（in 2011US＄）	人均矿产资源消费量（千克）			矿产资源消费强度（千克/美元）		
		铜	铁矿石	铅	铜	铁矿石	铅
1850	2884	0.0481	25.20	—	0.000017	0.00874	—
1851	2844	0.0561	22.17	—	0.000020	0.00780	—
1852	2880	0.0586	22.86	—	0.000020	0.00794	—
1853	2855	0.0611	25.00	—	0.000021	0.00876	—
1854	2916	0.0609	36.02	—	0.000021	0.01235	—
1855	2869	0.0609	38.74	—	0.000021	0.01350	—
1856	3094	0.0634	49.64	—	0.000021	0.01604	—
1857	3221	0.0630	55.57	—	0.000020	0.01725	—
1858	3180	0.0462	—	—	0.000015	—	—
1859	3162	0.0484	—	—	0.000015	—	—
1860	3312	0.0638	37.75	—	0.000019	0.01140	—
1861	3198	0.0684	48.15	—	0.000021	0.01506	—
1862	3323	0.0756	58.39	—	0.000023	0.01757	—
1863	3533	0.0800	62.69	—	0.000023	0.01774	—
1864	3596	0.0842	66.86	—	0.000023	0.01859	—
1865	3575	0.0860	77.12	—	0.000024	0.02157	—
1866	3578	0.0930	78.17	—	0.000026	0.02185	—
1867	3567	0.0974	86.43	—	0.000027	0.02423	—
1868	3760	0.1069	93.48	—	0.000028	0.02486	—
1869	3758	0.1136	107.18	—	0.000030	0.02852	—
1870	3715	0.1176	100.48	—	0.000032	0.02705	—
1871	3670	0.1268	113.91	—	0.000035	0.03104	—
1872	3902	0.1843	151.35	—	0.000047	0.03879	—
1873	4037	0.1877	160.23	—	0.000046	0.03969	—
1874	4291	0.1500	127.37	—	0.000035	0.02968	—
1875	4267	0.1717	115.72	—	0.000040	0.02712	—
1876	4183	0.1951	113.80	—	0.000047	0.02720	—

续表

年份	GDP（in 2011US $）	人均矿产资源消费量（千克）			矿产资源消费强度（千克/美元）		
		铜	铁矿石	铅	铜	铁矿石	铅
1877	4106	0.2041	122.22	—	0.000050	0.02977	—
1878	4248	0.2175	131.89	—	0.000051	0.03105	—
1879	4098	0.2374	138.89	—	0.000058	0.03389	—
1880	4023	0.3371	145.18	—	0.000084	0.03609	—
1881	4091	0.3610	149.40	—	0.000088	0.03652	—
1882	4130	0.3762	163.37	—	0.000091	0.03956	—
1883	4330	0.4020	167.62	—	0.000093	0.03871	—
1884	4401	0.4122	174.42	—	0.000094	0.03963	—
1885	4477	0.4496	177.25	—	0.000100	0.03959	—
1886	4467	0.4180	158.65	—	0.000094	0.03552	—
1887	4596	0.4325	180.68	—	0.000094	0.03931	—
1888	4729	0.4567	200.38	—	0.000097	0.04237	—
1889	4806	0.5009	205.72	—	0.000104	0.04280	—
1890	4904	0.5118	217.26	—	0.000104	0.04430	—
1891	4841	0.4361	202.44	—	0.000090	0.04182	—
1892	4988	0.5053	218.10	—	0.000101	0.04372	—
1893	5182	0.4906	230.61	—	0.000095	0.04450	—
1894	5247	0.5142	212.96	—	0.000098	0.04059	—
1895	5426	0.5115	228.26	—	0.000094	0.04207	—
1896	5534	0.5668	267.66	—	0.000102	0.04837	—
1897	5605	0.5544	288.15	—	0.000099	0.05141	—
1898	5753	0.5661	302.67	—	0.000098	0.05261	—
1899	5869	0.6281	345.17	—	0.000107	0.05881	—
1900	6029	0.6263	353.57	—	0.000104	0.05864	—
1901	5800	0.5503	321.55	—	0.000095	0.05544	—
1902	5845	0.5297	336.97	—	0.000091	0.05765	—
1903	6077	0.5322	372.58	—	0.000088	0.06131	—

续表

年份	GDP（in 2011US $）	人均矿产资源消费量（千克）			矿产资源消费强度（千克/美元）		
		铜	铁矿石	铅	铜	铁矿石	铅
1904	6229	0.5095	400.69	—	0.000082	0.06433	—
1905	6270	0.5256	427.86	—	0.000084	0.06824	—
1906	6368	0.5282	473.70	—	0.000083	0.07439	—
1907	6555	0.5144	506.72	—	0.000078	0.07730	—
1908	6574	0.4772	472.23	—	0.000073	0.07183	—
1909	6615	4.8967	392.96	—	0.000740	0.05940	—
1910	6763	0.5405	439.52	—	0.000080	0.06499	—
1911	6885	0.5738	482.78	—	0.000083	0.07012	—
1912	7118	0.6879	539.87	—	0.000097	0.07585	—
1913	7369	0.7390	569.07	3.0174	0.000100	0.07722	0.000409
1914	6180	0.6800	—	2.8796	0.000110	—	0.000466
1915	5856	0.8691	—	1.9524	0.000148	—	0.000333
1916	5928	1.1785	—	1.5519	0.000199	—	0.000262
1917	5963	1.0984	130.12	1.2594	0.000184	0.02182	0.000211
1918	6026	1.0462	118.47	1.0313	0.000174	0.01966	0.000171
1919	5225	0.5278	97.84	0.8061	0.000101	0.01873	0.000154
1920	5647	0.7848	197.44	0.8657	0.000139	0.03496	0.000153
1921	6217	1.0245	198.15	1.0854	0.000165	0.03187	0.000175
1922	6729	1.2654	270.32	2.1287	0.000188	0.04017	0.000316
1923	5554	1.1865	115.93	0.9072	0.000214	0.02087	0.000163
1924	6462	1.1313	117.81	1.3683	0.000175	0.01823	0.000212
1925	7134	1.2694	273.22	2.8125	0.000178	0.03830	0.000394
1926	7282	1.3418	222.73	2.1882	0.000184	0.03059	0.000300
1927	7961	1.4651	372.80	3.5511	0.000184	0.04683	0.000446
1928	8262	1.2626	311.99	3.5420	0.000153	0.03776	0.000429
1929	8184	1.4427	358.53	3.2673	0.000176	0.04381	0.000399
1930	8027	1.4443	300.46	2.5807	0.000180	0.03743	0.000322

续表

年份	GDP（in 2011US＄）	人均矿产资源消费量（千克）			矿产资源消费强度（千克/美元）		
		铜	铁矿石	铅	铜	铁矿石	铅
1931	7376	1.8952	147.66	2.0486	0.000257	0.02002	0.000278
1932	6791	1.9630	72.62	1.8097	0.000289	0.01069	0.000266
1933	7183	2.7898	107.83	2.0987	0.000388	0.01501	0.000292
1934	7794	—	188.63	2.2615	—	0.02395	0.000287
1935	8322	—	300.38	2.4334	—	0.03394	0.000275
1936	8991	2.5657	380.44	3.0422	0.000285	0.04231	0.000338
1937	9464	3.2994	412.58	3.4013	0.000349	0.04360	0.000359
1938	10088	4.9433	474.31	2.9715	0.000490	0.04702	0.000295
1939	10921	2.8998	450.01	2.8968	0.000266	0.04121	0.000265
1940	10914	2.3912	358.043	2.5254	0.000219	0.03281	0.000231
1941	11537	1.4848	416.605	0.4726	0.000129	0.03611	0.000041
1942	11595	1.0334	400.697	1.8714	0.000089	0.03456	0.000161
1943	11898	1.2413	—	2.3697	0.000104	—	0.000199
1944	12290	0.4270	—	1.9631	0.000035	—	0.000160
1945	9119	—	—	—	—	—	—
1946	4478	—	—	—	—	—	—
1947	4921	—	—	—	—	—	—
1948	5724	—	—	—	—	—	—
1949	6631	—	—	—	—	—	—
1950	7840	2.2985	228.54	—	0.000293	0.02915	—
1951	8496	2.6483	296.70	0.7020	0.000312	0.03492	0.000083
1952	9197	1.1500	359.80	1.0351	0.000125	0.03912	0.000113
1953	9909	1.6570	373.58	1.4361	0.000167	0.03770	0.000145
1954	10599	2.9037	318.42	2.1462	0.000274	0.03004	0.000202
1955	11710	3.2066	426.63	2.4390	0.000274	0.03643	0.000208
1956	12477	3.3971	501.83	2.1255	0.000272	0.04022	0.000170
1957	13115	4.4911	530.83	2.2661	0.000342	0.04047	0.000173

续表

年份	GDP（in 2011US＄）	人均矿产资源消费量（千克）			矿产资源消费强度（千克/美元）		
		铜	铁矿石	铅	铜	铁矿石	铅
1958	13609	3. 5263	493. 54	2. 3355	0. 000259	0. 03627	0. 000172
1959	14498	3. 3081	536. 80	2. 4984	0. 000228	0. 03703	0. 000172
1960	15565	4. 2162	659. 58	2. 6830	0. 000271	0. 04238	0. 000172
1961	16064	4. 7017	631. 72	2. 6036	0. 000293	0. 03933	0. 000162
1962	16609	3. 6339	556. 54	2. 7254	0. 000219	0. 03351	0. 000164
1963	16940	3. 5469	486. 94	2. 6343	0. 000209	0. 02874	0. 000156
1964	17822	4. 3416	588. 88	2. 7756	0. 000244	0. 03304	0. 000156
1965	18556	3. 7650	580. 12	—	0. 000203	0. 03126	—
1966	18964	2. 6371	512. 48	—	0. 000139	0. 02702	—
1967	18982	2. 6510	511. 53	1. 8564	0. 000140	0. 02695	0. 000098
1968	19927	3. 8295	604. 67	1. 6910	0. 000192	0. 03034	0. 000085
1969	21090	4. 7235	636. 42	2. 1636	0. 000224	0. 03018	0. 000103
1970	21896	7. 3431	702. 20	2. 9286	0. 000335	0. 03207	0. 000134
1971	22376	6. 9849	593. 63	3. 6692	0. 000312	0. 02653	0. 000164
1972	23192	8. 4511	592. 69	5. 0513	0. 000364	0. 02556	0. 000218
1973	24173	8. 3612	708. 77	5. 1827	0. 000346	0. 02932	0. 000214
1974	24368	8. 5732	794. 63	5. 2502	0. 000352	0. 03261	0. 000215
1975	24323	8. 7069	614. 04	4. 7372	0. 000358	0. 02525	0. 000195
1976	25623	8. 6167	634. 65	3. 9032	0. 000336	0. 02477	0. 000152
1977	26406	1. 4458	542. 25	5. 8480	0. 000055	0. 02054	0. 000221
1978	27181	1. 2934	558. 01	5. 6592	0. 000048	0. 02053	0. 000208
1979	28268	12. 5566	680. 21	6. 0322	0. 000444	0. 02406	0. 000213
1980	28512	12. 3774	659. 53	5. 7058	0. 000434	0. 02313	0. 000200
1981	28581	12. 0908	584. 21	5. 5341	0. 000423	0. 02044	0. 000194
1982	28361	12. 7149	512. 89	5. 7343	0. 000448	0. 01808	0. 000202
1983	28946	12. 4923	467. 02	5. 4210	0. 000432	0. 01613	0. 000187
1984	29863	12. 9723	559. 48	6. 0881	0. 000434	0. 01873	0. 000204
1985	30584	13. 1816	592. 88	5. 9732	0. 000431	0. 01939	0. 000195

续表

年份	GDP（in 2011US＄）	人均矿产资源消费量（千克）			矿产资源消费强度（千克/美元）		
		铜	铁矿石	铅	铜	铁矿石	铅
1986	31249	13.3299	545.04	5.9511	0.000427	0.01744	0.000190
1987	31718	12.2304	511.83	5.6970	0.000386	0.01614	0.000180
1988	32645	13.0144	579.75	5.6539	0.000399	0.01776	0.000173
1989	33449	14.2474	601.25	5.8117	0.000426	0.01798	0.000174
1990	32178	14.9056	553.13	5.7003	0.000463	0.01719	0.000177
1991	33545	16.1974	543.04	5.5921	0.000483	0.01619	0.000167
1992	33931	16.4963	514.70	5.6686	0.000486	0.01517	0.000167
1993	33387	16.4375	437.91	4.8478	0.000492	0.01312	0.000145
1994	34089	16.6998	525.52	4.3739	0.000490	0.01542	0.000128
1995	34579	17.2262	530.17	4.2016	0.000498	0.01533	0.000122
1996	34761	16.6150	481.39	3.0309	0.000478	0.01385	0.000087
1997	35352	17.1514	510.44	3.7278	0.000485	0.01444	0.000105
1998	36047	18.1603	661.43	4.3999	0.000504	0.01835	0.000122
1999	36739	17.2229	481.04	4.7620	0.000469	0.01309	0.000130
2000	37776	15.9346	584.05	4.7415	0.000422	0.01546	0.000126
2001	38352	13.6007	492.23	4.8695	0.000355	0.01283	0.000127
2002	38288	12.9352	542.37	5.0383	0.000338	0.01417	0.000132
2003	37995	12.2253	416.14	4.6538	0.000322	0.01095	0.000122
2004	38448	13.3332	530.25	4.7991	0.000347	0.01379	0.000125
2005	38741	13.5154	478.11	4.9222	0.000349	0.01234	0.000127
2006	40220	16.9710	549.65	4.7366	0.000422	0.01367	0.000118
2007	41587	16.9207	566.35	4.9399	0.000407	0.01362	0.000119
2008	42117	16.4779	544.96	4.9825	0.000391	0.01294	0.000118
2009	39852	—	356.13	4.7069	—	0.00894	0.000118
2010	41576	—	531.27	4.1699	—	0.01278	0.000100
2011	43189	—	524.47	4.6341	—	0.01214	0.000107
2012	43320	—	489.11	4.6876	—	0.01129	0.000108
2013	43413	—	504.67	4.7120	—	0.01162	0.000109
2014	43922	14.3513	535.84	4.7171	0.000327	0.01220	0.000107
2015	44293	14.9218	—	4.7132	0.000337	—	0.000106

附表6 日本主要矿产资源人均消费量和矿产资源强度

年份	GDP（in 2011US＄）	人均矿产资源消费量（千克）			矿产资源消费强度（千克/美元）		
		铁矿石	铅	铜	铁矿石	铅	铜
1874	1190	0.26	—	—	0.0002	—	—
1875	1274	0.08	—	—	0.0001	—	—
1876	1235	0.17	—	—	0.0001	—	—
1877	1263	0.22	—	—	0.0002	—	—
1878	1249	0.28	—	—	0.0002	—	—
1879	1315	0.36	—	—	0.0003	—	—
1880	1359	0.44	—	—	0.0003	—	—
1881	1305	0.43	—	—	0.0003	—	—
1882	1328	0.32	—	—	0.0002	—	—
1883	1317	0.40	—	—	0.0003	—	—
1884	1315	0.32	—	—	0.0002	—	—
1885	1354	0.18	—	—	0.0001	—	—
1886	1442	0.36	—	—	0.0003	—	—
1887	1497	0.39	—	—	0.0003	—	—
1888	1416	0.46	—	—	0.0003	—	—
1889	1468	0.51	—	—	0.0003	—	—
1890	1592	0.53	—	—	0.0003	—	—
1891	1505	0.42	—	—	0.0003	—	—
1892	1594	0.47	—	—	0.0003	—	—
1893	1587	0.42	—	—	0.0003	—	—
1894	1762	0.46	—	—	0.0003	—	—
1895	1768	0.63	—	—	0.0004	—	—
1896	1654	0.64	—	—	0.0004	—	—
1897	1671	0.66	—	—	0.0004	—	—
1898	1965	0.56	—	—	0.0003	—	—
1899	1799	0.53	—	—	0.0003	—	—
1900	1856	0.96	—	—	0.0005	—	—
1901	1899	2.30	—	—	0.0012	—	—

年份	GDP（in 2011US＄）	人均矿产资源消费量（千克）			矿产资源消费强度（千克/美元）		
		铁矿石	铅	铜	铁矿石	铅	铜
1902	1776	1.80	—	—	0.0010	—	—
1903	1877	1.89	—	—	0.0010	—	—
1904	1870	1.69	—	—	0.0009	—	—
1905	1820	3.22	—	—	0.0018	—	—
1906	2041	3.61	—	—	0.0018	—	—
1907	2085	3.69	—	—	0.0018	—	—
1908	2075	4.90	—	—	0.0024	—	—
1909	2047	4.98	—	—	0.0024	—	—
1910	2052	5.18	—	—	0.0025	—	—
1911	2133	3.79	—	—	0.0018	—	—
1912	2178	5.30	—	—	0.0024	—	—
1913	2182	6.84	0.37	—	0.0031	0.00017	—
1914	2087	7.48	0.39	—	0.0036	0.00019	—
1915	2250	7.43	0.39	—	0.0033	0.00017	—
1916	2565	7.12	0.63	—	0.0028	0.00025	—
1917	2620	8.05	0.60	—	0.0031	0.00023	—
1918	2625	10.25	1.18	—	0.0039	0.00045	—
1919	2875	15.12	0.75	—	0.0053	0.00026	—
1920	2668	15.20	0.78	—	0.0057	0.00029	—
1921	2926	12.03	0.84	—	0.0041	0.00029	—
1922	2882	15.78	—	—	0.0055	—	—
1923	2847	17.47	—	—	0.0061	—	—
1924	2890	19.54	0.79	—	0.0068	0.00027	—
1925	2967	20.14	0.72	—	0.0068	0.00024	—
1926	2945	16.97	0.94	—	0.0058	0.00032	—
1927	2942	20.69	0.94	—	0.0070	0.00032	—
1928	3135	32.22	1.02	—	0.0103	0.00033	—
1929	3188	38.65	0.98	—	0.0121	0.00031	—

续表

年份	GDP（in 2011US＄）	人均矿产资源消费量（千克）			矿产资源消费强度（千克/美元）		
		铁矿石	铅	铜	铁矿石	铅	铜
1930	2912	39.22	0.89	—	0.0135	0.00031	—
1931	2891	29.75	0.84	—	0.0103	0.00029	—
1932	3087	28.17	0.88	—	0.0091	0.00028	—
1933	3340	31.31	1.06	—	0.0094	0.00032	—
1934	3302	40.45	1.40	—	0.0122	0.00043	—
1935	3337	60.53	1.33	—	0.0181	0.00040	—
1936	3532	66.72	1.40	—	0.0189	0.00040	—
1937	3643	55.90	—	—	0.0153	—	—
1938	3854	56.47	1.14	—	0.0147	0.00030	—
1939	4431	81.65	1.52	—	0.0184	0.00034	—
1940	4523	87.56	1.45	—	0.0194	0.00032	—
1941	4521	96.98	1.29	—	0.0215	0.00029	—
1942	4435	87.47	0.24	—	0.0197	0.00005	—
1943	4440	85.62	0.33	—	0.0193	0.00007	—
1944	4184	61.08	0.31	—	0.0146	0.00007	—
1945	2118	23.73	0.20	—	0.0112	0.00009	—
1946	2273	7.34	—	—	0.0032	—	—
1947	2425	6.35	—	—	0.0026	—	—
1948	2715	13.25	—	—	0.0049	—	—
1949	2832	28.72	—	—	0.0101	—	—
1950	3023	27.16	—	—	0.0090	—	—
1951	3345	47.35	—	—	0.0142	—	—
1952	3677	68.07	0.19	—	0.0185	0.00005	—
1953	3894	62.39	0.28	—	0.0160	0.00007	—
1954	4063	69.61	0.54	—	0.0171	0.00013	—
1955	4360	72.18	0.45	—	0.0166	0.00010	—
1956	4639	100.11	0.66	—	0.0216	0.00014	—
1957	4935	116.82	—	—	0.0237	—	—

年份	GDP（in 2011US＄）	人均矿产资源消费量（千克）			矿产资源消费强度（千克/美元）		
		铁矿石	铅	铜	铁矿石	铅	铜
1958	5176	95.79	0.46	—	0.0185	0.00009	—
1959	5593	125.67	0.68	—	0.0225	0.00012	—
1960	6273	187.31	0.98	3.21	0.0299	0.00016	0.00051
1961	6965	251.92	1.26	3.86	0.0362	0.00018	0.00055
1962	7516	259.84	1.18	3.18	0.0346	0.00016	0.00042
1963	8071	294.54	1.26	3.57	0.0365	0.00016	0.00044
1964	8919	344.87	1.81	4.68	0.0387	0.00020	0.00052
1965	9338	419.62	1.39	4.31	0.0449	0.00015	0.00046
1966	10237	484.23	1.34	4.87	0.0473	0.00013	0.00048
1967	11255	581.38	1.59	6.12	0.0517	0.00014	0.00054
1968	12563	685.25	2.76	6.83	0.0545	0.00022	0.00054
1969	13965	818.54	2.03	7.82	0.0586	0.00015	0.00056
1970	15286	983.59	1.70	7.81	0.0643	0.00011	0.00051
1971	15800	1106.50	2.10	7.51	0.0700	0.00013	0.00048
1972	16891	—	2.20	8.63	—	0.00013	0.00051
1973	17993	—	2.30	11.10	—	0.00013	0.00062
1974	17537	—	2.20	8.04	—	0.00013	0.00046
1975	17851	—	2.35	7.31	—	0.00013	0.00041
1976	18363	—	2.40	9.11	—	0.00013	0.00050
1977	18984	—	2.70	9.73	—	0.00014	0.00051
1978	19804	—	3.00	10.96	—	0.00015	0.00055
1979	20714	1136.82	3.20	11.31	0.0549	0.00015	0.00055
1980	21130	—	3.40	9.66	—	0.00016	0.00046
1981	21644	1059.76	3.50	10.61	0.0490	0.00016	0.00049
1982	22154	1037.90	2.90	10.11	0.0468	0.00013	0.00046
1983	22514	923.23	3.00	11.72	0.0410	0.00013	0.00052
1984	23247	1053.45	3.10	10.06	0.0453	0.00013	0.00043
1985	24126	1040.54	3.20	9.83	0.0431	0.00013	0.00041
1986	24674	958.31	3.10	10.70	0.0388	0.00013	0.00043

续表

年份	GDP（in 2011US＄）	人均矿产资源消费量（千克）			矿产资源消费强度（千克/美元）		
		铁矿石	铅	铜	铁矿石	铅	铜
1987	25574	928.21	3.05	10.82	0.0363	0.00012	0.00042
1988	27042	1018.46	3.00	11.61	0.0377	0.00011	0.00043
1989	28235	1050.31	3.30	12.97	0.0372	0.00012	0.00046
1990	29567	1026.57	3.28	13.09	0.0347	0.00011	0.00044
1991	30462	1038.39	3.30	11.37	0.0341	0.00011	0.00037
1992	30620	924.85	3.42	11.20	0.0302	0.00011	0.00037
1993	30582	925.89	3.40	11.04	0.0303	0.00011	0.00036
1994	30813	935.47	3.10	11.20	0.0304	0.00010	0.00036
1995	31577	967.50	2.16	11.49	0.0306	0.00007	0.00036
1996	32485	955.37	2.19	11.30	0.0294	0.00007	0.00035
1997	32756	1012.50	2.16	9.84	0.0309	0.00007	0.00030
1998	32300	964.21	1.96	10.06	0.0299	0.00006	0.00031
1999	32158	957.17	1.93	10.36	0.0298	0.00006	0.00032
2000	32988	1047.87	1.99	8.75	0.0318	0.00006	0.00027
2001	33044	1002.56	1.94	8.81	0.0303	0.00006	0.00027
2002	33013	1022.49	—	9.19	0.0310	—	0.00028
2003	33456	1043.97	—	9.80	0.0312	—	0.00029
2004	34167	1063.98	—	10.10	0.0311	—	0.00030
2005	34730	1041.79	—	9.69	0.0300	—	0.00028
2006	35225	1056.25	—	10.07	0.0300	—	0.00029
2007	35805	1091.78	—	9.82	0.0305	—	0.00027
2008	35431	1102.35	—	9.43	0.0311	—	0.00027
2009	33549	828.18	—	7.07	0.0247	—	0.00021
2010	34990	1054.83	—	8.64	0.0301	—	0.00025
2011	34979	1009.19	—	8.25	0.0289	—	0.00024
2012	35580	1030.37	—	7.47	0.0290	—	0.00021
2013	36354	1068.76	—	—	0.0294	—	—
2014	36537	1074.30	—	8.44	0.0294	—	0.00023
2015	37031	—	—	7.87	—	—	0.00021
2016	37465	—	—	7.68	—	—	0.00021

附表 7　美国关键矿产资源清单

矿种	用途
铝（矾土）	几乎用于所有经济部门
锑	用于电池和阻燃剂
砷	用于木材防腐剂，杀虫剂和半导体
重晶石	用于水泥和石油工业
铍	用作航空和国防工业中的合金剂
铋	用于医学和原子研究
铯	用于研究和开发
铬	主要用于不锈钢和其他合金
钴	用于可充电电池和高温合金
萤石	用于制造铝，企业和铀燃料
镓	用于集成电路和 LED 等光学器件
锗	用于光纤和夜视应用
石墨（天然）	用于润滑剂，电池和燃料电池
铪	用于核控制棒，合金和高温陶瓷
氦	用于核磁共振成像，起重剂核研究
铟	主要用于液晶显示屏
锂	用于电池
镁	用于制造钢和陶瓷的炉衬
锰	用于炼钢
铌	用于钢铁
铂族金属	用于催化剂
钾盐	用作肥料
稀土元素族	用于电池和电子产品
铼	用于无铅汽油和高温合金
铷	用于电子学研究和开发
钪	用于合金和燃料电池
锶	用于烟火和陶瓷磁体
钽	用于电子元件，主要是电容器
碲	用于炼钢和太阳能电池
锡	用于钢的保护涂层和合金
钛	绝大多数用作白色颜料或金属合金
钨	主要用于制造耐磨金属
铀	主要用于核燃料
钒	主要用于钛合金
锆	用于高温陶瓷行业

附表8 中国矿产资源人均消费量　　　　　　单位：千克

年份	GDP（in 2011US $）	铜	铝	铅	锌	钢	镁
1953	924	0.0617	0.0101	0.0280	0.0174	—	—
1954	836	0.0558	0.0096	0.0372	0.0277	—	—
1955	892	0.0612	0.0088	0.0354	0.0339	—	—
1956	949	0.0988	0.0354	0.0660	0.0513	—	—
1957	953	0.1104	0.0445	0.0719	0.0590	—	—
1958	935	0.2592	0.1609	0.1437	0.0850	—	—
1959	891	0.3386	0.2041	0.1867	0.1135	—	—
1960	843	0.2837	0.2510	0.1686	0.0939	—	—
1961	697	0.1092	0.1035	0.0687	0.0554	—	—
1962	738	0.1117	0.1089	0.0794	0.0698	—	—
1963	825	0.1218	0.1151	0.0833	0.0816	—	—
1964	920	0.1626	0.1442	0.1073	0.0961	—	—
1965	999	0.2145	0.1851	0.1286	0.1228	—	—
1966	1006	0.2872	0.2536	0.1377	0.1451	—	—
1967	987	0.2185	0.2178	0.1245	0.1161	—	—
1968	939	0.2032	0.2111	0.1137	0.0970	23.00	—
1969	1008	0.2644	0.2782	0.1443	0.1418	24.00	—
1970	1115	0.2559	0.3694	0.1784	0.1761	27.00	—
1971	1154	0.3815	0.4153	0.1613	0.1639	32.00	—
1972	1142	0.3581	0.4550	0.1632	0.1691	33.00	—
1973	1207	0.4253	0.4196	0.1779	0.1585	38.00	—
1974	1211	0.3901	0.3973	0.1429	0.1521	36.00	—
1975	1272	0.3919	0.4061	0.1554	0.1565	38.00	—
1976	1211	0.3432	0.3916	0.1431	0.1592	32.00	—
1977	1262	0.3645	0.4259	0.1589	0.1674	38.00	—
1978	1392	0.4262	0.4670	0.1974	0.2027	46.00	0.0060
1979	1483	0.4565	0.5008	0.2236	0.2020	47.00	0.0063
1980	1539	0.5051	0.5366	0.2073	0.2632	45.00	0.0054
1981	1565	0.4569	0.5340	0.1713	0.2785	39.00	0.0045
1982	1697	0.5007	0.6331	0.1886	0.3002	41.00	0.0044
1983	1776	0.5721	0.7083	0.2043	0.3133	50.00	0.0047
1984	1949	0.6454	0.7402	0.2145	0.3227	56.00	0.0051

年份	GDP（in 2011US $）	铜	铝	铅	锌	钢	镁
1985	2089	0.8049	0.7945	0.2287	0.3285	64.90	0.0077
1986	2193	0.7902	0.8706	0.2301	0.3530	66.40	0.0067
1987	2339	0.7650	0.8648	0.2321	0.3707	63.10	0.0062
1988	2429	0.7209	0.7494	0.2222	0.3422	61.70	0.0055
1989	2410	0.7321	0.7164	0.2234	0.3237	62.40	0.0062
1990	2379	0.6255	0.6521	0.2094	0.3166	59.10	0.0070
1991	2460	0.6653	0.7337	0.2046	0.3314	60.00	0.0071
1992	2631	0.8283	1.0143	0.2310	0.4362	73.50	0.0073
1993	2889	0.8161	1.0840	0.2588	0.4847	105.50	0.0077
1994	3107	0.7423	1.2170	0.2423	0.5261	100.90	0.0096
1995	3367	0.9616	1.5491	0.3572	0.6101	83.50	0.0142
1996	3590	1.0177	1.6372	0.3766	0.6643	91.50	0.0146
1997	3708	1.0180	1.8480	0.3922	0.6850	92.80	0.0169
1998	3747	1.1045	1.9312	0.4239	0.9794	98.50	0.0170
1999	3926	1.0566	2.2986	0.4124	1.0538	108.20	0.0182
2000	4202	1.5058	2.7328	0.5178	1.0267	108.70	0.0199
2001	4485	1.7915	2.8191	0.5900	1.1742	133.20	0.0264
2002	4850	2.0724	3.3235	0.7390	1.2940	160.20	0.0310
2003	5183	2.3527	4.2086	0.8967	1.5175	200.20	0.0393
2004	5627	2.5671	4.6113	1.0948	1.9469	220.90	0.0538
2005	6212	2.7736	5.4003	1.4904	2.2675	276.80	0.0800
2006	6890	2.7218	6.5212	1.6804	2.3491	299.30	0.1180
2007	7563	3.3990	9.1931	1.8916	2.7909	326.00	0.1971
2008	7930	3.5793	9.3838	2.2022	2.8077	346.20	0.1177
2009	8548	3.9963	10.2128	2.5798	3.0416	424.80	0.0000
2010	9555	5.0007	12.8620	2.8849	3.6402	450.10	0.1706
2011	10221	5.3638	14.6809	3.1788	3.7999	488.40	0.2023
2012	10680	6.2452	16.0268	3.1516	3.9214	500.00	0.2251
2013	11328	6.6038	18.0215	3.3921	4.3015	553.80	0.2537
2014	11944	6.9308	20.0246	3.5587	4.4842	532.60	0.2660
2015	12244	7.0848	21.6255	3.3676	4.4806	501.30	0.2606
2016	12569	7.3176	23.2802	3.3217	4.6638	505.50	0.2640

附表9 中国矿产资源消费强度　　　　　单位：千克/美元

年份	GDP（in 2011US $）	铜	铝	铅	锌	钢	镁
1953	924	0.0668	0.0110	0.0303	0.0188	—	—
1954	836	0.0667	0.0115	0.0445	0.0332	—	—
1955	892	0.0686	0.0099	0.0397	0.0381	—	—
1956	949	0.1041	0.0373	0.0696	0.0540	—	—
1957	953	0.1159	0.0467	0.0754	0.0619	—	—
1958	935	0.2773	0.1721	0.1537	0.0909	—	—
1959	891	0.3801	0.2290	0.2096	0.1274	—	—
1960	843	0.3365	0.2977	0.2000	0.1114	—	—
1961	697	0.1567	0.1485	0.0986	0.0795	—	—
1962	738	0.1514	0.1475	0.1076	0.0946	—	—
1963	825	0.1477	0.1395	0.1010	0.0989	—	—
1964	920	0.1768	0.1568	0.1166	0.1045	—	—
1965	999	0.2147	0.1853	0.1287	0.1230	—	—
1966	1006	0.2855	0.2521	0.1368	0.1442	—	—
1967	987	0.2213	0.2207	0.1262	0.1176	—	—
1968	939	0.2164	0.2248	0.1210	0.1034	0.0245	—
1969	1008	0.2623	0.2760	0.1432	0.1407	0.0238	—
1970	1115	0.2295	0.3313	0.1600	0.1579	0.0242	—
1971	1154	0.3306	0.3599	0.1398	0.1421	0.0277	—
1972	1142	0.3136	0.3984	0.1429	0.1481	0.0289	—
1973	1207	0.3524	0.3477	0.1474	0.1313	0.0315	—
1974	1211	0.3221	0.3281	0.1180	0.1256	0.0297	—
1975	1272	0.3081	0.3193	0.1222	0.1231	0.0299	—
1976	1211	0.2834	0.3234	0.1182	0.1315	0.0264	—
1977	1262	0.2888	0.3375	0.1259	0.1326	0.0301	—
1978	1392	0.3062	0.3355	0.1418	0.1456	0.0330	0.0043
1979	1483	0.3078	0.3377	0.1508	0.1362	0.0317	0.0043
1980	1539	0.3282	0.3487	0.1347	0.1710	0.0292	0.0035
1981	1565	0.2919	0.3412	0.1095	0.1780	0.0249	0.0029
1982	1697	0.2951	0.3730	0.1112	0.1769	0.0242	0.0026
1983	1776	0.3221	0.3988	0.1150	0.1764	0.0282	0.0026
1984	1949	0.3312	0.3798	0.1101	0.1656	0.0287	0.0026

年份	GDP（in 2011US＄）	铜	铝	铅	锌	钢	镁
1985	2089	0.3853	0.3803	0.1095	0.1573	0.0311	0.0037
1986	2193	0.3603	0.3970	0.1049	0.1610	0.0303	0.0030
1987	2339	0.3271	0.3697	0.0992	0.1585	0.0270	0.0026
1988	2429	0.2968	0.3085	0.0915	0.1409	0.0254	0.0023
1989	2410	0.3038	0.2973	0.0927	0.1343	0.0259	0.0026
1990	2379	0.2629	0.2741	0.0880	0.1331	0.0248	0.0030
1991	2460	0.2704	0.2983	0.0832	0.1347	0.0244	0.0029
1992	2631	0.3148	0.3855	0.0878	0.1658	0.0279	0.0028
1993	2889	0.2825	0.3752	0.0896	0.1678	0.0365	0.0027
1994	3107	0.2389	0.3917	0.0780	0.1693	0.0325	0.0031
1995	3367	0.2856	0.4601	0.1061	0.1812	0.0248	0.0042
1996	3590	0.2835	0.4560	0.1049	0.1850	0.0255	0.0041
1997	3708	0.2746	0.4984	0.1058	0.1847	0.0250	0.0046
1998	3747	0.2948	0.5154	0.1131	0.2614	0.0263	0.0045
1999	3926	0.2691	0.5855	0.1051	0.2684	0.0276	0.0046
2000	4202	0.3584	0.6503	0.1232	0.2443	0.0259	0.0047
2001	4485	0.3995	0.6286	0.1316	0.2618	0.0297	0.0059
2002	4850	0.4273	0.6853	0.1524	0.2668	0.0330	0.0064
2003	5183	0.4539	0.8120	0.1730	0.2928	0.0386	0.0076
2004	5627	0.4562	0.8195	0.1946	0.3460	0.0393	0.0096
2005	6212	0.4465	0.8693	0.2399	0.3650	0.0446	0.0129
2006	6890	0.3950	0.9465	0.2439	0.3409	0.0434	0.0171
2007	7563	0.4494	1.2155	0.2501	0.3690	0.0431	0.0261
2008	7930	0.4514	1.1833	0.2777	0.3541	0.0437	0.0148
2009	8548	0.4675	1.1948	0.3018	0.3558	0.0497	—
2010	9555	0.5234	1.3461	0.3019	0.3810	0.0471	0.0179
2011	10221	0.5248	1.4364	0.3110	0.3718	0.0478	0.0198
2012	10680	0.5848	1.5006	0.2951	0.3672	0.0468	0.0211
2013	11328	0.5830	1.5909	0.2994	0.3797	0.0489	0.0224
2014	11944	0.5803	1.6765	0.2979	0.3754	0.0446	0.0223
2015	12244	0.5786	1.7662	0.2750	0.3659	0.0409	0.0213
2016	12569	0.5822	1.8522	0.2643	0.3711	0.0402	0.0210

中国矿产资源 **Divisia** 因素分解部分公式证明

$$\Delta C_{tot} = C^T - C^0 = \Delta C_a + \Delta C_s + \Delta C_e$$

$$= \sum_{i=1}^{3} \frac{c_i^T - c_i^0}{\ln c_i^T - \ln c_i^0} \ln\left[\frac{a(t)}{a(t-1)}\right] + \sum_{i=1}^{3} \frac{c_i^T - c_i^0}{\ln c_i^T - \ln c_i^0}$$

$$\ln\left[\frac{s_i(t)}{s_i(t-1)}\right] + \sum_{i=1}^{3} \frac{c_i^T - c_i^0}{\ln c_i^T - \ln c_i^0} \ln\left[\frac{e_i(t)}{e_i(t-1)}\right]$$

$$= \sum_{i=1}^{3} \frac{c_i^T - c_i^0}{\ln c_i^T - \ln c_i^0}\left[\ln\left(\frac{a(t)}{a(t-1)}\right) + \ln\left(\frac{Ss_i(t)}{s_i(t-1)}\right) + \ln\left(\frac{e_i(t)}{e_i(t-1)}\right)\right]$$

$$= \sum_{i=1}^{3} \frac{c_i^T - c_i^0}{\ln c_i^T - \ln c_i^0} \ln\left(\frac{a(t)\,s_i(t)\,e_i(t)}{a(t-1)\,s_i(t-1)\,e_i(t-1)}\right)$$

$$= \sum_{i=1}^{3} \frac{c_i^T - c_i^0}{\ln c_i^T - \ln c_i^0} \ln\frac{c_i^T}{c_i^0} = \sum_{i=1}^{3} (c_i^T - c_i^0) = \Delta c_{tot}$$

后 记

本书是在我的博士论文基础上修改而成的。博士毕业之后，由于身体和工作方面的缘故，书稿一直在做修改，拖延至今才出版。在这期间，我要特别感谢我的导师杨丹辉研究员，她在工作、科研任务繁重的情况下关心和鼓励我，对书稿给予了精心指导，为书中重要观点的讨论和提出付出了心血。

回顾读博四年，杨老师引领我真正走入学术的大门，带我进入知识的殿堂，她严谨的治学态度、渊博的学识、孜孜以求的进取精神、处处为学生着想的细腻与善良感染着我；她为我买的一摞摞堆成山的专业书籍，她领我参加每一次的读书会活动，她带我参加每一次的学术会议，一幕幕地闪现在我的眼前。每当撰写学术论文遇到难题时，杨老师的指点总能令我茅塞顿开。在博士学位论文从选题、框架设定、开题、写作以及一次又一次的修改过程中，杨老师耐心地指导我，认真地回复我，不断地鼓励我，论文每一阶段的顺利完成无一不倾注着老师的心血！杨老师理解我学习与工作、家庭兼顾的不易，在学术道路上一次又一次地带领我前行，在生活中给我讲人生的道理，指导我如何协调学习与工作……求学之路荆棘丛生，常令我丧失信心，此时，杨老师总能给予我适时的安慰和鼓励，与我分享她的人生感悟，让我重振旗鼓，充满继续前行的勇气。得遇恩师，一生所幸。相信在今后学术与科研的道路上，杨老师的这种精神会一直伴我前行，无论遇到何种崎岖与坎坷，我都会执着地走下去。

在我攻读博士学位期间，感谢中国社会科学院工业经济研究所的黄群慧、史丹、李海舰、张其仔、吕政、金碚、郭克莎、吕铁、刘戒骄、曹建海、李晓华、邓洲等研究员在博士论文文献综述答辩、开题报告答辩、论文预答辩过程中提出的宝贵意见，他们的意见使论文日臻完善，这才有了书稿的雏形。感谢中国地质科学院矿产资源研究所的陈其慎研究员，在我被英国、美国、德国、日本等发达国家矿产资源消费 200 多年历史数据搜集搞得一头雾水、焦头烂额之时，陈老师及时回复的电子邮件为我后期数据搜集指明了方向，使书稿中的基础数据更加系统全面。感谢山西财经大学国际贸易学院的领导和同事们，感谢他们在我求学中给予的支持、鼓励、关心和帮助。

我的家人在我考博、读博以及书稿的修改期间给予了我最大的理解和支持，爸爸妈妈光辉的品格和深沉的爱感召和滋养着女儿的心；公公婆婆对我学业的支持理解和默默的奉献让我安心求学；感谢我的爱人一路与我相携相扶，鼓励我，安慰我，一直在背后默默地支持我。感谢我的孩子，他虽然还小，却非常懂事。

感谢经济管理出版社编辑们高效的策划和编辑工作。尽管论文成为书稿经过多次修改，但仍存在不足，一些最新的研究方法因为数据搜集的原因很难在论文中应用，一些最新的研究成果也很难搜集全面并在综述中得以反映。我对大国矿产资源消费的研究立足于从基本规律起步，希望本书从工业化这个视角对矿产资源消费的研究能引起读者的兴趣，帮助读者更全面地把握大国矿产资源消费的规律，依据新时代中国矿产资源消费的特点提出切实可行的政策，进一步拓展问题研究的深度，诚恳欢迎读者批评指正。感激之余，今后我将以此为起点，持续跟踪深入中国在新发展格局下，以新发展理念，实现矿产资源清洁、安全、可持续开发消费的范式和途径的研究，努力推出更具前瞻性、创新性的成果。

梁姗姗

2021 年 9 月 1 日